消費の自由と社会秩序

18世紀イギリス経済思想の展開における
消費者概念の形成

鈴木康治
SUZUKI, Koji

Consumption, Liberty and the Social Order
The Conceptual Rise of the Consumer in Economic Thought
of Eighteenth-Century England

社会評論社

目　次

第1章　序論──消費論と18世紀イギリス経済思想 …………… 7

第2章　18世紀消費論の源流と消費者役割の未分的把握 ………… 31

　第1節　消費者と貨幣保有
　　　　　──J. ロック　31
　　2.1.1.　ロックと消費論　31
　　2.1.2.　欲望と貨幣保有　33
　　2.1.3.　社会的役割としての消費者　35
　　2.1.4.　消費者の自由と貨幣保有　38
　　2.1.5.　小括　43

　第2節　消費者と精神的欲望
　　　　　──N. バーボン　44
　　2.2.1.　バーボンと消費論　44
　　2.2.2.　消費の欲望論的基礎　45
　　　　2.2.2.1.　精神的欲望の無限性　45
　　　　2.2.2.2.　精神的欲望の社会性　47
　　2.2.3.　消費の社会的作用　49
　　　　2.2.3.1.　消費と社会の富裕　49
　　　　2.2.3.2.　消費と交易　51
　　2.2.4.　小括　53

第3章　奢侈是認論と消費者概念の脱道徳化 …………… 55

　第1節　富裕層の奢侈的消費と貧困層の勤労
　　　　　──B. マンデヴィル　55
　　3.1.1.　マンデヴィルと消費論　55
　　3.1.2.　マンデヴィルの消費論と豊かな社会　57
　　　　3.1.2.1.　豊かな社会としての蜂の巣　57
　　　　3.1.2.2.　豊かな社会の消費者像　59
　　3.1.3.　豊かな社会の消費論　61
　　　　3.1.3.1　マンデヴィル消費論の射程　61

　　　　　　3.1.3.2.　マンデヴィル消費論の主要トピック　64
　3.1.4.　小括　68
第2節　上流層の奢侈的消費と消費による社会的階序形成
　　　　　――D. デフォー　69
　3.2.1.　デフォーと消費論　69
　3.2.2.　奢侈をめぐる道徳論と経済論　70
　3.2.3.　奢侈と社会秩序の紊乱　73
　　　　　3.2.3.1.　ジェントルマン層の放恣と奢侈的消費　73
　　　　　3.2.3.2.　下流層の専横と顕示的消費　76
　3.2.4.　消費と社会秩序の再構築　78
　　　　　3.2.4.1.　社会の階序とジェントルマンの有徳性　78
　　　　　3.2.4.2.　消費の階序とジェントルマン支配　82
　3.2.5.　小括　86

第4章　奢侈概念の変容と消費者概念の脱社会階層化　89

　第1節　富裕層の愚行的消費と消費者としての貧困層
　　　　　――G. バークリ　89
　4.1.1.　バークリと消費論　89
　4.1.2.　愚行としての消費　91
　　　　　4.1.2.1.　消費と流行　91
　　　　　4.1.2.2.　奢侈的消費と貧困　93
　4.1.3.　社会的行為としての消費　96
　　　　　4.1.3.1.　欲望操作と文教政策　96
　　　　　4.1.3.2.　消費者と貨幣　98
　4.1.4.　小括　100

　第2節　中流層の中庸的消費と文明社会の消費文化
　　　　　――D. ヒューム　101
　4.2.1.　ヒュームと消費論　101
　4.2.2.　奢侈としての中流層の消費文化　105
　4.2.3.　中流層の制度的有徳性と有徳な消費　110
　4.2.4.　小括　115

第5章　ポリティカル・エコノミーと学知としての消費者概念の形成　117

　第1節　勤労社会の中の消費者
　　　　　――J. ステュアート　117
　5.1.1.　ステュアートと消費論　117

5.1.2. 消費と近代市場社会　119
　　　　5.1.2.1. 消費の欲望と自由社会　119
　　　　5.1.2.2. 貨幣的消費と勤労社会　121
　　5.1.3. 消費と社会秩序　124
　　　　5.1.3.1. 奢侈的消費と消費者概念　124
　　　　5.1.3.2. 富の均衡論と消費者概念　128
　　5.1.4. 小括　131
　第2節　商業的社会の中の消費者
　　　　　——A. スミス　132
　　5.2.1. スミスと消費論　132
　　5.2.2. 社会的行為としての消費　135
　　　　5.2.2.1. 私悪としての奢侈的消費　135
　　　　5.2.2.2. 私益としての顕示的消費　137
　　5.2.3. 社会的作用としての消費　141
　　　　5.2.3.1. 消費と社会変動　141
　　　　5.2.3.2. 消費と商業的社会　145
　　5.2.4. 小括　149

第6章　結び　……………………………………………………　151

注　157

文献　184

あとがき　204

人名索引　207

第1章 序論——消費論と18世紀イギリス経済思想

　ある概念に関しての形成というとき，その概念の語られている背景を明確に認識することが重要である。当該の概念の置かれている文脈がどのような言説に準拠するものであるのか，また，その同概念はその帰属する言説空間の織物全体の中にあって，どのような位置づけを与えられているのか，さらには，その言説空間の体系としての整合性を支える要素の役割をどのように担っているのか，そもそもその言説の体系性を支持する一因として斉一的に体系に組み込まれているのか，という諸点についての研究上の視点をつねに認知的に保持することが必要とされる(1)。そのことは，消費者概念の形成を特定的な研究視点から追究するという本書の試みにおいても当然に同じく当てはまる。

　本書において消費者概念の形成という場合，その形成の文脈としての言説は経済思想に限定される。さらには，それも「18世紀イギリス」の同言説という時代的に一段と狭められた区切りの中の特定的な言説空間に限られたものになることについて，あらかじめ注意を喚起しておくとともに，以下，本文を読み進むにあたってはつねに留意しておくべき議論枠組みでもあるということを，ここで最初に確認しておきたい。また，以下でその形成過程を追究しようと試みる消費者概念とは，社会分析上の学知的概念のことである点も合わせて確認しておきたい。本書としては，あくまで経済思想という学知的言説の文脈における，今日的な意味での社会科学上の一般的な分析概念としての消費者概念の形成過程を検討することを目的にしている(2)。この意味での消費者概念の形成の道程，つまりはその概念的な精練化の段階的把握を明示するという課題こそが本書の主題となるものである。

　本書の問題設定について，その経済思想史研究上の妥当性をここで最初に明示しておきたい。ここでいう経済思想史研究上の妥当性とは，考察範囲の限定ということについてである。本書では消費者概念の形成過程をロックからスミスまでという区切りを設けて検討する。ロックおよびスミスを含めて計8人の思想家を考察対象として取り上げ，その言説について個別に検討していく。活躍した時代の順に8人を列挙すれば，ジョン・ロック（John Locke, 1632–1704），ニコラス・バーボン（Nicholas Barbon, 1640–98），バーナード・マンデヴィル（Bernard Mandeville, 1670–1733），ダニエル・デフォー（Daniel Defoe, 1660?–1731），ジョージ・バークリ（George Berkeley, 1685–1753），デヴィッ

ド・ヒューム（David Hume, 1711-76），ジェイムズ・ステュアート（James Steuart, 1713-80），アダム・スミス（Adam Smith, 1723-90）という順である。本書での行論順序もこの同じ並びに沿って展開される。

　本書はこの8人の思想家の活躍期間を考察範囲として，同期間における消費に関する言説の推移のうちに，消費者概念の成立を跡づけるということをその作業の範囲とするものである。とすれば当然に，なぜロックからスミスであるのかとの疑問が出されるであろう。この疑問に答えるために，このロックからスミスまでという考察範囲の限定についての有意味性を本論に入る前の準備段階の議論として次に論述する。以下，始点と終点の両端がそれぞれに持つ研究上の意義について順次に詳述していく。

　まずは研究の始点の意義についてである。本書の始まりをロック（およびバーボン）とする理由はこうである。まずロックに関しては，その社会理論体系が，貨幣という制度を社会の凝集性を保つための紐帯としての位置に据えることで，社会契約論に基づく17世紀的な社会思想の議論枠組みからいち早く抜け出る可能性を含んでいた点（当然，多分にその残滓を抱えつつではあるが）に注目する必要がある[3]。この点に注目することにより，経験論的な立場からその人間観を抽象し，そうした諸個人の相互行為と貨幣との関係性に着目することで近代の「社会」を発見していく方向性を示し得た画期的な思想としてロックを再解釈することが可能となる。諸個人の自由な相互行為に基づく社会的凝集性の論理の解明および定式化という作業が18世紀イギリスの社会思想史上の顕著な特徴のひとつであったことを鑑みるならば，こうした文脈をその背景として経済思想の展開を追究するという分析視点が，ロックをその考察の始点とするための正当性の根拠を与えてくれるものと理解できるからである。

　一方，バーボンについては，その独自の欲望論の中に，消費をその社会的作用との関係性において捉える上での重要な論点が包含されており，その部分にバーボンの思想を消費論の観点から再読することの意義が見出せる。バーボンにおけるこの点は，後の18世紀的な消費論の欲望論的な側面の展開を，萌芽的なかたちで先行的に示唆しているとの解釈が可能である。欲望論的な議論とのつながりにおける18世紀の消費論の展開が，マンデヴィルの『蜂の寓話』以降，多分に「奢侈論争（the luxury debate）」として道徳論的な色合いを残しながらも，そうした問題圏から経済論を中心とした社会理論的な議論の方向性へと漸進的な過程として歩み始めていくことを確認できるとするならば，こうした方向性への先鞭をつけたともいえるバーボンの思想は，消費論の系譜づけにあって，欲望論的な消費論の嚆矢として高く評価されてよいものである。さらにはまた，後に見るようにマンデヴィル的な消費論の先行者ということからしても，

それは18世紀イギリスの消費に関する言説の傾向性を考察する際のひとつの始点としての妥当性を有するものといえる。

　ロックおよびバーボンの思想は，年代としての時間的区切りにおいては，正確には18世紀の経済思想という範疇からははみ出すものである。例えば，ロックの『統治論』の刊行は1690年であり，バーボンの『交易論』出版も同じ年である。しかしながら，それらは上述の消費論的な意義の先取性の観点から，あるいは，少なくともその社会理論の論理構成上の性質から見て，十分に「18世紀」的な経済思想の枠組みにおいて捉えることが可能である。すなわち，両者の思想の枠組みは，18世紀の社会理論的パラダイムに半ば組込まれつつ連接しており，この意味合いにおいて，そうした方向性への始点として，あるいは同じことではあるが，その後の展開過程に照らした場合の有力な思考形式上の濫觴として扱い得るだけの資格を有しているといえる。この意味において，これらの言説はいわゆる「長い18世紀」の思想史的な始点の一部を構成するものであったとの解釈も可能であろう。とりわけ，ロックに関しては，A. F. チョークの指摘にもあるように，「ロックの諸著作とは，18世紀の社会思想家すべてにとっての想源であったといって過言ではない」（Chalk, 1951：347）のである。このことのゆえに，両者の経済思想，とりわけその消費論的な含意への留目は，イギリスの経済思想的言説の系譜の中に消費論の18世紀的な展開を跡づけるという本書の作業にとっては，むしろその18世紀への過渡期的，あるいはその幕開け的位置づけを与えられるべきものとして，不可欠の考察対象と見なす必要性さえ見出せるのである。

　他方で，研究の終点を画するスミス（およびステュアート）の思想が持つ意義についてはこうである。経済思想史の通説的な観点からすれば，スミスの『国富論』（1776）体系の完成によって，経済理論はいわゆる重商主義期の経済観を脱却することとなり，ひとつの体系性を持った論理として後の古典派的な経済的世界像へと引き継がれていくこととなる。あるいはまた，『国富論』にわずかに先立つステュアートの『経済の原理』（1767）の完成の時点において，経済思想的言説はいわゆる貨幣的経済論として，ひとつの体系性を備えたスミスとは別個の論理としてすでに確立されていたともいわれる。それゆえ，これらふたつの浩瀚なる経済学分野における体系的書物の出版をもって，本書の終わりをスミスおよびステュアートに定めることには，経済思想史の展開における分水嶺ということでの，それなりの学史上の妥当性が付与できると思われる。それが終点を画するひとつの理由である。これはいわば経済学体系の成立という形式上の理由である。スミスを終点とするには，もうひとつ理由がある。それは，経済学体系の成立が消費者概念の形成と密接な関連性を持つことである。

第1章 序論──消費論と18世紀イギリス経済思想

こちらは論理に関わるものとして，内容的の理由である。次に，この内容的な理由について述べる。

ロックからスミスまでという経済思想の展開を端的に特徴づける言葉を探すとすれば，それは「統治論から経済論(ポリティカル・エコノミー)へ」として表わせる。ロックからスミスまでという18世紀前半を中心とするこの時期は，イギリスの社会思想史における重要な転換期である。J. G. A. ポーコックは，1688年の革命以後の50年について，同時期は「政治的基盤としての経済や社会に関して，あるいはまた諸個人の政治参加ということに関しても，それらの在り方が変容していることを政治思想が認識し始めていく時期であった」(Pocock, 1975 : 423)と述べている。ポリティカル・エコノミーとしての経済学は，まさにこうした思想的変容の中から新たな体系的言説として生成されていくこととなる。18世紀イギリスの社会思想の言説にあって，道徳哲学という言葉は，今日の学問分野でいえば，社会科学全般を含むものであった。道徳哲学という場合，そこには政治学や経済学，法学，倫理学，社会学などが未分離に混在していた。経済学はそうした道徳哲学という広範な学問的括りの中の一科学として徐々に独立性を備えていくこととなる。国家行政全般(軍事・宗教・司法・治安・公衆衛生・文教(教育)・道徳(社会関係)等)の諸原理および統治技術の考察からの経済法則および経済政策分野の分離的把握ということ，そうした社会認識上の問題関心の移行および諸問題領域相互の限定化の帰結が，ポリティカル・エコノミーの成立ということにつながるものである。後述において明らかとなるように，統治論から経済論へというこの18世紀イギリスにおける社会思想史上の力点の移行は，それを自由論との関係で見るとき，消費者概念というものが経済学体系の成立と軌を一にして練成されてくることとなる理由を示唆するものである。

ロックにおいて，自由とは諸個人がその意思において行為するための力能のことである。国家や貨幣や言語といった社会の諸制度は，こうした自由を保障するための文化装置としての側面を持つ。社会契約論に依拠するロックの社会形成論は，その始原において自然状態にあった諸個人の自発的な意思による契約の帰結として国家という公共社会が成立する。自然状態にある諸個人は，つねに心身の危険に曝されている不安定な状態である。国家という社会の成立は，こうした危険性からその成員を自由にする。諸個人は，社会契約としての人為的な制度の枠組みにおいて行為する限りで，行為の自由を保障されるのである。この点において，ロックにとっての自由とは，統治原理として擁護される社会的な価値でもあるということになる。国家をはじめとする諸制度とは，行為の自由の可能性をその成員に保障すること，あるいはその機会を拡大すること

いう目的性の中に制度としての存続理由が求められる。したがって，成員の自由が侵害される場合には，その制度は改変や消滅を余儀なくされるということである。ロックの想定する国家とは，その社会秩序の安定性のための基礎を自由という価値の上に置いているのである。ロックの思想とは，この意味での自由を擁護するための論理であったといえる。すなわち，統治原理としての自由の擁護論である。

　一方，経済論として展開されたスミスの社会理論の中核もまた，この行為の自由の保障という点に関わるものである。スミスは，自然的自由の体系を維持することが，社会の富裕化を促進するための条件であるとする。スミスは諸個人の人間本性に由来する私的利益が，その社会成員の自由の下で，種々の経済行為として追求される必要性を論じる。諸個人による自由な経済行為は，そこに諸種の社会的関係性を構築させる。スミス体系の論理的支柱とは，そうした経済的な社会的関係性のうちに，人間本性に由来する内生的な秩序構成力があるという点にかかっている。スミスの場合，この秩序構成力の源泉とは，富の所有あるいは富裕という属性が有する他者の行為への規制力のことである。諸個人はその人間本性に基づいて，みな富裕を目指して経済行為を行なう。そうした諸個人の経済行為が，自然的自由の体系として社会的に保障されるとき，そこには富裕の実現と共に安定した秩序もまた生成されることとなる。この自然的自由の体系は，消費者としての諸個人が行為の自由を制度として保障される場合において成立する。スミスは『国富論』の中でこのように述べる。

　　消費こそはいっさいの生産にとっての唯一に目標であり，かつ目的なのである。したがって，生産者の利益は，それが消費者の利益を促進するのに必要なかぎりにおいて配慮されるべきものである，この命題は，まことに自明の理であって，とりたてて証明しようとすることさえおかしいほどである（Smith, [1776] 1981＝1978：464 (2)）。

　スミスの経済学体系とは，その重要な一面において，まさにこの点についての論証であったとの捉え方が可能である。スミスにあっては，自由とは富裕化のための原理であり，同時に社会秩序の安定化のための統治の原理でもある。この点で，スミスの経済学は，統治および富裕の原理としての自由の擁護論である。

　ステュアートの経済学もまた，統治および富裕化の原理としての自由を擁護する体系である。確かに，ステュアートの経済学はその一面において，政策への強い志向性を持つ知的体系である。そのことは，ステュアートがその主著のタイトルの中にポリティカル・エコノミーという言葉を冠したことからも窺え

る。ステュアート自身が『経済の原理』の劈頭において,「経済とは,一般的に言えば,慎重かつ節約に努めながら,家族のあらゆる欲望を充足する術である」(Steuart, [1767] 1967=1998 : 2) と述べ,ポリティカル・エコノミーとは,一国家にあっての経済のことであるとしていたように,この言葉には,統治技術としての政策的側面がそのうちに含まれることをステュアートは改めて強調しているからである。スミスの経済学体系をその社会観を象徴する「見えざる手」の経済理論と規定しつつ,それに対置するかたちで,ステュアートの体系を為政者の介入を表わす「巧妙な手」の経済理論として,両者を対照化して見るとき,その体系としての論理的特性はより明瞭に示唆されているといえる(大森,1996)。つまり,ステュアートの理論体系とは,為政者による巧妙な手としての政策論的な経済の調整過程を必須の要件として組み込んだ論理構成の上に成立するものであるということである。R. L. ミークは,主に国家統制という論点からの比較において,仮にステュアートの学説がスミスに対して優位を占めていたとするならば,その結果は,政策面と理論面の双方において,もっとも不幸なことになっていたであろうと述べている (Meek, 1967 : 11)。当時の経済情勢は,経済活動に関する自由の拡大を要請しており,またその自由を擁護してくれる学説を要望していたからというのがその理由である。しかしながら,ステュアートの体系は,決して諸個人に経済活動の自由を認めないものではない。むしろその体系は,行為の自由を保障する政治的枠組みをその議論的前提として要請するものである。A. S. スキナーの指摘にあるように,ステュアートによる経済への介入主義の意味するところは,あくまで自由国家という背景に照らしてはじめて十全に理解されるものである (Skinner, [1962] 1991 : 146)。大森もまた,スミスに比べてステュアートが自由をめぐる問題をより深刻に捉え,その上でより広い議論的文脈(問題系)につなげて考えていたとして,次のように指摘する。すなわち,「経済的自由主義をともに標榜しながら,スミスと異なってステュアートが経済的調整の意義を強調するのは,自由＝依存のうみだす社会的不安定性を権力＝従属の問題と結合させて,スミスよりも深刻に捉えたからである」(大森,1996：16-17)。したがって,ステュアートの経済学体系の根幹とは,諸個人の自由な行為に基づく市場交換という経済の制度を維持し,さらにはそれを強化するということであるといえる。次の引用は,このステュアートの基本的主張をよく表わすものである。

　　自由な社会を1つにまとめて行くのに最もよい方法は,相互的な義務を増やし,そのすべての構成員のあいだに全般的な依存関係を作り出すことである。これが行なわれるには,一定数の住民を全住民が必要とする量の食物の

生産に振り向け，残りの者たちをほかのあらゆる欲望の充足のために適当な階級に配置するということになる以外にない。さらに言えば，この配置は最も合理的であるだけでなく，人類はおのずとそのように分かれていくものなのである (Steuart, [1767] 1967＝1998：77)。

　一国内にあって，諸個人の自由を最もよく保障してくれるものとは，その国制自体ではなく，その国制の下で市場という経済制度が円滑に機能するということにあるというのがステュアートの基本的な主張である。そして，その社会では，「等価物を交換に差し出すことができる者は誰であれ，自由を体現できる主体となる」(竹本, 1988：78) のである。
　さて，このようにロックとスミス（およびステュアート）との社会理論における2つの自由を比較するとき，次のことが分かるであろう。すなわち，18世紀の社会思想の言説を通じて，自由とは，統治原理であるとの位置づけは保持されたまま，そこに富裕原理としての価値が付加されてきたということである。自由な行為主体としての諸個人というものが文化的な諸制度の相互作用の運行を通じて継続的に保障される社会，その社会においては秩序の安定と経済的な富裕とが同時に実現されることとなる[4]。ロックは統治の原理として自由を擁護する。スミスの議論はこのロックの統治論に社会の富裕化という経済論を接合するものである。そうした思想的な展開の帰結として，自由という社会的価値には，安定的秩序のための統治，および経済的福祉のための富裕という2つの公益性の原理としての意義づけが付与されることとなった。
　ロックからスミスへという18世紀イギリス経済思想の展開を自由論との関係でこのように整理して見るとき，そこには消費者概念の形成が経済学体系の成立と密接な連動性を持つこととなる論理が見出される。その詳細は本論部分での行論を俟つこととなるが，ここでその概略を示しておくことは後の議論をより分明にするために有益であろう。
　消費者という概念は，諸個人の一定の行為類型を表わす語である。いわば消費という経済行為に関わる当該個人の諸要素を集約して記号化したものである。その意味で，消費者概念とは，諸個人の社会的役割を指す語であるといえる。この社会的役割としての消費者の行為というものは，それを遂行する諸個人の行為の自由が保障されて，はじめて実践可能となるものである。別言すれば，消費者役割とは，行為の自由を支える文化的な諸制度による仕組みが構成されているという社会的条件の下でのみ，その正規の役割が行為可能となるということである。消費者役割を可能とする制度的な仕組みは，その確立のための基礎を統治原理であり富裕原理でもある自由という社会的価値の実現ということ

に置いている。そのひとつは，ロックのいう社会契約としての所有の保障という私有財産権を支える制度に関わるものである。この制度の確立により，諸個人は諸財そして何よりも貨幣を所有することの自由を有することとなり，同時に，その所有する貨幣を使用して，購買というかたちで自己の欲望を満たすための諸財を消費する自由も保障されることとなる。加えて，この自由は，富の蓄積を可能にすることで，富裕を追求する自由（機会）をすべての社会成員に付与するものでもある。こうした所有の安全を基礎とするロック的な意味での行為の自由の確立は，スミスのいう富裕が生み出す秩序原理を機能させる制度的条件を用意する。諸個人が富裕を目指して勤労するという社会の枠組みが整えられると，そこには徐々に，富の多寡を基準とする社会的階序が構成されてくるようになる。富裕という属性をめぐる経済的競争が，諸個人の社会的階序における位置づけを定めるものとして行為動機の中で重要さの比重を増していくのである。富裕を追求する諸個人の行為の自由は，その帰結として，富を基準とする一定の安定性を持った社会的秩序をもたらす。これが，スミス（およびヒューム）の体系においては，富裕原理としての自由が統治の原理でもあることの論理である。そして，このスミスの体系においても消費行為が富の階序を支える主要な機能を担うこととなる。後にT. ヴェブレンが，『有閑階級の理論』の中で，「顕示的消費（conspicuous consumption）」という語において一般化することとなる，消費の顕示性ということである。富を所有する諸個人はそれを社会的に顕示して，はじめて富裕であるとの属性を獲得する。この富裕という記号性を顕示する有効な手段が消費である。諸個人はその消費様式においてその富裕を顕示し，富の階序に占める地位を自他共に許すものとするのである。したがって，この点からすれば，消費者概念とは行為の自由を象徴する記号であるといえる。さらにはまた，それは，行為の自由を媒介とする統治および富裕という２つの公益性を象徴する換喩表現であるともいい得る。そして，もしそうであるとするならば，消費者概念が経済学体系の成立と共に形成されてくる理由は明らかである。すなわち，ポリティカル・エコノミーという学知にとって，消費者概念とは，その体系性の論理を支えるための不可欠な要素であり，かつはまたその学問としての目的性そのものを象徴する記号でもあるということである。実際，後に見るように，ステュアートにしろスミスにしろ，その２つの経済学体系にあって，消費者概念はその体系性の中でその論理環を支える重要な位置づけを担っている。消費者概念が経済学体系の成立と連動して形成される理由はこの点にある。

　ここまで，本書が扱う経済思想史の範囲についてその学説研究上の妥当性について論述してきた。ロックからスミスという経済思想史上の括り，およびそ

の間の言説的移行ということ，それらは本書において論証されるべき消費論の展開を支える背景的言説の枠組みのことである。以下の本論部分で個別に検討する各論者の消費にまつわる言説は，すべてこの背景的枠組みの中に収容される。この背景的な言説空間の移行との連動性の下に消費の諸言説もまたその方向性を同じくするかたちで展開されていくこととなる。次に，そうした消費言説自体の諸論点およびその移行ということについて概観する。

　18世紀イギリスの言説空間において，消費そのものにまつわる論点とは，どのようなものがあったのであろうか。上述のように，本論部分では8人の思想を順次検討する。ここではそうした各論者間の学説的なつながりに関してその輪郭を与えておく。具体的には，18世紀イギリスの消費をめぐる諸言説の潮流という議論的背景に照らして各論者の言説間に見出される消費学説としての傾向性，つまりは，批判または受容という両面からの理論的展開について，それらを図式的に概観していく。ここでの図式的な整理は，既述した背景的言説の移行と合わせて，本論部分を読み進めていく際に，各論者の所論を18世紀イギリス消費論の展開過程として系統的に理解するための一助となるであろう。

　18世紀イギリスの言説空間では，「奢侈論争」の再燃があった。もっとも，奢侈についての非難の言説自体は過去のどの時代や社会においても見出されるものであり，取り立てて注目することではない。しかし，18世紀の奢侈論争では，奢侈の是認論に対する支持が着実な広がりを見せたということが特筆に値する事実である。こうした18世紀イギリスでの奢侈論争は，消費者概念の形成を考える上で最も重要な論点である。というのも，「18世紀イギリスの政治的な言説において消費とは，奢侈論として語られた」(Appleby, 1994 : 165) とJ. アップルビーが述べるように，同時期の奢侈論とはまさに特殊な消費論のことであったからである。

　奢侈論に関する諸学説の概観を与えてくれる研究としては，Johnson ([1937] 1960) やSekora (1977)，Berry (1994) などがある[5]。E. A. J. ジョンソンは奢侈論の大きな傾向として，イギリスにおいては17・18世紀を通じてその非難の論拠が変容してきた点を指摘する (Johnson, [1937] 1960 : 289-97)。この時期，イギリスの思想家の論調は，依然として中世以来の宗教倫理的な非難の要素を残しつつも，その非難の論拠を道徳論的なものから経済論的なものへと移行していった。中世的な奢侈の非難とは，専ら身分的階序を維持するためのものであり，ジョンソンは，奢侈禁止法や（輸入）奢侈品に対する関税等の諸課税などの施行は奢侈を統制するための典型的な政策であったとして捉えている (Johnson, [1937] 1960 : 292-93)。しかし決定的な論調の変化，すなわち経済論としての奢侈是認論の叢生は17世紀最後の四半世紀を俟つ必要があったとジョンソン

は述べている (Johnson, [1937] 1960 : 294)。ジョンソンはその時期の代表的な論者として，R. コーク，バーボン，D. ノース，W. ペティの名前を挙げている。ジョンソンは，他にもその後に続く論者として，M. ポスルスウェイトやW. テンプル，ステュアートなどの名を挙げているが，とりわけ重要な学説上の貢献をなしたものとしてマンデヴィル，およびそれを批判的に継承したヒュームの奢侈論に多くの紙幅を割いている。こうした奢侈学説の整理に関して，ジョンソンは重要な指摘をしている。それは，奢侈に対する賛否の態度を決めるひとつの要因として，勤労誘因としての消費という論点がつねにその経済論の文脈において作用していたということの指摘である (Johnson, [1937] 1960 : 297)。このジョンソンの指摘を敷衍するならば，17・18世紀のイギリスにおける奢侈論争とは，ひとつの経済的議論としてつねに勤労・無為・怠惰・貧困・富裕といった労働およびその生産性をめぐる諸問題と隣り合わせで論じられる必然性を有していたということである。別言するならば，奢侈論争とは，勤労という問題を介して貧困問題とのつながりを持つということである。この点において，奢侈と貧困とは同根の問題性を分有している。したがって，奢侈（すなわち消費）と貧困とは，その問題性の一面においては同じコインの表裏として一体的に捉える必要があるといえる。

　J. セコラもまた，18世紀がイギリスにおける奢侈論をめぐる言説の大きな分岐点であったことを指摘する。セコラによれば，こうした奢侈論の言説の変容とは，取りも直さず，西洋世界の歴史における古典的世界から近代世界への移行を示すものであるといえる。というのも，奢侈の問題とは西洋世界にあって，最古かつ最重要なもののひとつであり，社会秩序に対する阻害要因としてつねに白眼視され続けてきた問題であったからである (Sekora, 1977 : 2)。セコラは，「イギリスの歴史を振り返ってみると，国家の安定が紊乱されると，必ずといっていい程，その後には奢侈に対する非難が捲き起こる。この反動的なプラセボ（偽薬）の投与ということが繰り返されるのは，言論による攻撃が根深い問題への唯一の対処法であったからである」(Sekora, 1977 : 72) と述べている。セコラは18世紀の奢侈論争に加わった主要な論者を列挙している。その中でも代表的な論者を挙げると，マンデヴィル，J. アディソン，R. スティール，デフォー，A. ポープ，J. スウィフト，H. ボリングブルック，H. フィールディング，ヒューム，S. ジョンソン，O. ゴールドスミス，E. ギボン，A. ファーガソン，ステュアート，J. ウェズリ，スミス，T. スモレットなどである (Sekora, 1977 : 2)。セコラはまた，18世紀イギリスの政治情勢との対照において同時期の奢侈批判の展開を5段階に区分している。セコラによる奢侈批判の5段階の概要を表としてまとめて見る。「表1.」がそれである。

表1. 18世紀イギリスにおける奢侈批判の5段階

	第1段階	第2段階	第3段階	第4段階	第5段階
区分時期	1698-1702年頃	1711-14年頃	1720年前後	1726-42年頃	1750-63年頃
主要論者	フレッチャー・ダヴナントなど	アディソン・スティールなど	デニス・ローなど	ボリングブルック・スウィフトなど	フィールディング・ブラウンなど
政治的争点	常備軍論争(コート対カントリ)	施政方針論争(ウィッグ対トーリ)	南海バブル・『蜂の寓話』出版	ウォルポール政権批判	貧困層の無為・奢侈
奢侈批判	奢侈による心身の堕落	奢侈や流行による人為的な貧困状態	奢侈の蔓延による社会の衰退	古典的共和主義思想による奢侈批判	奢侈が貧困層の犯罪・怠惰の原因

出所：Sekora (1977) pp. 77-100 より作成

　セコラは，とくに第5段階の時期には，奢侈が様々な政治的な争点を含む一大論点として非難の的となり，糾弾の激烈さは頂点に達したとして，その際には，奢侈批判という言説が，本来は主義や立場を異にする雑多な反体制派を期せずして糾合するような事態になっていた点を指摘している。反体制派とは，ジャコバイトやトーリ，カトリックやピューリタンなどをはじめ，他にも地位や財産などを失ったもの，あるいは失いかねないものなどの多数の利害関係を包摂するものである(Sekora, 1977:89)。

　C. ベリーも同様に，17・18世紀が奢侈論の近代的言説への過渡期であったことを認める。その転換の大きな方向性としては，道徳・倫理論の言説から政治・経済論の言説へという流れをベリーも跡づけている。中でもマンデヴィルの言説が18世紀のその後の奢侈論争再燃への契機として大きな影響力を持つことを論じている(Berry, 1994:126-76)。ベリーは，18世紀の奢侈論争において，経済論の枠組みに準拠して概ね奢侈是認論としての立場での主導的役割を果した論者として，次のような名前を挙げている。すなわち，マンデヴィル，ヒューム，スミスである。一方，マンデヴィル以前の論者としては，T. ホッブズ，T. マン，バーボンに紙幅を割いて詳述している。ベリーの議論の特徴は，とくにホッブズを近代的な奢侈論への分水嶺として重要な位置づけを与えていることである。ベリーによるこうした奢侈論の系譜的整理は，行為論におけるホッブズ的な人間観の継受を共通の素地として規定し，欲望論との関係で奢侈論の経済論的な枠組みへの移行を説明しようとするものであるといえる(Berry, 1994:112-13)。

　セコラの指摘にあるように，18世紀のイギリス社会においては事実上，言論による非難以外に奢侈の蔓延に対する実効的な統御策が有り得なかったとするならば，そこからはそうした奢侈の遍在という現実をどのように理解するのかという問題が出てくる。なるほど18世紀のイギリス社会とは確かに奢侈的な社

17

表２．18世紀イギリス消費論における２つの系論

	主要論者	主要論点	議論的特徴
欲望的消費論	バーボン マンデヴィル ヒューム スミス	欲望 人間本性 支出 勤労 富裕化 など	・諸個人の消費行為の動機として，理性に対する欲望や情念の優位を想定する ・奢侈（濫費・闊達など）の社会的有用性など，支出としての消費の側面に注目する ・支出（貨幣使用）の裏面として，貨幣稼得のための勤労を重視する ・注目する消費の社会的作用：消費主導型の経済発展力がもたらす欲望や文化の洗練化
貨幣的消費論	ロック デフォー バークリ ステュアート	理性 貨幣 購買力 自由 社会秩序 など	・諸個人の消費行為に合理性の優位を認める ・購買力という経済的な力能を持つ貨幣保有者として消費者を捉える ・購買力が他者の行為を支配可能にする点に消費における行為の自由を確認する ・注目する消費の社会的作用：市場経済を中心とする市民社会の秩序形成・維持への寄与

会ではあるが，にもかかわらず，その社会は同時に富裕かつ強大でもあるという事実，この問題に対する理論的説明が必要となってくる。奢侈批判の言説が社会的現実を説明する説得力をもち得ない状況にあって，奢侈の遍在という現実を前提として組み込んだ新たな社会理論の構築が要請されていたのである。

奢侈是認論の系譜とは，この問題への解答という側面があった。消費者概念とは，こうした社会理論に関わる問題への取り組みの中から，その知的な成果のひとつとして生成されたともいえる。以下，その経緯について概括するが，まずはここで18世紀イギリスの消費論の流れを簡単に押さえておくことが便利であろう。

本書を通じて明らかとなるように，18世紀イギリスの消費論にはその議論的特徴を異にする２つの系論が見出せる。本書では以下，それらの議論的特徴に鑑みて，その２つの系論を「欲望的消費論」および「貨幣的消費論」と呼ぶこととする。ただし，この概念上の区分とは，あくまで議論の強調点の差異に基づくものであり，個々の思想家の消費論に関する議論的特徴という程度の理解において使用するものである。したがって，例えば，欲望的消費論に分類された思想家の中には貨幣的消費論に属する論点がまったく欠如しているというわけではない。この点に留意しつつ，両系論の議論的特徴をまとめると「表２．」のようになる。

18世紀におけるイギリス消費論の流れは，その背景において消費に関する特徴の異なる２つの系論が混合する中から生み出されてくる。欲望的消費論と貨幣的消費論とは相互にその論点や議論を交錯させる中から論理の接合面を模索

図1. 18世紀イギリス消費論の流れ

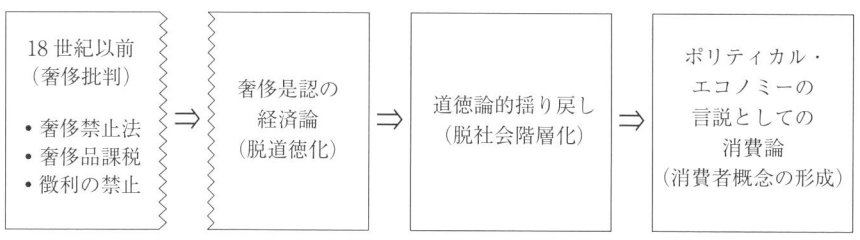

しつつ,奢侈是認論としての方向性を共有することで漸進的に消費論としての確固とした輪郭を生じさせていく。その方向性の中で,諸々の論点は整理され,論理として次第に精緻化される。さらにはまた,その理論は批判的に継受され,敷衍されることで,理論的発展としての学説上の系譜を残していく。学知としての消費者概念はこうした消費論としての累積的な成果の末に形成されるものである。欲望的消費論と貨幣的消費論との相互作用は,その結果として,18世紀イギリスの消費論の展開において2つの大きな傾向性をもたらすこととなった。その2つとは,消費論における「脱道徳化」の傾向,および「脱社会階層化」の傾向ということである。

次に,消費論の流れにおけるこの2つの傾向性を図式的に見ていく。「図1.」はその概念図である。

18世紀以前のイギリス社会は身分制社会としての性格が強いものであった。もちろん身分制を基礎とするこうした社会の階序の動揺は,すでに17世紀において始まっている。ただし,消費という点においては,依然として教会法や宗教的な社会通念などの言説が支配的である状況が続いていた。身分制社会という枠組みには,諸個人の自由な消費を制限・禁止するための種々の制度が設けられていた。その代表的なものが,奢侈禁止法として総称される,特定の物品の購買や使用などを禁止する法律である[6]。他にも,奢侈品とされる諸財への課税や,主に消費目的（投資目的ではない）のための金銭貸借を禁止する徴利（ウスラ）に関する規定なども存在した。自由な消費に対するこうした諸規制は,その論拠を身分制秩序の維持を目的とする道徳性の言説に求めるものであった。17・18世紀に展開する奢侈論争とは,それを消費の議論として捉えるとき,こうした従来の身分制社会のための道徳性の是非をめぐる議論のことであったといえる。

消費論の脱道徳化という傾向は,この奢侈論争の中から生み出されてくる。というよりは,奢侈論争とは,そもそも奢侈是認の立場から従来の奢侈（消費）規制の議論を論駁する目的で争われたものであり,そこには議論の性質上,旧

第1章　序論──消費論と18世紀イギリス経済思想

来の道徳性に対する非難というかたちでの消費の自由という脱道徳化の主張が最初から含まれていたともいえる。18世紀を通じて繰り返された奢侈非難の議論には，いくつかの論拠（神学（スコラ）的，国制論（古典的共和主義）的，財政論（重商主義）的など）がある。しかし，重商主義的な経済政策論を除く，他の奢侈非難の議論は，いずれも消費の自由を規制するための道徳論という色彩が濃厚である点では同じ立場にあるといえる。この点からすれば，奢侈論争とは，奢侈という特殊な消費をめぐる対立のことであるとして捉え直すことが可能である。特殊な消費をめぐる議論として奢侈論争を捉え直してみるとき，そこに奢侈是認論の系譜という脱道徳化の流れが見出される。脱道徳化の欲望的消費論としての展開は，17世紀の末にバーボン（その他コークやノースなど）の『交易論』の中で奢侈是認論として先駆的に示され，その後マンデヴィルの『蜂の寓話』においてその方向性が決定づけられていく。一方，貨幣的消費論としての展開は，ロックやデフォーがその推進役を担うこととなった。というのは，後に見るように，ロックの貨幣論やデフォーのジェントルマン論とは，その論理の消費論的な含意において，消費行為には社会秩序の安定性に寄与するための機序があることを論証するものであったからである。こうしたロックおよびデフォーの所論は，消費と社会秩序との関係性という行為の道徳性に関わる問題を行為の自由の問題として捉える性格を有しており，後のヒュームやスミスらによる議論を先取するものである。いずれにせよ，いま挙げた諸言説の内容は，イギリス経済思想における消費論の脱道徳化の流れが17・18世紀の交において始まることを示している。

　この脱道徳化の流れは，その後，表面的にはマンデヴィル批判というかたちで，バークリやF.ハチソン，さらにはヒューム，スミスなど，とりわけスコットランド系の道徳哲学者からの道徳論的な揺り戻しを受けることとなる。しかしながら，奢侈概念に関する論理の精緻化が，かえってそうした道徳論的な揺り戻しの過程において進行することとなる。その結果，それは消費論の脱道徳化の傾向を一段と押し進めていく新たな論理の展開を用意するものとなっていく。同感原理や向上志向性などを人間本性の中核に据えるヒュームやスミスらの道徳哲学の論理は，諸個人の消費行為に対してその動機面における道徳性の付与を可能にしていく。マンデヴィル以降の消費論は，行為論としての動機的側面に道徳論的な修正を施される中で次第に，消費の規制ではなく，消費の自由ということのうちにこそ社会秩序の構築力があることを見出していく。それは，経済論としての奢侈是認の言説が，道徳論としての奢侈批判の言説を，消費論というかたちで包摂していく過程であるともいい得る。つまりは，奢侈論争からポリティカル・エコノミーの消費論へという18世紀イギリス経済思想の

20

言説の移行とは，消費という経済行為に関する道徳論が経済論へと漸進的に取り込まれていく過程であったということである。この消費論の脱道徳化の流れは，最終的には，ステュアートの『経済の原理』やスミスの『国富論』などのポリティカル・エコノミー（経済学体系）が成立する中で，18世紀後半の経済学としての言説へと受け継がれていくこととなる。

　次に消費論の脱社会階層化の流れについて概観する。この脱社会階層化は，上述の脱道徳化の流れにおいて派生した議論の傾向性である。消費論における脱社会階層化の議論とは，バーボンやマンデヴィルなどの奢侈是認論に対する道徳論的な揺り戻しの過程にあって生成されてくるものである。17世紀末から18世紀初頭にかけて展開されたバーボンやマンデヴィルの消費論では，一定の経済的機能を担う主体が社会階層別に固定されていた。その議論前提において，社会における消費者役割を担う階層としては上流の富裕層が想定され，一方で，下流の貧困層には，もっぱら生産に従事する生産（勤労）者としての位置づけが与えられている。この議論前提に立脚してマンデヴィルらは「富裕層の奢侈と貧困層の勤労」という経済構造に関する図式を提示する。マンデヴィルらの議論では，社会階層別にその経済的な機能が截然と区分されたこのような議論図式が前提されているのである。この図式においては，実質的な消費の自由とは，富裕な上流層にのみ限定的に享受されるものとなっている。その意味でこの図式とは，マンデヴィルらの議論には，消費に関する富裕層の経済的な特権を依然として容認する一面があることを示すものである。

　この「富裕層の奢侈と貧困層の勤労」という消費論にまつわる議論図式は，18世紀中葉には次第にその理論としての説明力を低下させていく。その歴史的背景には中流層の台頭という現実の変化があった。中流層が経済的にも政治的にもその影響力を増大させていくにつれて，従来の経済的役割に関する社会構造はその変革を余儀なくされることとなった。また，下流層労働者の経済的役割についても，経済論の観点からの見直しが進められていく。そうした中で，従来は勤労要員としての位置づけしか与えられてこなかった下流の労働者に対しても，国内の消費需要を拡大するための消費者としての役割が与えられていくようになる。

　中流層の台頭がこの議論図式の論拠を掘り崩していく論理を見てみよう。中流層の経済力の増大という事実は，消費者役割としての上流の富裕層の特権性を事実上無効とする性質を持つものである。中流層の消費様式がその増大する経済力に見合うかたちで奢侈的になっていくからである。消費者役割はもはや上流層の特権的な行為類型ではなくなる。そこにさらに，中流層の政治的な影響力の増大という要因も重なることで，社会全体に中流層の生活様式や価値観，道徳的通念などが浸透していく。そうなれば，中流層の台頭の社会的影響は経

済面のみに止まるものではない。それは社会秩序の構造そのものの変容をも導くものとなる。こうした中，奢侈の内容に変化が生じてくる。旧来の消費機能を担っていた「富裕層の奢侈」の中身とは，有閑な上流層による放蕩や散財や贅沢のことであった。奢侈が悪徳とされたのは，まさにこうした性格を持つ消費行為が倫理や道徳の面において問題とされたからである。しかし社会の中で中流層の経済力，ならびに道徳性が優位を占めてくるようになると，奢侈として規定される消費行為の範疇が限定されてくるようになる。奢侈という語は，過度な支出としての語意においてのみ使用される傾向が強くなっていく。逆にいえば，財産や収入に見合った範囲の消費であれば，そうした消費は奢侈とは見なされなくなっていくということである。それは，中流層による旧来的な意味での「奢侈」的な消費の自由を保証する論拠を提供するものである。ここに至って，富裕層の奢侈という社会階層を規準とする経済的な役割区分は，認識枠組みとしての有効性を欠くこととなる。

　中流層によるこうした社会経済上の影響力の増大は，消費者像に関する新たな行為類型の模索を促すこととなる。経済思想の言説においても，そうした現実的変化を反映する消費行為の理論化が必要とされるようになるからである。中流層の台頭という現実を前にして，もはや上流の富裕層の特殊な行為でもなく，またその収入等に照らして過度な支出でもない，諸個人の「奢侈」的な消費というものを，的確に把握することが求められていたといえる。この新たな消費行為の理論化に貢献することとなるのが，デフォーやヒュームの奢侈論である。デフォーの『イギリス経済の構図』や『イギリス商人大鑑』，ヒュームの『政治経済論集』などの議論に代表される中流層論の展開が，思想史上での決定的な契機となるものである。デフォーはジェントルマン論として実質的にはこの中流層の台頭という現実を押さえる。一方のヒュームは，文明社会論としてこの同じ流れを理論化していく。その中で，消費者役割とは，社会の全成員が担うものとの認識が徐々に確立され，反対に，社会階層に関わる諸問題は消費の議論において希薄化されていくことになる。

　下流層の労働者を社会における消費者役割を担う成員として再規定する議論もまた，「富裕層の奢侈と貧困層の勤労」という図式の論拠を突き崩すものである。その議論は，賃金論争の中から生起されたものである。賃金論争とは，高賃金と低賃金とではどちらがより労働者の勤労を促進することとなるかについての論争のことである。低賃金を主張する立場は，その論拠として生存賃金論を展開する。人間（とくに下流層）とは本来的に怠惰な性向を持つため，勤労を引き出すには人々を恒常的貧困という環境に止めることで，生存という勤労誘因を維持することが必要であるというのが生存賃金論の論理であった。生存

をめぐるこうした議論は，やがてその立論の根幹に関わる問題として，生活水準論を抱えていることが明らかとなる（Furniss, [1920] 1965 : 177）。賃金決定の基礎となる人々の生存水準を計るための基準の曖昧性をめぐる問題がそこにおいて浮上することとなったからである。換言するならば，その問題とは必要と奢侈との線引きをめぐる生活水準論としての議論のことである。そして，貧困や生存に関わる問題は，この生活水準の基準をめぐって，奢侈論との接点を持つこととなる。それはいわば，貧困問題としての奢侈論である。この論点こそ，先のジョンソンの議論に見られたように，奢侈と貧困とが同根の問題性を分有する部分である。

賃金論争が，このように生活水準論として展開されてくる中，奢侈としての消費の問題は，勤労問題との接合を果たすこととなる。奢侈的消費について，それを勤労の成果として，さらにはまた，新たな勤労への誘因としても擁護する議論が萌出してきたのである。いわゆる高賃金論としての立場である。E. S. ファーニスは，そうした言説の代表例として，ノース，バークリ，ヒュームらの議論を取り上げている（Furniss, [1920] 1965 : 178-80）[7]。中でも『問いただす人』におけるバークリの議論は，勤労と貨幣と消費といった論点を貧困問題という枠組みの中で一体的に論じるものであり，消費論の観点からすれば，それはまさに貧困問題としての奢侈論の議論であるといえる。勤労誘因としての奢侈的消費の擁護論とは，貧困問題に対する処方箋としての奢侈是認論という側面を持っている。この貧困対策としての奢侈是認論は，消費者役割を社会の下流層の諸個人にまで拡大する論理を内在するものである。結果的にそれは，消費論における脱社会階層化の傾向を助長することとなる。

このように，奢侈をめぐる中流層論および下流層論としての展開は，消費者役割の担い手を上流層に限定的なものから，より一般的なものへと拡大するための契機となった。その過程において生起した消費論における脱社会階層化の流れは，ステュアートおよびスミスの経済学体系の中に接合され，ついには，勤労や節倹という中・下流層由来の道徳性を併合させた新しい行為類型としての消費者像をそこに結像させることにつながっていく。

以上，こうした経済論の諸言説に関する知的枠組みの移行の中に消費論の理論的発展を跡づける試みをもって，本書ではそれを18世紀イギリスの経済思想における消費論の展開として確認する。とりわけ，社会理論の構築作業における方法論的個人主義の立場から社会的役割としての消費者概念形成の道程を，各論として取り上げた諸論者の思想間の相互関連性を論じることを通じて，消費論の経済思想的系譜として位置づけることを行論の主眼とする[8]。諸個人の経済行為に関わるひとつの行為類型としての消費者概念の成立ということ，すなわち，

第1章　序論——消費論と18世紀イギリス経済思想

抽象度の高い一般的な分析概念としての消費者概念の成立ということは，奢侈論争あるいは貨幣論や社会的分業論，労働貧民論，経済発展論など，18世紀の市場経済をめぐる諸問題の錯雑とした絡み合いの中から，様々な論点が互いの接点を模索的に結びつけ合いながら共通の論理系を構成するといった漸進的な言説的営為の帰結として生じたものである。以下の行論において，こうした言説的な営為が，消費の理論的定式化を促しつつ，消費行為の諸要素の析出へとつながること，さらにはまた，それら学説上の成果のすべてが累積的に輻輳するかたちで消費者概念の形成に寄与するものであることが明確になるであろう。

　各論部分では，消費論の流れとしての2つの議論傾向，およびその背景的言説における2つの系論の存在についての確認ということが中心的な作業となる。これらの諸点をイギリス経済思想の展開の中に文献的な裏づけをもって確認することができて，はじめて次の仮説に論証を与えることが可能となる。すなわち，欲望的消費論と貨幣的消費論という2つの系論が18世紀イギリスの言説空間に見出され，それら系論間の相互作用が背景的言説となって消費論としての議論に2つの傾向性を生み出すこととなり，その結果として，そうした言説の流れは消費論の展開というかたちにおいて，学知としての消費者概念を形作ることに寄与することとなったという仮説である。中でも，脱道徳化および脱社会階層化という2つの消費論の議論傾向を論証することが本書にとっての最重要課題となる。なぜなら，学知としての抽象的な分析概念である消費者概念の成立は，その概念性の構成要素の中からまさにこの2つの属性を削ぎ落とすことで可能となるからである。

　本書が考察の対象とする18世紀初期から中葉にかけての時期は，従来の経済思想史の中ではいわゆる重商主義期とされる時期である。18世紀に限らず，経済思想史研究の全般において，これまでは消費学説の研究に注目が集まることは少なかった[9]。さらにはまた，スミス以前のいわゆる重商主義期とされる17・18世紀の経済学説が消費社会を考える上での示唆的な論点を多く包含するものであることについても，ほとんど指摘されることはなかったといってよい。同時期の経済思想は，いまだひとつの学問としての体系性も持ち得ず，たんなる時局論や道徳論としての経済問題の寄せ集めであるとの見方もされてきた[10]。そうした学説史研究の従来的な見方に対して，本書は，この重商主義期の経済思想の諸言説にこそ，今日の消費社会を考える上でも有益な，社会分析上の重要な論点や知見が示唆されていることを指摘しようとするものである。それは，消費というものに着目することで，はじめて可能となる分析視角である。

　以下，本論に入る前に，各節の内容についての概要を行論の順に一瞥する。

　まず次の第2章では，18世紀イギリス消費論の先駆け的な代表者としてロッ

クとバーボンの経済思想を検討する。両者の思想は，それぞれの特徴において，後の消費論における2つの系論，すなわち欲望的消費論と貨幣的消費論とを先取している。ロックの議論はとりわけその貨幣論とのつながりにおいて，貨幣的消費論の嚆矢となるものである。他方，バーボンの思想は，その欲望論からの消費論的含意において，欲望的消費論の系譜を先導するものとなっている。

　第2章第1節では，貨幣論を中心にロックの経済思想を消費論の観点から検討する。ロックは，その主要な諸著作を通して，つねに貨幣の保有および使用について言及している。ロックにとって，貨幣とは，社会分析のためのひとつの鍵概念であった。本節としての直接的な主題は，ロックの思想体系のうちに消費論としての含意を見出すことである。ロックによる貨幣保有に関する行論の中から，社会理論としての消費論的含意を析出することがその目的である。貨幣の社会的作用の重要性を認めるロックの思想は，消費論の観点からの重要な含意を持っている。ロックは，はからずもその貨幣論的な社会分析により，貨幣保有者としての消費者の側面をも明確に描き出していたともいえる。消費と貨幣との関係性についての問題は，18世紀に入ってから，例えば，デフォーやバークリ，J. ヴァンダーリント，ステュアートなどの注目するところとなり，その中から，より精緻な議論が展開されていく。こうした諸学説を貨幣的消費論の系譜と呼ぶとすれば，消費と貨幣とを結びつけて議論するロックの消費論を，この貨幣的消費論の展開への道筋を示す先駆的な学説として捉え直すことも可能となる。ロックの貨幣論は，貨幣保有という行為類型にまつわる諸個人の消費行為の諸側面，さらにはその社会構成上の作用に至るまで，消費と貨幣との関係についての諸点を考える上で，きわめて独自的かつ示唆的な消費者像を提供する，ひとつの消費論としての再読が可能である。

　第2章第2節は，バーボンの思想の検討である。検討の中心となるのはその欲望論である。バーボンは，マンデヴィルと同様，消費論から道徳論的色彩を払拭することで，消費の社会理論をいち早く展開し得た論者のひとりである。しかも，その議論は学説史上，マンデヴィルのものに先駆けている。バーボンの消費論は，特徴ある欲望論を基礎に構成され，その中で，人間の欲望は身体的欲望と精神的欲望とに大別される。精神的欲望の源泉は人間の想像性であり，無限に拡大する可能性を持つ。近代社会では，消費者としての諸個人が，その欲望を自由に開花させることができて，はじめて社会は富裕となるとバーボンはいう。そのためには，精神的欲望の拡大がとくに重要であるとバーボンは考える。本節での主題は，欲望論を基礎とするこのバーボンの経済思想について，それを消費論という視点から再読することを通して，その消費学説としての貢献を明確にすることである。バーボンは独自の欲望論を人間行為の論理的基礎

として，そこから消費の社会理論を展開している。その消費論は，欲望的消費論としての先見性が指摘できるものである。その先見性の中心とは，その理論が，消費行為の動機的社会性というものを論理の基軸に据えている点に見出される。消費の対人効果という顕示的消費論としての重要な論点の指摘がそこには含まれている。バーボンの議論は，この消費の対人効果という論点を，精神的欲望の無限性および社会性という諸個人の行為動機的な前提との関連において捉えることで，ひとつの消費の社会理論を構築するものであったといえる。

続く第3章では，消費論の脱道徳化の傾向を決定づけた言説の典型例として，マンデヴィルとデフォーの経済思想を検討する。マンデヴィルの主著『蜂の寓話』において展開された奢侈是認論は，18世紀イギリスの言説空間において奢侈論争を再燃させることとなった。その中でマンデヴィルは，生存と直接的に関わる消費以外はすべて奢侈であるとして，事実上，奢侈を道徳論の対象から除外している。それは経済論としての消費の議論枠組みを確立させるものであった。一方，デフォーは，このマンデヴィルの奢侈是認論を経済論として評価しつつも，道徳論としては悪徳としての奢侈を社会秩序の紊乱として非難する。この奢侈をめぐる経済論と道徳論との相反をデフォーはジェントルマン論として統合し，奢侈の悪徳性を消費としての有徳性へと読み替えていく。このデフォーの議論は，消費論の脱社会階層化を促進する中流層論としての側面も有しつつ，それ以上に脱道徳化の傾向を助長するものとなっている。

第3章第1節では，マンデヴィルの奢侈是認論について『蜂の寓話』を中心に検討を加える。『蜂の寓話』には，「私悪は公益」という副題がある。この悪名高き言葉は，のちにF. A. ハイエクが自生的秩序として表現した社会メカニズムを表現したものである。マンデヴィルはこの自生的秩序観に基づき，社会的作用に焦点を当てた消費の社会理論を展開する。また，近代社会では諸個人がみな消費者という社会的役割を担う存在であることを示すことで，従来の道徳論的色彩を消費論から払拭することに貢献することとなった。本節としての主題は，こうしたマンデヴィルの社会思想を消費論という視点から捉え返すことである。とくに，主著である『蜂の寓話』の再検討を通じて，マンデヴィル思想の持つ消費に関する諸論点を析出・再構成することで，マンデヴィルの消費論とは重商主義期のたんなる奢侈是認論であるとの従来的な見解を見直すための手掛りを提供することである。そこからは，マンデヴィルの消費論の要諦が，一方では，消費者としての諸個人の行為動機を情念や欲望から説明し，他方では，消費者としての役割を担わなければならなくなった社会状況との関連から消費行為を見ていくことで，消費者としての役割主体が近代の市場社会という制度体との相互作用において，種々の社会的作用を果たしているというひとつ

の認識図式を提供するものであったことが理解される。『蜂の寓話』におけるマンデヴィルの奢侈是認論とは，消費行為を中心とする富裕な近代社会の諸相とその論理とを論じるものである。

　第3章第2節では，デフォーのジェントルマン論を手掛かりにその奢侈論について論じる。デフォーは，マンデヴィルの『蜂の寓話』における奢侈是認論が持つ経済論としての正当性を理解していた。デフォーの経済論の基本的主張はマンデヴィルによる奢侈是認論の方向性を共有するものである。本節での主題は，デフォーの奢侈論の検討を通じて，デフォー思想の中に消費論としての含意を見出すことである。とくに，デフォーのジェントルマン論の検討から，ジェントルマン論と奢侈論との関連性，およびそれらの消費論的な接合可能性を論証することで，デフォー消費論としての論理を析出することを企図する。デフォーはその奢侈論において，経済論の中に道徳論を包摂する。そのことにより，デフォーは奢侈の問題を消費論として論じることを可能にしたといえる。ただし，それは経済論から道徳論を完全に放棄するということではなく，社会構造の変化が要請する新たな社会秩序の構築を模索する中で，経済論と道徳論との整合的な接合を可能とする議論である。デフォーは，貨幣経済における諸個人の経済的影響力に基づく階層的秩序の再編過程という新たな社会秩序の出現を的確に把握していたといえる。経済力に裏打ちされた有能かつ有徳な諸個人による支配というものに，デフォーは富や消費様式を規準とする新しい社会秩序の可能性を見ていた。デフォーの消費論は，消費における富の顕示性ということのうちに，社会秩序の安定化に寄与する道徳的な規制力が作用する可能性を見出すものである。

　第4章では，消費論の脱社会階層化の傾向を押し進めることとなった言説の代表例としてバークリとヒュームの経済思想を検討する。バークリはアイルランドの貧困問題という現実に直面する中で，その経済論を構築している。バークリの目にはアイルランドの貧困問題の構図とは，まさに「富裕層の奢侈と貧困層の勤労」という消費論の議論図式そのものとして映じていたといえる。その中で，バークリは貧困層の勤労意欲と消費の拡大こそが社会の富裕化のための方策であると主張していく。他方，ヒュームの見た現実とは，中流層が台頭するイングランド（およびスコットランド）社会であった。ヒュームにしてみれば，消費者役割とは社会階層的な区分をまったく必要としないものである。むしろ消費とは，購買力を持つ諸個人がその品格や趣味の洗練を欲望の開花として顕示させる機会のことであり，それはまた，新たな文明社会としての社会階層の構成をもたらす統治原理としての自由を発現するものである。

　第4章第1節では，バークリの『問いただす人』の中に含まれる貨幣論を中

心に検討を加える。バークリは，マンデヴィルの奢侈論が脱道徳論的な性格を持つものであることを批判して，消費論の道徳論的な揺り戻しをいち早く図ったひとりである。本節の主題は，バークリの社会や経済に関する所論の検討を通じて，消費論としてのバークリの社会思想の貢献を明確にすることである。諸個人の人間性に潜む種々の愚かさの芽を摘みとり，諸個人を公益の増進へと寄与させていくための政策的道筋を提示するということ，それがバークリの思想の根幹にある問題設定である。バークリにとって，奢侈の問題，とりわけ貧困国（アイルランド）における奢侈的消費とはまさしくひとつの愚行の表れであった。バークリの思想の中には，奢侈や流行についての議論があり，さらには独自的な貨幣論も含まれている。バークリ消費論の輪郭は，これらの諸点を検討することで析出が可能である。富裕化のためには，勤労の成果は下流層をも含めた社会の全成員に享受される必要があるとするバークリの主張は，従来の消費論の「富裕層の奢侈と貧困層の勤労」という議論図式の論拠に疑問を投げかけるものである。また，貨幣とは力能を表象する切符と考えるバークリの貨幣論は，貨幣使用者としての消費者が，その経済行為において支配－被支配の関係に置かれることとなる論理性を指摘するものとなっている。バークリの社会思想における消費論としての含意はここに見出せる。すなわち，消費行為に付帯する社会階層的役割の払拭，および貨幣的消費にまつわる支配－被支配関係の把握という諸論点である。

　第4章第2節では，ヒュームの経済思想をその中流層論との関係において検討する。ヒュームが当時の繁栄するイギリス社会の分析を通して見出したもの，それは中流層文化としての文明社会の論理である。ヒュームは，その経済的な要因にとくに注目する。文明社会の繁栄を支える原理としての奢侈と勤労とである。諸個人が生活の中で，奢侈と勤労とを統合的に営むような行為モデルの前提に立って，ヒュームの社会理論は構成されている。本節の主題は，ヒュームの社会思想の検討を通して，その中流層論としての論理系の中に消費論的含意を析出することである。ヒュームの中流層論の背景に前提されていた当時のイギリス消費文化の諸特徴を導きの糸として，ヒュームの思想に伏在する消費論としての意義をその奢侈論と中流層論とを結びつけることから明確にすることが目的である。ヒュームの奢侈論とは，文明社会の論理を支えるひとつの系論としての位置づけにおいて，ヒュームによる中流層の消費論であったとの再読が可能である。ヒュームは，マンデヴィル批判を通して，その独自の奢侈論を展開する。文明社会での近代的な奢侈の形式とは，洗練された趣味に基づく，消費者の自由な選択による商品購買型の奢侈的消費のことであった。ヒュームにとって，こうした奢侈とは，もはや旧来の上流層の富裕と閑暇とに飽かし

た一部の特権的な諸個人の悪徳的な行為ではなく，消費を結節点にして，勤労と奢侈とが個人の行為類型として統合される有徳的な行為のことを指すものである。中流層の消費論ということで，ヒュームの消費論は当然に，「富裕層の奢侈と貧困層の勤労」の図式を乗り越える議論となっている。

　本論部分の最後となる第5章では，経済学における消費者概念の成立を証するものとして，ステュアートとスミスの経済学体系を取り上げ，消費論との関係において検討する。ステュアートの経済学体系は貨幣的経済論として称されることもあるように，経済活動における貨幣循環の諸機能を詳しく議論するものである。このステュアートの議論に対しては，その消費論的な含意において，18世紀イギリス経済思想における貨幣的消費論の掉尾としての位置づけを与えることができる。ステュアートの議論とは，諸個人の行為の自由に基づく社会的な秩序形成の論理が，貨幣および市場という経済的諸制度に根差すものであることを論じるものであったともいえる。一方，スミスの経済学体系は，欲望的消費論の完成形であるといえる。スミスは消費の自由としての諸個人の経済行為が，富に基づく自生的な社会秩序の形成へと向かうことの論理を論証する。スミスが商業的社会と呼ぶ市場交換を中心とするような社会的枠組みにあって，自然的自由の体系とは，消費者役割を担う諸個人の行為の自由を保障するとき，はじめてそこに成立することとなる。

　第5章第1節では，ステュアートの『経済の原理』における貨幣的経済論を中心に見ていく。ステュアートは，1767年に『経済の原理』を公刊した。ここに，経済学はその学知としての体系性を確立することとなった。ステュアートの経済学は，需要を重視する体系である。そこでは，諸個人は欲望を充足させる必要から，相互依存的な社会関係に規定されている。ステュアートは，この欲望による相互依存性ということを体系の基礎的論理として前提するのである。こうしたステュアートの体系とは，消費の経済学としても再読可能であるといえる。本節としての主題は，このステュアートの経済学体系を消費という観点から再読することで，そこに消費者概念のひとつの成立を見出すことである。18世紀始めの消費論は，消費に関する強固な社会的階序の図式を前提としていた。その図式とは「富裕層の奢侈と貧困層の勤労」という社会階層間での経済的な役割区分である。この図式は中流層の台頭というイギリス社会の現実的変化の前に理論としての有効性を失い，代わって，奢侈（消費）と勤労とを諸個人の経済的な行為類型として統合的に把握する視点が確立されていく。この認識上の新しい行為類型が消費者という概念の下に捉えられることとなる。ステュアートの経済学体系は，貨幣の稼得・保有・使用という貨幣をめぐる一連の市場交換過程において，勤労と消費との相関を諸個人の行為類型として定式化するも

のである。そこには，消費者概念がその論理の整合性を支えるための不可欠の要素として組み込まれていたといえる。

第5章第2節では，スミスの『道徳感情論』と『国富論』という2つの著作間に存在する消費論を介した関連性について論じる。スミスは，私益と公益との整合可能性という問題について，経済学体系の構築というかたちでの解答を与えた。スミスの経済学体系とは，社会的行為の動機の部分に社会理論としての定式化の可能性を見ることで，諸個人の経済行為を道徳哲学体系の分析対象の一分野として捉えるものである。本節の主題は，スミスの思想体系にある消費論的含意を明らかにすることである。スミスの経済学体系における諸個人の私益に基づく消費行為と公益との関係性を帰結主義的な観点から検討することがその目的である。スミスは，公益との関係において，社会の中で消費が果たす作用を2つの面において捉える。スミスは，これら2つの社会的作用のそれぞれを社会発展段階に則して整理する。ひとつは，社会変革を主動する作用としてであり，もうひとつは，社会の安定的枠組みの下にあって富裕化をもたらす作用としてである。社会の全成員が消費者役割を担うことの必然と，その論理的帰結として，消費者の利益の実現が社会の富裕化という公益を導くこととなる自然とを，スミスの経済学体系は，イギリス社会の近代化の論理として論証している。商業的社会にあっては，すべての諸個人が消費者としての役割を担わなくてはならないとするスミスの議論は，公益との関係において，社会の全階層的な諸個人の利益を考慮するものとなっている。この点において，スミスの経済学体系とは，特定の社会的役割を表わす一般的な分析用語としての消費者概念を含有するものである。

第6章では，本書の議論を総括する。本論で検討を加えた8人それぞれが，18世紀イギリス経済思想において消費論の展開に寄与するものであったことを確認する。この8人の思想が，貨幣的消費論および欲的消費論の言説を累積的に積み重ねる中から，18世紀イギリスの消費論の流れを形成していくものであったことを，その流れを系譜づけつつ再論する。さらにはまた，そうした消費論の流れが，その傾向性において脱道徳化および脱社会階層化という消費者概念を形成するための2つの原理をもたらすものであったことも再述する。ポリティカル・エコノミーという学知体系の成立に伴い，消費者概念もまた，近代社会における行為の自由を体現する社会的役割としての行為類型を表わす一般的な分析概念として形成されたとする本書の主張は，まさにこうした消費論の展開において明証されるものであることを確認する。

第2章　18世紀消費論の源流と消費者役割の未分的把握

第1節　消費者と貨幣保有——J. ロック

2.1.1.　ロックと消費論

　ロックは，その主要な諸著作を通して，つねに貨幣の保有および使用について言及している。例えば，利子論争や貨幣改鋳論争に関する諸論考では，貨幣の本質や社会的作用などの言説が支配的であり，市場経済メカニズムと貨幣との関連性が論じられている。また，『統治論』の中では，人類の文明史的な観点から，貨幣制度の発生理由や生成過程，さらには社会枠組みに及ぼしたその画期的な社会変動因としての側面などへの論述が見られる。そこからは，貨幣が人々の社会生活に与える影響に対して，ロックが一貫した関心をもち続けていたこと，および，貨幣関連的な社会事象の考察の重要性を認識していたことが窺える。ロックにとって貨幣とは，社会分析のためのひとつの鍵概念であった。平井は，「ロックの経済社会分析は，貨幣から出発して……また，結局は貨幣に帰ってくる」（平井，1964：172）として，ロックの社会理論における貨幣的論理の貫通性を指摘している。

　社会における貨幣の重要性を認めるこうしたロックの思想は，消費論の観点からの重要な含意を持っている。とりわけ，貨幣保有という諸個人の行為の条件設定に関するロックの考察は，消費者概念の形成にとって，そのひとつの立論的基盤を提供してくれるものである。ロックの思想は，消費者という社会的役割の表裏として付随する諸個人のふたつの行為類型である，貨幣使用者すなわち購買者としての側面と，貨幣保有者としての側面のうち，後者の概念化に資するところが大きい。ロックは，はからずもその貨幣論的な社会分析により，貨幣保有者としての消費者の側面をも明確に描き出していたともいえる。一般に，消費者といえば，購買者として，もっぱらその貨幣使用との関連において注目され，概念化されることが多いのであるが，そうした中にあって，ロックの貨幣論的な行論は，貨幣保有という行為類型にまつわる諸個人の消費行為の諸側面，さらにはその社会構成上の作用に至るまで，消費と貨幣との関係についてのともすれば見落とされがちな諸点を考える上で，きわめて独自的かつ示唆的な消費者像を提供する，ひとつの消費論としての再読が可能である。

　本節の主題は，ロックの思想体系のうちに，消費論としての含意を見出すこ

とである。とりわけ，ロックの思想における最大の消費論的含意が，この消費と貨幣との関係性を，とくにその貨幣保有という焦点において定式化し，諸個人の社会的行為論として展開することに成功していたことにあるということの論証を目的としている。この点において，本節の試みとは，ロックの社会思想の消費論的な再読の可能性を探る作業であるともいえる。そして，貨幣をめぐるこうした消費論との接点が，ロックの思想の検討から確かにそこに見出せるとするならば，ロックは，17・18世紀イギリス経済思想の消費論的系譜にあって，消費者概念の形成に大きく寄与するものであったとの評価が可能となろう。

　市場を前提とした経済活動と貨幣との関係に対する考察は，17・18世紀の，いわゆる重商主義期とされる期間を通じて見出される。社会全体の経済的運行における貨幣の必要性や重要性に対する議論は，すでに，マンやE.ミセルデンなどが活躍した17世紀前半までには，貿易差額の順バランス論として形成され，経済政策議論の共通枠組みとして盛んに論じられていく。重商主義期に顕著な，この貿易差額の順バランスに対する議論は，L.マグヌソンが「ミダス王的謬論」(Magnusson, 1994：16) と述べたような，金銀貨幣＝富と考える，それこそ重商主義的な富観の典型として旧来的に論断されてきた短絡的な俗説などではなく，正しくは，交易を押し進める必要要件としての流通貨幣の確保としての政策的帰結であった点を考慮するとき，そこにはすでに，のちに消費と貨幣との関係を考えるための問題性が伏在していたともいえる[1]。

　ただし，そうした17世紀の議論は，一国の交易という，あくまで社会全体としての経済活動の活性化に占める貨幣の機能という視点に終始しており，そこには，経済的事象を諸個人の社会的行為の相互作用的帰結として捉える視点は確立されていなかった。諸個人の行為動機を前提に，そこから経済活動，とりわけ消費行為との関係で貨幣を捉えていくという議論は17世紀末を待たなければならなかった。そして，17世紀末に消費行為を貨幣との関係で捉えた論者こそ，ロックその人であった[2]。

　その後，消費と貨幣との関係性についての問題は，18世紀に入ってから，例えば，バークリやヴァンダーリント，ステュアートなどの注目するところとなり，その中から，より精緻な議論が展開されていく。とくに，ステュアートは，諸個人の経済諸行為が，貨幣の稼得と使用との繰り返しの中で運行していくことを示し，貨幣をめぐる諸個人の行為動機，あるいはその帰結としての社会的メカニズムをその社会理論の中核に据えることで，社会事象に対する解釈枠組みとして，ひとつの体系性を確立したといえる。ここにおいて，消費と貨幣との問題は，消費者という社会的役割の概念化の下に，貨幣使用者と貨幣保有者という2つの行為類型が統合的に把握されることとなり，この意味で消費者概

念は一応の確立を見ることとなる。こうした貨幣と消費とを結びつける議論の方向性は，18世紀の消費論の中心的な論点であった，いわゆる奢侈論争とは違う消費論的展開を示すものであり，ある意味ではそれを乗り越える面も有していた。こうしたステュアートなどの学説を貨幣的消費論と呼ぶとすれば，消費と貨幣とを結びつけて議論するロックの消費論を，こうした貨幣的消費論の展開への道筋を示す先駆的な学説として捉え直すことも可能となろう。

2.1.2. 欲望と貨幣保有

　ロックは，人類の文明史における貨幣の社会的作用を重要視する。人間は，貨幣という考案物を持つことにより，その社会生活を変革し，他者との社会的関係性をも不可逆的に変えていくこととなる経緯が，『統治論』第2篇は「所有権について」の章の中で詳述されている（Locke, [1690b] 1698＝1997：175-91）。諸個人が，貨幣の使用に同意することで，所有の格差が生まれ，土地の改良や技芸の進歩など，社会の発展に寄与する諸要因もまたそこから生じることとなる。貨幣とは，素材としては「持っていても傷んだり腐敗しない金属であって他の人の権利を侵害することなく貯蔵しうる金や銀」（Locke, [1690b] 1698＝1997：190）にすぎないものが，諸個人の同意にのみ基づき一般的交換手段として通用している，ひとつの制度である。貨幣使用というこの制度運用に対する諸個人の間の同意が，人々の勤勉を促進することで，結果としては社会のさらなる発展をもたらすこととなる。この意味において，貨幣は，諸個人の潜在的な諸々の行為動機を勤勉というかたちで解放したのである。それはまた，ロックにとって，諸個人の欲望の解放と同義であった。

　ロックによれば，人間が現世的な生を営む上で関わるすべての事物，すなわち現世としてのこの世界に属する事物のすべては，人間を除くその他の生命をも含むかたちで，神が人間にその管理を任せ，若干の基本的諸制約の下に，自由にその利用を認められた自然資源である[3]。最初，神は確かに，それらを人間たちの共有物として与えた。しかし，それはあくまで，のちに人間がその共有物からできるだけ多くの生活の便宜を得られるようにとの意図において与えたのであって，いつまでも手つかずのまま，たんなる共有物として保持するようにとの考えからではない（Locke, [1690b] 1698＝1997：180）。それゆえに，「神は世界を共有物として人類に与えたのだが，それと同時に，世界を生活と便宜のために最もよく利用するための理性をも与えた。大地とそこにあるすべてのものは，人間の生存を維持し快適にするために，人類に与えられた」（Locke, [1690b] 1698＝1997：175）のであるとロックはいう。ただし，神は，この世界の事物を，「勤勉で理性的な人々の役に立たせるため」（Locke, [1690b] 1698＝1997：

180）に与えた。だからこそ、ロックによれば、人々の労働というものが、共有物を私有化して利用するための、諸個人に備わった人間としての生得の権原といえるのである。

　このように、勤勉で理性的な諸個人のために神が与えた世界という共有物ではあるが、諸個人はどのような目的を持ってそれを利用するのであろうか。別言するならば、諸個人は、その勤勉の源泉と理性の用途とをどこから引き出すのであろうか。これらの問いについて、人間は「落ちつかなさ（uneasiness）」という精神的な欠落感を認識することであらゆる行為動機が生じてくる、とするのがロックの答えである。ロックは、「人間の勤勉と行動の、たとえ唯一でないにせよ、主要な拍車は落ちつかなさである」（Locke, [1690a] 1965＝1972：121(2)）と述べる。この落ちつかなさという欠落感の埋合わせのための手段として諸個人は、神からの共有物を利用しようとするのである。そもそも、ロックが前提する人間像とは、その本性的な根源として、幸福をつねに追求し、それとは反対に、つねに不幸を回避しようとする行動性向を持つものである。ロックは「かく考える」というタイトルを持つ手稿において、それについて、「人間の本分とは、幸福を希求し、不幸を避けることである」（Locke, [1884] 1972：306）と簡潔に書いている。また、『人間知性論』においても、このように述べる(4)。

　　人間には幸福の欲望と不幸の嫌悪とが自然に具わっている。これらはまさに生得の実践的原理で、（実践的原理では当然なように）絶えず止むことなく私たちのいっさいの行動に作用し続け、影響し続ける。この原理はあらゆる人とあらゆる時代にゆるぎなく普遍的に観察されよう（Locke, [1690a] 1965＝1972：72(1)）。

　ここでロックのいう幸福とは、当該個人の「精神を喜ばせ、満足させるものごと」（Locke, [1884] 1972：306）のうちにある。反対に、不幸とは、精神を混乱させ、苛めるものごとの中にある。したがって、諸個人が精神的な欠落感を埋合わせる目的で神からの共有物を利用する際には、快苦をその取捨の基準として行為選択を行なうこととなる。欠落感を埋合わせる手段としてこの世界のものごととの関わりを考えるならば、「事物はただ快苦との関連でだけ善または悪なのである」（Locke, [1690a] 1965＝1972：118(2)））とロックはいう。

　この精神的な欠落感である落ちつかなさであるが、ロックにとって、それは欲望の別称である。行為動機としての落ちつかなさが、ある行動への意志を決定すると論ずる文脈において、ロックは、「この落ちつかなさは、実際呼ばれて

いるとおりに欲望と呼ばれてよい。欲望とは，ある現にない善の欠けているための心の落ちつかなさである」(Locke, [1690a] 1965=1972 : 159(2)) と，それを明確に述べている。

　この精神的な欠落感である欲望を持った諸個人が，あらゆる善を求めて，勤勉にかつ理性的に，神からの共有物を利用する主体である。しかも，その欲望には際限がない。なぜなら，ロックによれば，諸個人がその落ちつかなさのすべてを種々の善によって埋合わせ，欲望を充足させた状態で安らいでいられることは，ほとんどないからである。むしろ，「自然の欲求あるいは獲得された習性が積み重ねてしまった蓄積からの，絶えまない落ちつきのなさの継起が意志を順々に捕えて，こうした意思決定によって始められた一つの行動を片づけるやいなや，別の落ちつかなさが即座に私たちを働かせる」(Locke, [1690a] 1965=1972 : 177(2)) ことのほうが，人間にとっては通常であるというのがロックの見立てである。

　それゆえ，この欲望の無限性を前提とすれば，もともとは人々の消費生活における，真にその物質的費消性にのみ基づいていたモノの有用性という価値体系が変更され，「小さな黄色の金属片」(Locke, [1690b] 1698=1997 : 182) が，諸物の中で大きな価値を有するという一般的合意が成立するというロックの立論は，人類の文明史において，なかばその必然的な帰結として導出される論理性であったともいえる。ロックが『統治論』の中で，「人間が自らの必要とするもの以上に持ちたいという欲望」(Locke, [1690b] 1698=1997 : 182) として表現した諸個人の行為動機である落ちつかなさ，それは，人間である以上（ロックが想定する人間性という意味において），行為主体である諸個人が不可避に抱え続けて生きていかなければならないものだからである。それに対して，人々は共通の同意のもとに，貨幣保有というかたちで，その欲望の無限性を制度的に担保したのである。貨幣の考案，それに続く人々の貨幣保有・蓄積という出来事が，ロックの推論的な文明史の中で，重要な位置づけを与えられている理由は，それが，ロックの想定する人間性に根差した諸個人の社会的関係性からの論理的帰結を示す事象として重要なものであったからである(5)。ロックにとって，貨幣保有という社会的行為は，諸個人がその欲望を解放した事象的な証なのである。

2.1.3. 社会的役割としての消費者

　諸個人が精神的な欠落感である欲望を解放したという意味は，その欠落感の埋合わせのために用いる消費対象としての諸財＝諸善にまつわる物理的な費消性の問題を，貨幣保有ということで解消することで，欲望の無限的追求という

行為を社会的に有意味ならしめることを可能にしたということである。先述の通り，金銀などの貴金属は，もっぱらこの物理的な費消性に対する優れた耐久性のゆえに，その内在的価値とは別に，人々の同意により，一般的価値の仮託体として市場交換における高い通用性を付与されたものである。ロックの言を引くならば，「貨幣が価値をもつのは，交換によってわれわれに生活必需品ないし便宜品をもたらすことができるからで，この点で貨幣は商品の本性を具備しているが，貨幣が役立つのは，一般にその交換によってであり，その消費によって役立つことはほとんどない」(Locke, 1692=1978 : 50) ということである。したがって，金属貨幣それ自体がその物質的費消性のために消費対象となることはない。それでも，貨幣は，市場交換の場において，その通用性ゆえに商品となる。しかもそれは，「貨幣は決して人々の手中で遊んでいたり，販路(vent)に欠けていたりすることはない」(Locke, 1692=1978 : 68-69) という特殊な商品である[6]。ロックは，「貨幣は万能であるがゆえに，誰もが際限なく喜んで貨幣を受け取り，手元におこうとする。それゆえ貨幣の販路は常に十分であるか，あるいは十分以上である」(Locke, 1692=1978 : 69) と述べている。

　市場における貨幣の高い通用性を支えているものは，制度的にみれば，それはもちろん貨幣使用に対する諸個人間の共通の同意である。しかしながら，それを原理的に支えているものは，諸個人の消費の欲望であることはすでに述べた通りである。それでは，諸個人が貨幣を消費対象の代替物として一時的に保有しようとすることは，どのような意味合いにおいて，消費行為を代理しているのであろうか。

　ロックにとっての貨幣保有者とは，その同意過程においては暗黙的か認知的かの差こそあれ，いずれにしろ貨幣の使用に同意した諸個人のことである。それは，間接的すなわち手段的な代替物として，貨幣である金属により一般的な善としての価値を認めることに対する同意である。この合意のもとの人工的価値物である貨幣は，現在および将来における，実際的および空想的な善への精神的欠落感を，一般性という割引のもとに埋合わせてくれる。この意味において，貨幣を保有することは，欲望充足のための現実的な消費行為に対しての，その想像的な代理行為となっている。したがって，貨幣保有者とは，別言すれば，とりわけ将来時点での空想的な善である消費対象への配慮から生じた，時間軸上の漠然とした欠落感を，現在時点での一般的な善の保有により一時的に埋合わせている消費代替的行為の主体として捉え直すことができる。それはまた，衝動的な欲望に対して理性的な対処を可能とする契機ともなるのであるが，この点については後述する。

　ロックによれば，「私有財産の不平等という物の分け方は，社会の枠の外で，

契約なしに，ただ金銀に価値をおき，暗黙の内に貨幣の使用に同意することによって可能になった」(Locke, [1690b] 1698＝1997：190) という。貨幣使用への同意は，社会，すなわちロックが展開する契約論的な成立要件を前提とするような社会という意味においての社会の形成に時間（論理）的に先行する。ロックが述べる社会の成立過程にあっては，人々の所有権に関する思念が，それを保障するための制度としての社会を形成するための前提要件となるからである(Caffentzis, 1989：89, 116-17；Caffentzis, 2003：216-17)。人々が各自の所有権へより大きな配慮を示し，社会の形成を志向していくことになるのは，貨幣保有により可能となった継続的な所有物の蓄積を保証する手段の必要性が高まってきたからにほかならない。

　諸個人は，契約によってのみ，ある社会の成員となることができるとロックはいう (Locke, [1690b] 1698＝1997：241)。それは，コモンウェルス（国家）という名の政治社会である。貨幣使用に同意した諸個人が，今度はそれらの所有物を守るために社会を形成し始めるというわけである。ロックはこう述べる。

　　国家とは，人々がただ自分の社会的利益を確保し，護持し，促進するためだけに造った社会である，と考えられます。／社会的利益とは，生命，自由，健康，身体の安全，さらに貨幣や土地や住宅や家具などのような外的事物の所有のことです (Locke, [1689] 1963＝1980：353-54)。

　社会の成員としての諸個人は，その所有の安全を保障される代わりに，自然権の私的行使を一部放棄し，社会の法を遵守することを約束したとされる。
　契約によって成員となった社会の中で，諸個人は，その生命と所有物の安全を確保することで，平和裡に市場交換に参加することが可能となる。貨幣保有者としての諸個人は，ここにおいて，貨幣という一般的善を有する欲望者として，また，市場においては，貨幣以外の諸財すなわち特定的善の購買（貨幣との交換）を考える消費者として現われてくる[7]。ロックは，社会の中で貨幣を保有し，それを市場交換等において活用し，いずれは消費対象としての特定的善を獲得しようとする行為類型を持った人々について，それを，「自分の財産を貨幣で所持し，貨幣をその価値通りに（それ以上は不可能としても）利用する権利をもっている多くの罪のない人々」(Locke, 1692＝1978：13) として記述している。この一句は，貨幣保有者として政治社会に生活する人々が市場経済の交換過程の文脈にあって，消費者としての社会的役割を担うものであることを，ロックが示唆した部分として再読することができる。というのは，消費者という概念について，ロックにはそれをひとつの社会的役割として捉えていた様子

のあることが，次のような言から窺えるからである。

> トレードを行うために土地保有者，労働者，仲介業者の手元に必要な貨幣についてある評量を（それがどの程度十分なものかはわからないが）行いながら，なぜ以前に言及したことのある消費者について何も語らなかったのか，……労働者か仲介業者か土地保有者かのいずれでもない消費者は少ないので，彼らは計算に際しては，ほとんど考慮に値しない (Locke, 1692=1978 : 43)。

ここで明らかなように，ロックにとっての消費者概念とは，労働者や仲介業者や土地保有者として言及された，雇用労働者や商人や貴族などすべての社会階層にまたがる概念である。それは，富裕層から貧困層に至るまで，社会の成員であって購買力を有するすべての諸個人の行為類型を，消費というひとつの社会的役割において一般化したものである[8]。

以上のことから，ロックが想定するコモンウェルスという契約社会の成員である諸個人は，そのすべてが必然的に消費者であるとの論理的帰結を導くことができる。より正確にいえば，諸個人は消費者という社会的役割を政治社会の制度的要請として不可避に担う必要があるということである。諸個人は，まず社会形成の契約以前の段階において，貨幣の使用およびその暗黙的必須要件としての市場交換という，2つの制度運用に同意している。それを踏まえて，これらの制度運行ならびにその制度的帰結（つまりは所有の不平等）について，その安全性と確実性を保証するための新たな制度的枠組みを構築するために，契約社会であるコモンウェルス形成に向かう。こうしてみると，ロックの社会形成論においては，諸個人の同意や契約からなる一連の諸制度に基づく政治社会の成立過程は，すべて貨幣に関係している。そこでは，貨幣が社会の凝集力をもたらす紐帯である[9]。そして，その同じ過程は，貨幣の保有が欲望充足のための消費行為に対する代替的行為であったことを鑑みるとき，貨幣という一般的購買力を持つ消費者という新しい社会的役割が形成される過程の論証ともなっていることが分かる。政治社会の成員となった諸個人は，その過程で確立した貨幣にまつわる契約や制度のおかげで，市場交換型の消費行為を日常的な行為類型として支障なく遂行することが可能となったのである。

2.1.4. 消費者の自由と貨幣保有

貨幣およびその暗黙的必須要件としての市場，この2つの制度的支えによって，政治社会の成員は，その消費者的役割において自由を享受することができる。この消費者としての自由は，諸個人の有する力能およびその力能を行使で

きる環境とが共に保証されていることに由来する。具体的には，それらは貨幣保有に基づく購買力および市場交換という取引環境のことである。

　人々は，欲望充足への盲目性に対する歯止めを，貨幣保有と市場交換という2つの制度を確立することにより獲得する。ロックによれば，「自由の最初のたいせつな使い道は，盲目的軽率を防ぐことだ」（Locke, [1690a] 1965＝1972：214(2)）という。それゆえ，ロックにとっての自由は，理性との相補関係がその必要要件となっている。ロックは『人間知性論』の中で，「およそ自由がなければ，知性はなんの役にも立たないだろうし，知性がなければ，自由は（かりにもしあることができたとしても）なにも意味表示しないだろう」（Locke, [1690a] 1965＝1972：213(2)）と書いている。また『統治論』においては，「理性の導きを持たないうちに，人間に無拘束の自由を許すということは，その本性の特権である自由を認めることではなく，むしろ人間を野獣の中に突き放し，野獣と同じように惨めな人間以下の状態に見捨てることである」（Locke, [1690b] 1698＝1997：198-99）とも述べている。

　ロックのいう理性の導きとは，当該個人が自身の欲望を停止し，思考を統制することができるということである。人間はそうすることで欲望の衝動性や盲目性を克服する。「およそ明晰で絶対確実な真知をえることができない場合，その欠如を補うため，神が人間に与えたもうてある機能は，判断である」（Locke, [1690a] 1965＝1972：236(4)）と考えるロックにあって，理性の働きによるものごとの判断とは，なによりも自由の確保にとって重要な要件となる。思考を統制し，行為の選択に対して理知的な判断を下すこと，こうした一連の理性の運用が，自由に備わる本来的な目的性を成就することにつながる。その自由の目的性とは，ロックによれば，「私たちが自分の選ぶ善を手に入れられるということ」（Locke, [1690a] 1965＝1972：181(2)）である。

　したがって，ロックのいう思考の統制としての理性の働きとは，欲望の停止と同義である。欲望の停止こそ人間が，有限ではあるが，十分に知性的な存在者となり得るかどうかの試金石である。それはまた，行為の自由に関しての試金石でもある（Magri, 2000：57-58, 68）。ロックは，「私たちは，あれこれの欲望の遂行を停止する力能をもっている。私にはこれがいっさいの自由の原泉と思われる。……公正な検討の最終結果に従って欲望し，意志し，行動することは，私たちの本性の過誤でなくて，完成なのである」（Locke, [1690a] 1965＝1972：180(2)）と述べる。ロックにとっては，欲望の停止と思考の統制こそ，自由へとつながる確実な途を用意するものであった。

　欲望の停止は，諸個人が貨幣を獲得することで，代替的に精神的な欠落感を埋合わせることから可能になる。貨幣は欲望そのものを，つまりは欲望の対象

を直接に代替して充足するわけではない。しかし，人々のこうした欲望とは，多分に，将来時点での漠然とした空想的な欠落感や，あるいは流行などに関する文化規定性としての差異化の繰り返しである社会的な欠落感に起因するということもあり，特定的な善を充たす対象物がいつでも念頭にあるとは限らない。このような不特定的な欠落感に対して，貨幣は一般的価値物としてその埋合わせを可能にする。

　先述のように，ロックにとって，人間の本分とは幸福の追求である。しかし，それにおとらず不幸の回避もまた本分のうちである。不特定的な善の不在状態が継続することは，その個人にとっての不幸であるに違いない。貨幣の保有は，暫定的ではあるが，そうした不幸を緩和することになる。この点では，貨幣とは，財の購買という積極的な幸福追求時にあって善となるだけではなく，不幸の回避という消極的な意味合いにおいても善として機能しているといえる。

　貨幣は人々の同意からくる一般的価値物として，市場においてつねに購買力として機能するため，その保有者に，より一般的な善をもたらし，任意の将来時点において，必ず特定の善との交換が保証されているということから欲望の一時的な停止を可能にする。貨幣のこうした性質が，諸個人の消費行為にその思考や判断の段階において，合理性という性質が入り込む余地を確保する。

　ロックにとっての自由の概念とは，諸個人が意思のおもむくままに，ある行為を行なうことができる力能についてのことである [10]。すなわち，「人間が自分自身の心の選択ないし指図に従って，考えたり考えなかったり，動かしたり動かさなかったりする力能をもつかぎり，そのかぎり人間は自由である」(Locke, [1690a] 1965=1972 : 134(2))ということである。この自由の文脈に照らして考えてみると，貨幣保有のもたらす一般的な購買力は，諸個人の市場における自由を保証していることが分かる。なぜなら，貨幣が一般的な購買力であることから，それは市場の諸財との交換可能性を拡大して，欲望充足のための蓋然性を高めるからである。貨幣はあらゆる事物の等価物として，いつでも市場での販路を欠くことはない。それはまさに，ロックが「貨幣は万能である」との聖書の言葉を引用する通りである。この貨幣の高い通用性が消費行為をより自由なものとする。

　貨幣という自由の力能を保有した諸個人は，たんに自由なだけではなく，より理性的に消費を行なうことができる。ロック自身がいうように，貨幣とは購買力という一般的価値の保証物であると同時に，価値を見積るための計算用具としても有用であるからである (Locke, 1692=1978 : 31)。貨幣は事物の財としての価値について，それを価格という数量的尺度に置き換えることで，消費を決定する際の合理的な判断材料を消費者に提供する。財価値の数量化はまた，

消費者による諸財間の価値比較も容易にする。こうした財の価格づけは，個々人の限定的知識の範囲内では決して推測することができなかった事物の財としての真価について，それを，市場という集合的評価制度を利用する過程で，真価の近似としてはより信頼性の高い価格という数量的知識を社会にもたらす。

すべての諸個人が同様に自由に消費を繰り返すことで，その結果，市場ではつねに価格の変動が起きる。それは，消費者が互いに自主的な判断で行為決定を調整し合うことによる当然の帰結である。ロックはそうした市場での価格決定は自然に任せておくのがよいという。

> 諸物品は自分で自分の思うままの価格を見出すようにまかさるべきであり，しかもそれらはこのように絶えず変化するものであるので，人間の予見能力では絶えず変化する比率と効用——これが常に諸物品の価値を規制するであろうが——に対する法規や限界を設定することは不可能である（Locke, 1692=1978 : 50）。

ロックにとって，諸財の価格が変動するのは，もちろん需給の両面においてその要因があるからであるが，需要面においてはもっぱら消費者の自由に起因している。しかも，その変化は予測したり，人為的に制限したりすることが困難であるという。

価格変動の予測不能性をロックが指摘する理由のひとつには，諸個人の消費がつねにその必要性から合理的に生じているものではないという認識がロックの中に強くあったであろうことが挙げられる。ロックは，「ある財貨の販路は，その必要性ないし有益性に依存しているが，便利さとか，気まぐれや流行に左右される世論によって決まることもある」（Locke, 1692=1978 : 45）として，消費決定因の不合理的な側面を流行や気まぐれの中に見ており，さらには世論という無言の強制力の影響にまで関説する[11]。

この点で，ロックのいう自由とは，確かに理性との相補性に支えられて獲得される諸個人の力能ではあるけれども，ロックはその理性について，想像力の前での危うさを指摘することも忘れない。仮に理性の働きが停止すれば，そこに行為の自由はなくなる。そこでは，「想像力は常に不安定で，思考の錯乱へ導く。そして，理性のない意志は，あらゆる無法の目標に向かうことになる」（Locke, [1690b] 1698=1997 : 64）事態をまでロックは想定する。

ロックはまた，奢侈的消費についてもその動機の特殊性を指摘する。ロックによれば，「国民のぜいたくな流行を生み出すのは，効用ではなく虚栄心なので，競争は，誰もが最も便利な，あるいは有用な物を手に入れるかという点で行わ

れるのではなく，誰が最良のもの，すなわち最も高価な物を手に入れるかという点で行われる」(Locke, 1692=1978：90) ということになる。しかも，ロックは，こうした奢侈的な流行は，たいていの場合に富の誇示という消費の顕示性を伴うものであることを付言している (Locke, 1692=1978：91)。消費がもはやその顕示性を競う段になると，財はそれが高価であるという理由だけで，むしろその販路を増加させることともなるとロックはいう。財の有用性ではなく，この高価さが諸個人の競争心と虚栄心とをかき立てるのである。

　市場における諸財の価格は，このような諸個人の様々な思惑が入り混じる中から構成されてくる。それらは，ときに合理的であり，ときに模倣的である，さらには盲目的な場合もあるであろう。財の価格とは，ある時点での市場での集合的な評価であり，あくまでそれは財の真実的評価の近似に止まらざるを得ない。この意味で，価格とは，諸事物の財としての有用性の絶対確実な真価を表わすものではなく，ロックが『人間知性論』で述べるところのひとつの蓋然知であるといえる。しかし，行為選択の判断材料として，そうした蓋然的な知識で十分であるならば，もうそれ以上の真理性に関する確証を求める必要はないとロックはいう。人間の知識とは，程度の差こそあれ，確度という点においてはその大部分は蓋然的なものだからである。このことは価格という集合的な知識についても当てはまるであろう。ロックはこのように述べる。

　　私たちの機能に合った仕方と割合で，また，私たちに示されるかぎりの根拠にもとづいて，すべての事物を心に抱き，蓋然性だけがえられるようなところで高圧的もしくは過度に論証を要求せず，絶対確実性を求めないとき，そのとき私たちは知性を正しく使うのだろう。そして，私たちの気にかけることはすべてこうした蓋然性で律してじゅうぶんなのである (Locke, [1690a] 1965=1972：37(1))。

　価格とは，確かに蓋然的な知識のひとつである。ただし，それは市場という集合的な価値評価制度から導かれた知識として，消費者がめいめいの個人知に基づいて推測したものよりは確度が高くより信頼性がある判断基準を提供してくれるであろう。価格とは，「集合的（collective）」な蓋然的知識なのである。

　価格決定について，それを外面的な社会事象面に限って説明する場合，ロックは，「貨幣によって購買しうる任意の物品に対する貨幣の価値の尺度は，その物品の量とその販路とに比してわれわれが所有する現金の量によって定まる。あるいは同じことになるが，ある商品の価格は購買者数と販売者数の比率によって騰落する」(Locke, 1692=1978：45) と，貨幣数量説的な立場から需給に基

づく市場の価格調整作用について言及するのみである。しかしながら，この価格調整作用のかげに，情報として雑多な決定因のすべてを価格という統一的な尺度によって集約化して表わすことができる市場という制度の働きがあることを，ロックの社会理論は人間知性の性質に照らして浮彫りにしている。他方で，それはまた，一般的価値物として任意の時点での交換可能性を保証してくれる購買力としての自由の力能が貨幣を保有する者に伴うことも，行為の合理性との関係から見出している。ロックの社会理論とは，政治社会の成員がその消費者としての自由を保証されるのは貨幣にまつわる種々の制度的利点のゆえであることを，社会的相互行為論として整合的に説明するものであることが分かる。

2.1.5. 小括

　以上，ロックの経済思想について，その貨幣論的な言説を中心に検討を行なった。ロックによる貨幣保有に関する行論の中から，社会理論としての消費論的含意を析出することがその目的であった。ここまでの考察において，ロックの思想に伏在するその消費論としての特徴，すなわちその含意が明瞭になったと考える。

　ロックの経済思想が含む消費論的含意とは，消費と貨幣との関係性ということについて，それをひとつの社会理論として定式化している点である。とりわけそれは，貨幣保有者としての諸個人の消費者的役割に分析の焦点を当てるかたちで，消費者概念の形成に寄与するものとなっている。ロックの消費論とは，ロックが想定する人間性を与件とした諸個人を行為主体として設定し，その自然的な行為動機を起因に生起する諸個人相互の社会的行為の連関が，やがては社会的次元での貨幣や市場あるいはコモンウェルスといった種々の諸制度の生成にまで展開していくというロック社会理論の独自な論理性の中に見出せるものであり，同時に，その論理性の不可欠な一部を構成するものである。ロックの社会理論は，消費論の見地から捉えた場合に，社会の中で貨幣保有者としての諸個人が消費者役割の取得を通じて行為の自由を実現する可能性を見据える論理として再評価することができる。

　また，貨幣を通して，自由や合理性という要素を消費行為のうちに見出すことを可能にするロックの消費論は，ロック以降の18世紀イギリスにおける消費論の展開，とりわけ奢侈論争というかたちで諸学説が競合していく消費論的系譜とは違う方向性での議論を導くものである。ロックの議論は，奢侈的消費に対する道徳論的な批判の論拠を，一面において崩す論理となり得ており，その意味で，それは奢侈批判の論点を乗り越えるひとつの道筋を示すものであるともいえる。というのも，消費を合理性に裏打ちされた自由な行為として把握す

るロックの議論は，奢侈とは気まぐれや怠惰，放蕩など，人間性の堕落による非合理的な動機に基づく悪徳的行為であるとの道徳論的な批判の論点への反駁となり得るものだからである。ロックの消費論とは，貨幣を結節点として，消費と合理性とを連結することで，道徳論的な色彩の濃い奢侈論争の議論枠組みに捕らわれることのない消費論の方向性，すなわち貨幣的消費論の展開を用意するものであったといえる。この意味において，ロックの消費論は，18世紀イギリスにおける消費論のもうひとつの流れを導くものであり，バークリやステュアートへとつながる貨幣的消費論の先触れとして捉え直すことが可能となる。

　したがって，このような消費論としての貢献のゆえに，ロックには，消費論の学説的系譜において，その重要な論者のひとりとしての位置づけが与えられるに足る十分な資格があると思われる。

第2節　消費者と精神的欲望——N. バーボン

2.2.1.　バーボンと消費論

　18世紀を通じて消費論の言説は，マンデヴィルの『蜂の寓話』において示された命題である，「私悪は公益」と消費行為との関連性の是非をめぐって展開されていく。その際，議論の大きな焦点となったのは，奢侈や放蕩という消費行為についての動機的な悪徳性，あるいはその社会的作用としての有益性などについてである。例えば，ヒュームは過剰な奢侈を，怠惰や利己心や他者への無関心などと並置し，それらはいずれも人間本性のうちにある欠陥であるとするが，諸個人の身分や財産に見合う適度な奢侈であるならば，それは道徳的に無害であるとする。また，スミスは，利己心と虚栄心とを区別し，前者の道徳的健全性を主張することで，人々の消費欲望のうち，社会的関係性にあって生じてくる類いの必要性，つまりは品性や体裁を保つための，いわゆる社会的必要を満たすための消費については，それを奢侈とは呼ばずに道徳論的に是認していく。ヒュームやスミスなどに見られるこうした奢侈的消費への注目は，18世紀の消費論を奢侈論争という特殊な消費論の言説として形成していくことになる (Berry, 1994：126-76)。

　このようなマンデヴィル以降の消費論の展開は，マンデヴィル自身が意図した『蜂の寓話』の主旨に照合してみたとき，それはマンデヴィル消費論の批判的受容というかたちでの，消費論における道徳論的揺り戻しの過程であったといえるであろう。というのも，マンデヴィルが『蜂の寓話』の中で描出したものとは，市場社会という近代の経済活動（交易）を中心とする新しい社会に見出される多様な消費の諸側面についてであり，消費者という新しい社会的役割

を担う諸個人の社会的作用であったからである。

　そもそも，マンデヴィルによる「私悪は公益」という逆説的表現には，道徳論的な意味合いは付されていなかった。マンデヴィル自身が，「ある人々の情念はあまりにも激しく，どんな法律や教訓によっても抑制できないのである。そこでいかなる政治においても，大きな不都合を防ぐために小さな不都合をがまんするのが知恵なのだ」(Mandeville, [1714] 1988＝1985 : 90) と述べていることからも明らかなように，『蜂の寓話』執筆の意図とは，諸個人の行為動機の悪徳性を論じるためではなく，むしろ人間行為というものをそうした道徳論の文脈から切り離したところで問題とし，行為動機の人間本性的理解を前提とした上で，そこから導出される社会的次元での諸作用についての論理を分析することであった。

　それゆえ，マンデヴィルの消費論に関して，それを行為動機の悪徳性に対する道徳論的批判の対象とすることは当を得ていない。マンデヴィルは，むしろ奢侈概念にまつわる道徳性を排除するために，奢侈を定義して，「人間を生き物として存続させるのに直接必要でないものはすべて奢侈である」(Mandeville, [1714] 1988＝1985 : 101) と規定したからである。こう述べることにより，ほぼすべての消費欲望の目的性とは「奢侈」であるとすることで，社会における一般的な消費行為の諸相について議論を展開するという方向性を明示したのである。

　18世紀中葉における道徳論的な揺り戻しが始まる以前にあって，マンデヴィルと同様に，広く消費行為についての社会的作用を問題とする消費論を提示したのが，バーボンである[1]。バーボンもまた，消費論にまつわる道徳論的色彩を払拭することで，それを経済論としての観点から議論する意図を明確にしたひとりであった (Hutchison, 1988 : 77)。本節の課題は，このバーボンの経済思想について，それを消費論という視点から捉え直す作業を通して，その消費論的貢献を明確にすることである。以下の行論では，バーボンの経済思想が，マンデヴィルに先がけ消費に付随する種々の社会的有益性を論じたものであり，しかもその議論をひとつの欲望論的行為理論として論理整合的に定式化したものであったという点において，たんに時間的に先行する言説であるという意義以上の消費論的含意を有するものであることを明示する[2]。

2.2.2. 消費の欲望論的基礎
2.2.2.1. 精神的欲望の無限性

　バーボン消費論の諸論点は，特徴ある欲望論を基礎として構成される。それゆえ，その消費論を理解するためにはまず，その欲望論についての検討が不可欠となる。

バーボンの欲望論については，従来，ホッブズのものとの類似性が指摘されている (Berry, 1994：108-25; Finkelstein, 2000：211)。中でも最大の類似点とは，両者の欲望論は，共に「欲望＝欠如状態」としての人間観をその出発点に据えていることである。そこから，人間行為というものの根本的な有目的性という前提を引き出すことで，それを種々の欲望充足過程として捉えていくのである。したがって，欲望の充足とは，欠如状態という個人的な問題状況の解消として理解されるのであるが，欲望の性質によっては無際限に生じる種類のものがあるとする。そして，人間をそうした欲望の無限性から自由ではありえない存在として捉え，行為という能動的な活動性を持った人間観というものを社会理論の前提として受け入れていくのである。A. フィンケルシュタインによれば，ホッブズの主張とは，こうした欲望の無限性を統御する必要性を論じるものであったが，バーボンはそれをむしろ積極的に擁護するものであったという (Finkelstein, 2000：211)。欲望の無限性に関して両者の立場が相違するのは，ホッブズが社会秩序に対する悪影響という政治的な観点からの議論であったのに対して，バーボンの議論は経済活動に与える影響という観点からの立論であったという点にその理由を帰すことができる。

　欲望について，バーボンはそれを，いずれも人間本性に基づくものとして，2つに大別する。2つの欲望とは，「身体的欲望 (the wants of the body)」と「精神的欲望 (the wants of the mind)」とである (Barbon, [1690] 1903=1966：16)。このうち，身体的欲望は有限であり，それゆえ，この種の欲望を満たすための必要物はきわめて少量であるとバーボンは述べる。バーボンは，身体的欲望を満たす物財とは，生命を維持するのに必要とされるすべてのものであると想定し，それらとは，「すなわち人間一般的な必要，食，衣，住をみたすうえで有用なすべての財である」(Barbon, [1690] 1903=1966：16) とする。しかし続いて，厳密に調べてみれば，これら3つの必要のうちで生命を維持する上で不可欠なものは食物のみであると論じることで，食物以外のすべての諸財について，それらをもっぱら精神的欲望の対象として再規定するのである。

　これは，消費に対する道徳論的な論点を回避するために施した，バーボンによる概念的な限定作業である。ほぼすべての物財を精神的欲望に関わらせることで，必要と奢侈という消費における道徳論的二分法を無効としつつ，ここで，消費の社会的分析を行なうという自身の意図を明確にしているのである。

　バーボンによれば，精神的欲望を満たすことは，「願望 (wishes)」を満たすことである。そして，願望とは，欠如の状態にあるということを意味している。つまり，願望とは，「心の食欲であって，空腹が肉体にとって自然的なのと同様に，魂にとって自然的なのである」(Barbon, [1690] 1903=1966：16-17) とバー

ボンは述べる。

　身体的欲望と異なり，精神的欲望は無限である。なぜなら，人間とは本性的に向上を望む存在であるとバーボンは考えるからである（Barbon, [1690] 1903＝1966：17）。R．ポーターは，欲望の無限性と人間本性における向上志向性というバーボンの議論は，人間本性の自然主義的な分析の系譜において，後のスミスにまでつながるものである点を指摘している（Porter, [2000] 2001：262）。バーボンが，このような自然主義的な観点に基づく人間本性に立脚することができた理由のひとつは，彼が医学者でもあったという事実が挙げられるであろう。人間がその本性において向上を志向するものであることをバーボンは次のように述べている。

　　人間は生まれつき向上を望む。そしてその精神が高尚となるにつれて，その感覚も洗練されたものとなり，愉楽を感得する能力はいっそう拡大していく。その願望は拡大され，欲望は意欲と共に増大する。意欲とは，珍奇なもの，官能を刺激するもの，身体を着飾るもの，生活における安楽，快楽，栄華を増進するものなどのいっさいを望むことである（Barbon, [1690] 1903＝1966：17）。

　バーボンの社会・経済思想は，こうした精神的欲望たる願望を持つ人間観が基底となっている。この点において，バーボンの社会理論とは方法論的個人主義に立つものである。バーボンの議論の前提にある人間観とは，諸個人がそれぞれの置かれた状況を改良しようと，つねにその環境的制約に働きかける有目的的な能動体として措定されていたといえる。

2.2.2.2.　精神的欲望の社会性

　欲望論的な基礎を持つ消費論にあって，消費行為の目的は，欲望充足のための手段的対象物を入手（購買）することとして規定される。それゆえ，その展開においては，欲望充足という目的に対置された手段についての論理的関係性を説明する必要がある。この意味において，バーボンの消費論は，欲望論のみならず，その価値論との関係性についても検討されなければならない。というのも，欲望充足のための手段的対象物とは，すなわち財のことであり，バーボンの価値論においては，価値とは財と欲望充足との関係性から説明されるとされているからである[3]。

　価値の源泉については，「モノの価値とは，その有用性から生ずる」（Barbon, 1696：2）とバーボンは考える。ここでの有用性とは人間の欲望と必要をみたすのに役立つという意味である。モノは，欲望と関係づけられることによっての

み有用となり，価値を持つこととなる。モノは欲望充足に関わる目的性を帯びることで，社会的関係性に組み込まれる。そこではじめて，モノは財としての価値を獲得し，市場においては商品と呼ばれることとなる。

モノの価値は，市場においては価格として表現される。バーボンは価値と価格との概念的関係について，「商品の価格とは，その現在価値」(Barbon, [1690] 1903=1966 : 18) であると述べている。それは，ある財が市場において売られ得るだけの値打ちが現時点ではあるということを示している。そして，市場で値がつく限りは，なんらかの有用性が当該財に対して認められているということになる。

ただし，ここで留意すべきは，ある財の有用性についてバーボンが述べる場合，そこには，ある時点かつある地域においての潜在需要や有効需要として表現される当該財の財性に加えて，当該財の支配数量という市場における需給関係が含まれているということである。モノの価値が有用性に基づくものであるとするならば，ある時点における供給可能数量がその需要に比して過剰であるとき，その過剰分は無価値となる。ここから，ある財への需要に比しての豊富は，それを廉価にし，稀少はそれを高価にする。財には，いかなるものであっても，確定した価格あるいは価値なるものは存在しないのである。

バーボンによると，精神的欲望をみたす諸財が持つ価値とは，想像的あるいは人為的な性質のものである (Barbon, 1696 : 4)。それは，世論など人々の評判により支持された価値であるため，財に対する人々の評価が変化することで容易に変動してしまう移り気なものである。

先述のように，バーボンにとっての人間とは，つねに向上したいという目的性を持っている。この目的性に照らしてもっとも重要なものが，個人の環境的制約（それは同時に行為の実現性を支える条件でもある）のひとつである社会的関係性の中での優位性あるいは卓越性の獲得および保持である。だからこそ，バーボンは，「精神的欲望をみたす種々のモノのうち，人間の身体を飾るものと，生活の栄華を増進するものとは，もっとも一般的な有用性をもっている。そして，それらはいつの時代にも，またすべての人種において価値をもつこととなったのである」(Barbon, [1690] 1903=1966 : 17) と述べたのである。

これは，もっとも一般的な有用性が，装飾性に関わる財において認められるということである。バーボンのいう精神的欲望の社会関係に由来的な本質が，ここに明確に看取できるであろう。社会的是認を求める，対人的な差異化への志向性というものが人間性にとって不可分な部分として捉えられている。バーボンは，「人類には，どれほど野蛮未開な集団においてさえも，対人間の差異や等級が存在し，なにかしら，そうした区別を示すためのモノが考案されている

のである」（Barbon, [1690] 1903=1966：17-18）と述べて，それが人間社会あるいは人間性に内在する本質的な欲望であることを主張している。

　こうした対人的な社会的関係性における差異化の欲望とは，他者との差異化そのものが目的であるため，ある意味で，それは社会的関係性への自発的で継続的な関与が要請される。そうした諸個人の行為は，社会的関係性を離れては無意味なものとなるからである。差異化の欲望とは，社会における諸個人の相対的位置づけに関する認知的な自己評価に基づく行為動機である。そこには，社会内にあっての相対性に依拠するという差異化の行為の性質上，自己の絶えざる再評価という無限的契機が付随するのである。

　このように，精神的欲望の無限性については，その源泉を，人間本性に根差した欲望の社会性の中に見出せる。バーボンの消費論は，こうした欲望論を背景に，消費行為の無限性および社会性に関わるものとなっている。そこでは，社会的関係性に基づく対人的な差異化という願望が消費行為の主たる動機なのである。

2.2.3. 消費の社会的作用
2.2.3.1. 消費と社会の富裕

　バーボンは富の概念について，それを「大きな価値を持つすべてのモノ」（Barbon, 1696：2）であると定義する。先述の通り，バーボンの思想におけるモノの価値とは，その有用性から生じるものであり，その有用性とは主に精神的欲望を充足するための手段として役立つという意味合いである。しかも，その精神的欲望に発する価値は，想像性に基づく人為的なもので，人々の評判によってのみ保持されるものでもある。それゆえ，バーボンが考える富の増大という社会の富裕化とは，諸個人が自由にその想像性を働かせることで多様な欲望を持つことができ，なおかつ，その充足のための手段的条件と活動的条件とが保証されているような状況が社会的に実現され，それが自生的に継続して進展していく過程のことであるといえる（Bianchi, 2001）。バーボンはこうした富裕化のための社会的条件として，「社会的分業の発達」，「諸技術」，「よい統治制度」などを指摘している（Barbon, [1685] 1966：6）。

　バーボンが富について述べる場合，富を構成する物質的な豊富についてではなく，それを可能にする社会的条件についての記述に大きな比重が置かれている。こうした富概念の背景には，バーボン独特の自然資源に対する理解がある。まず，バーボンは交易の対象となる資財や商品について，それらは「この世のあらゆる動物，植物，鉱物」（Barbon, [1690] 1903=1966：10）であるとする。これらの商品は自然が提供してくれるままのかたちで売買される自然的商品と，

ひとの手によって加工された人工的商品とに大別される。バーボンによれば，そのどちらもが無限である。その理由については，こうである。

　地上の獣類，空中の鳥類，海中の魚類は自然に増加する。年々新しく春秋がめぐってきて，植物と果実の新しい資財を産み出す。そして地中の鉱物は無尽蔵である。だからもしも自然的資財が無限であるとすれば，これから製造される人工的資財，例えば，亜麻，羊毛，木綿，生糸から造られる毛織物，亜麻布，キャラコ，絹織物も無限であるに違いない（Barbon, [1690] 1903=1966 : 11）。

　バーボンは，こうした自然資源観に立脚することで，国家的な富裕化政策として倹約・節倹などの奨励や奢侈禁止法の制定などを政策論上の謬見としてその無効性を主張する。これらの政策が無効であるのは，個人の財産は確かに有限であるかもしれないが，「国民の資財は無限であって，消尽されることはあり得ないからである。また無限なものは倹約によって追加を受けることはなく，浪費によって減少をこうむることもない」（Barbon, [1690] 1903=1966 : 12）からである。
　このように，バーボンにとって自然資源とは潜在的に無限である。こうした前提に立つならば，社会の富裕化についてその物質的な豊富さを強調することは重要でなくなる。それゆえ，物質的次元での富裕ということへの対応としての「生産」にではなく，豊富な自然資源をどのように利用するかという「消費」の問題に，バーボンの関心がより多く向けられていたとしても，それはこうした理由から首肯できよう[4]。バーボンの場合，そうした消費への関心は，潜在的には無尽蔵である物質的な豊富さを人間社会において，どのように利用していくのかという論点に問題化されたのである。
　バーボンは，社会の富裕ということについて，その実現を物財の豊富の中に見るのではなく，欲望の多様性の開花，すなわち諸個人の想像力の自由な開放の中に見ていた。無尽蔵の資源はただそこにあるだけでは意味がなく，それを社会において諸成員間の種々の目的性に役立てることができて，はじめてそれらは価値を有する富となり，社会はその富ゆえに富裕となるという考え方である。そのためにはまず，たんなる物質的な存在にすぎない諸財を社会的関係性の中に組み込むための人間の側からの能動的作用がなければならない。バーボンは欲望を持つ人間という自由な諸個人の中に，そのような能動的作用因を見出す。この意味において，社会の富裕化には，消費欲望の多様性を支持するため，精神性の向上や感覚の洗練化という社会を構成する諸成員の側の高い文

化水準こそが必要条件とされるのである。

2.2.3.2. 消費と交易

　人々の想像性を刺激することで，精神的欲望を増大させ，ひいては社会の富裕をもたらすことができるもの，それが交易である。バーボンは，交易の役割，すなわちその社会的作用として，「必需品，すなわち生活の維持，防衛，安楽，快楽および栄華のために役立つものを，造ったり調えたりすることにある」（Barbon, [1690] 1903=1966 : 28）と述べている。それは，まさに精神的欲望をみたすための手段である財を製造あるいは販売することにより，社会の富裕化に寄与するものである。

　文明社会においては，技術の発達や社会的分業の進展などの結果として，諸個人間には所有財産という点において貧富の差が存在する。その中で，富裕層は他者の労働の成果から生活の資を得るのに対して，庶民層・貧困層は自らの労働によりその資をまかなう。このように所有財産に関して生じた格差は，転じていまやその社会的地位の格差として確立されるに至り，生活様式の差異をもたらしているとバーボンは述べる（Barbon, [1685] 1966 : 6）。社会の富を所有物としている富裕層は，それにつれてその欲望をも増大させていくことになる。したがって，社会の富裕化に大きな役割を持つのは，多様な欲望を持つことができる富裕層ということになる[5]。

　しかし，交易の促進は，社会のあらゆる階層，身分の人々に有益であるとバーボンはいう。まず，自らの労働により生活する階層にあっては，確かに忙しく働いているが，それは結果として，すなわち交易の社会的作用の帰結として，自分自身の利益となるからである。交易のおかげで，社会の全成員が「食，衣，住の豊かな供給」（Barbon, [1690] 1903=1966 : 29）を享受できるのである。バーボンはこのように述べている。

　　一国の自然的資財は改善され，羊毛や亜麻は布に，皮革は皮製品に，仕上げられ，木材，鉛，鉄，錫は加工されて多数の有用品となる。これら商品のうち使用されない余剰分は，商人によって輸送され，ぶどう酒，オリーヴ油，香料その他外国産の有用なすべてのものと交換される（Barbon, [1690] 1903=1966 : 29）。

　一方で，富裕層も，先述した生活の安楽，快楽，および栄華を促進する諸財のすべてを，交易により享受できるのである。
　このように社会的に有益性を持つ交易であるが，それでは，どのようにした

ら交易を促進できるのか。バーボンはこの問題を考えるにあたり，そのひとつの焦点として社会におけるしかるべき消費の重要性を指摘する。すなわち，交易を促進する要件とは，社会における「貧困層の勤勉と富裕層の闊達（liberality）」（Barbon, [1690] 1903=1966：44）であるとして，勤勉に対置された富裕層の社会的地位に見合った水準の消費が実現されることが肝要であるとしたのである。バーボンはここにおいて，富裕層の人々が「富裕層」としての固有の社会的役割を確実に遂行することが，交易に対して有益な社会的作用を持つものであることを明示したのである[6]。

バーボンは「闊達」の定義として，それを「貧困層の勤勉によってつくられるすべてのものを，心身の用に自由に充てていくこと」（Barbon, [1690] 1903=1966：44）としている。この定義に基づく限りでは，一見，闊達な行為とは，もっぱら自己の私欲に対する寛容性を表わしているに過ぎない。しかしこうした富裕層の闊達は，社会的次元から見た場合に，他者への寛容性を含んでいるとバーボンは述べるのである（Barbon, [1690] 1903=1966：45）。D. ヴィッカーズは，このバーボンの消費論が包含する経済効果に関する命題を次の3つに整理して把握している（Vickers, [1959] 1968：83）。

1．経済活動の維持は，消費支出の維持に依存する
2．消費支出の変化は，賃金労働者の収入の変化となって表れる
3．消費支出の変化は，経済活動の水準を変化させるために必要かつ有効である

富裕層による闊達が有する他者への寛容性ということ，それはバーボンによる消費の乗数効果の指摘であるといえる。しかもバーボンの場合，それは文化水準の全階層的な洗練化を通じて潜在的な欲望の多様性を喚起していくという意味における乗数効果なのである。それゆえ，闊達はその社会的利益の波及経路への配慮が肝要となる。闊達の効果である他者の欲望への寛容性を，社会の広範な成員間に発現させるために，その分配的帰結を考慮しなくてはならないということである。バーボンは，それについては食，衣，住に関する支出を均等にすることが重要であるとする（Barbon, [1690] 1903=1966：45）。それにより，社会的分業の発達した文明社会にあっても，あらゆる人がその社会的地位（職業や身分や住地域など），に基づく割当を受けることが可能となるからである。しかもその割当は，各人の生活において，より洗練された快楽を少しばかり享受するに足るほどの分量にはなるであろうとバーボンは述べている[7]。ここにおいて，人々の欲望は拡大され，文化水準は高まり，それはいっそうの富裕

化へと社会を導いていくこととなるのである。

2.2.4. 小括

　ここまで，バーボンの経済思想を消費論の観点から検討してきた。以上の行論において，バーボンの経済思想が消費論としての観点から重要な論点を多分に含むものであることが明瞭になったと考える。

　バーボンは独自の欲望論を人間行為の論理的基礎として，そこから消費の社会理論を展開している。こうしたバーボンの消費論は，歴史的にマンデヴィルのそれに先がけている。バーボンの議論は，マンデヴィル以前に道徳論を排除した消費の社会・経済理論を展開したというこの点においてだけでも十分に消費論の系譜にあって高く評価されてよいものであろう。

　加えて，それは消費論におけるそうした学説史上の時間的先行性という意義に止まらず，内容的にも独自の消費論的な先見性を示すものでもあったと結論することができる。その先見性とは，バーボンの消費論が消費行為の動機的社会性というものを論理の基軸に据えている点である。この点は，バーボン消費論を理解するための鍵部分であり，その中心的論点でもあったことは上述の通りであるが，そこには，消費の対人効果の本質性という消費論の重要な論点が含まれている。バーボンはこの消費の対人効果ということに関して，それを精神的欲望の無限性および社会性という諸個人の行為動機上の前提から出発して，ひとつの消費の社会理論として構築したのである。

第3章　奢侈是認論と消費者概念の脱道徳化

第1節　富裕層の奢侈的消費と貧困層の勤労──B. マンデヴィル

3.1.1.　マンデヴィルと消費論

　マンデヴィルの主著である『蜂の寓話』には，「私悪は公益（Private Vices, Publick Benefits）」という有名な副題が付されている。同書が，発刊当時から数多くの社会的非難を浴びることとなった理由もこの副題によるところが少なくない。同書に向けられた世間的非難の中には，このような副題が付いているというだけで，同書を不謹慎，または不道徳な書物であると決めつける類いの批判もかなりあったらしく，さらには，そうした世間の悪評を伝え聞いた人々がそれを鵜呑みにして同様に批判をするということも少なからずあったらしい。つまり同書への一般的な批判の多くは，よく内容を吟味した上での道徳論からする論理的批判であるというよりも，むしろ多分に感情的な要因から生じた嫌悪や拒絶反応という面が強かったといえる。

　マンデヴィル自身も，同書への世間的な非難の多くがそうしたものであることを認識していた。実際，マンデヴィルは『蜂の寓話』1724年版以降の「緒言」で，「これを一語も読んだことのない何千という人々によって非難された」（Mandeville, [1714] 1988=1985：9）と書いている[1]。クレオメネスとホレーショという2人の人物による対話篇として続刊された『蜂の寓話』第2巻の展開は，いかにマンデヴィルが的外れの批判に困惑していたかが示唆されていて興味深い（Mandeville, [1729] 1988=1993）。『蜂の寓話』第2巻の中で，マンデヴィルの代弁者役であるクレオメネスは，友人であるホレーショになんとかして『蜂の寓話』を読ませようとする。しかし，ホレーショは世間的な悪評を鵜呑みにして同書を毛嫌いしており，なかなか読もうしないという設定になっているのである。話の筋としては，クレオメネスがそんなホレーショを説き伏せ，なんとか読ませることに成功する。そして，一読後にホレーショが『蜂の寓話』の内容について生じた疑問点や批判点にクレオメネスがことごとく答え，その説明に納得したホレーショが最終的に同書の主張を受容するところで対話は終わる。しかし，実際は，ホレーショのように『蜂の寓話』を手にする人の数は多くなく，たとえ読んだとしても，その内容の真意を汲み取ることのできた人はまれではなかったかと容易に推察されるだけに，こうした第2巻の展開は，かえ

って当時の批判の多くがいかに同書の真意とかけ離れたところでなされていたかということや，そうした批判が一人歩きするような状況に対する著者マンデヴィルの閉口ぶりが窺えるというものである。

このように社会的非難を集め，マンデヴィルおよび『蜂の寓話』を悪名高きものとした「私悪は公益」という言葉ではあるが，この言葉こそマンデヴィルの一貫した社会観を支える中心的命題でもある。それは，たんなる諧謔趣味から書かれた逆説的表現でもなければ，社会分析における，いわゆる合成の誤謬に対する警句を表する意図をもって掲げられたわけでもない。

『蜂の寓話』の直接的な目的は，マンデヴィル自身がその序文中で述べているように，「この寓話の主意は……勤勉で，富裕で，強力な国家で見られるこのうえなく上品な生活の慰安をすべて享受しながら，それと同時に，黄金時代に望みうる美徳や無垢をすべて恵まれることはできない，ということを示す」(Mandeville, [1714] 1988=1985 : 5) ことであった。もちろん，『蜂の寓話』に先立ち，匿名のパンフレットとして発表された風刺詩『ブンブンうなる蜂の巣』のねらいもそこにあった。その際に風刺詩という表現形式を採ったのは，ひとえにその主意を人々に，効果（印象）的に訴えるための手段としてである。それはなにも，人間行為の動機が悪徳や低俗であることを暴くことで，特定の階層や身分，職業の人々を嘲笑したり，貶めたりする意図からではない (Mandeville, [1714] 1988=1985 : 4)。だからこそ，マンデヴィルは次のように書いたのである。

　　わたくしには悪徳をすすめる気などまったくなく，不浄の罪が一掃できるものなら，国家にとってはいいようのない至福であろうと考える。だが，そんなことは不可能ではないかと思う。ある人々の情念はあまりにも激しく，どんな法律や教訓によっても抑制できないのである。そこでいかなる政治においても，大きな不都合を防ぐために小さな不都合をがまんするのが知恵なのだ (Mandeville, [1714] 1988=1985 : 90)。

こうしたマンデヴィルにとって，私悪は公益であるという修辞表現は，人間社会におけるひとつの摂理ともいえるものであり，別言すれば，それは経験的な一般命題として捉えられた社会のメカニズムを示すものであった[2]。マンデヴィルは，「部分はすべて悪徳に満ち，しかも全部が揃えば一つの天国」(Mandeville, [1714] 1988=1985 : 19) と詩中において示したこと，すなわち，人口が多く，富裕で強大な国家が成立・繁栄し得る社会的メカニズムの秘訣を提示し，その作用の人知を越えた巧妙さを伝えたかったのである。

このマンデヴィルの思想の根幹を明らかにし，それを高く評価したのがハイエクである。ハイエクは自らの主張である「自生的秩序（spontaneous order）」や「反合理主義（anti-rationalism）」に基づく個人主義の思想的源流としてマンデヴィルを位置づける[3]。そして，マンデヴィルの思想は「進化と秩序の自生的形成という双生児的観念についての近代思想上の決定的な突破口を開いた」（Hayek, [1967] 1978=1986 : 102）とまでハイエクは述べるのである。「社会というじつにうるわしい機構が，もっとも卑しむべき部分から築きあげられるのを助ける，政治的な知恵の驚くべき力をほめたたえる」（Mandeville, [1714] 1988=1985 : 4）とは，『蜂の寓話』のマンデヴィルの言葉である。ハイエク的なマンデヴィル解釈に従うならば，こうした言葉に裏打ちされたマンデヴィル思想の最大の関心事とは，「人間が自らの選択によって，また自らの動機から発して，他のすべての人々の必要にできるかぎり多く貢献するよう導かれることが可能なような一連の制度を発見すること」（Hayek, [1948] 1980=1990 : 15）である[4]。

　本節の主題は，マンデヴィルの思想を消費論という視点から捉え返してみることである。本節の試みを約言するならば，『蜂の寓話』を再検討することで，その消費に関する諸論点を析出・再構成し，マンデヴィルの消費論とは重商主義期の奢侈擁護論であるとの従来的な見解を見直すための手掛りを提供することである。そのとき，以上のようなハイエク的なマンデヴィル解釈を受け入れ，社会の自生的秩序観をマンデヴィル体系の根幹に据えるならば，その消費論についても，この同じ視点から整合的に捉えられることが分かるであろう。なぜなら，マンデヴィルが『蜂の寓話』において描出した社会像とは，自らの欲望に従って自由に行為する消費者としての諸個人を基礎に据えた富裕な近代社会の秩序の構図であったからである。

3. 1. 2. マンデヴィルの消費論と豊かな社会
3. 1. 2. 1. 豊かな社会としての蜂の巣

　マンデヴィル思想の大きな特徴のひとつとして，その考察対象が富裕かつ強大な国家（政治体）という観点から見た近代社会であるということで挙げられる。田中の言を借りるならば，マンデヴィルの社会分析とは「もともと市民社会とその中に生きる人間分析であり，かれの解明すべき課題であった私益と公益との調和は，なによりも経済を基礎とする問題」（田中, 1966 : 188）であった。もし人々が市民社会的な繁栄，すなわち，商工業などの経済活動や軍事力に支えられた物質文化的豊かさを望むのであれば，そうした繁栄をもたらす諸々の社会的行為については，行為動機に関わる道徳的規準からそのよしあしを判断

するのではなく，当該行為の行為連関上での帰結主義的な有用性を見定める必要があるとするものである。マンデヴィルにしてみれば，物質文化的繁栄という幸福は，強欲や放蕩・自負・羨望・野心などの悪徳がなければ達成できないものであることを『蜂の寓話』の中で十分明確にし得たと考えていた。よって，「私悪は公益」ということについても，その因果性をめぐる道徳論議はまったくその論点ではなかった(5)。マンデヴィルにとっての論点とは，「それが正しいかどうかでなく，この幸福が可能なただ一つの仕方で得るに値するかどうか，国民の大半が悪徳でなければ味わえないようなものを希求すべきかどうか」(Mandeville, [1729] 1988＝1993：116) という点にあったのである。

市民社会の物質文化的豊かさは，詩中においてこのように描かれている。

こうして悪徳は巧妙さをはぐくみ
それが歳月と精励工夫とに結びついて，
たいへんな程度にまで生活の便益や
まことの快楽や慰安や安楽を高め，
おかげで貧乏人の生活でさえ以前の金持ちよりよくなって
何不足ないというほどだ (Mandeville, [1714] 1988＝1985：22)。

こうした豊かさは，不断の経済活動の結果として実現するのであって，決して「浪費や倹約についてのつまらない規制」(Mandeville, [1714] 1988＝1985：180) から生じるものではないとマンデヴィルは述べる(6)。確かに，個々の家計においては，倹約や節約という富の節用は，財産を増やすもっとも確実な途であるかもしれないが，その同じ方策は国家全体の富裕化にはあてはまらない。なぜなら，それは個々人の意志的な努力の次元の問題ではなく，社会制度次元の問題であるからである。社会の個々人は，その性向においてさまざまであり，しかもそうした性向が個人的意志として自発的に変わる可能性はないに等しい。ある国民がより浪費的であるか，倹約であるかは，その国民がおかれている環境，すなわち社会的諸制度のありよう（組み合わせ）によって決まるのである。しかも，そうした諸制度やその組み合わせを，人々は認知的あるいは設計主義的に構築することはできず，歳月と精励工夫のみがそれを成形することができるとマンデヴィルは考えるのであるから，つまるところ，それは，ある社会（国家）の消費水準に対する規制と，その社会の富裕化との間には正の相関性は見られないという主張である。富裕な社会にあって倹約を奨励することは経済政策的には無益であり，自由な消費を阻害する節倹の生活によって，かえって富裕な社会に適合的な諸制度の働きを歪める結果となってしまう可能性もある

（上田, [1950] 1987：109）。社会が質素であれば, それに見合った節倹的な消費が趨勢を占めるであろうし, 逆に, 豊かな社会では奢侈的で, 濫費的な消費が顕著となるであろう。つまりは, それぞれの社会には, その社会（の諸制度）に見合った消費形態や消費水準が自ずと形成されるものであるというのがマンデヴィルの主張である。それゆえ, マンデヴィルにしてみれば, 豊かな社会を希望し, また現にその社会経済的な恩恵を享受しつつ生活をする人々が, 豊かな社会に適した消費の形式や水準に対して, それを道徳的理由から批判することは, まさに撞着的空論であった。

3.1.2.2. 豊かな社会の消費者像

マンデヴィルの描いた「豊かな社会」, それは17世紀後半から18世紀前半におけるイギリス社会の姿である。そこでは, 人口が稠密で, 生産過程にあっては社会的分業が発達していた。一方, 消費生活の面については, 国内外の活発な商業活動のおかげで, 多様な奢侈品・便益品が豊富に市場に供給されており, 上・中流層から一部の労働下流層をも含め, 階層を問わない多数の消費者が形成されることで, 大衆消費的様相をも覗かせつつ, 幅広い社会層からなる市場購買型の消費が現れていた。マンデヴィルが想定する消費者像の中心とは確かに上流の有閑層を含む富裕な人々である。しかしながら, その消費者像は必ずしも画一的ではなかった。新たな消費財が幅広い層の人々に利用可能となる中, 階層的背景に応じた消費の階序も新たに生み出され, その結果, 多様な消費類型が見出されることとなったからである。後述のように, マンデヴィルの思想には奢侈的消費や顕示的消費の議論において, とりわけ消費者としての富裕な中流層が捉えられている。ここに, 物質主義的な志向性を有する新たな消費文化が成り立つ素地も作られたといえるであろう。

マンデヴィルは生産と消費の両面にわたる人々の活発な活動ぶりを, 詩中ではこのように書いている。

　　蜂の大群が多産の巣にむらがり
　　かえってそのために繁栄していた。
　　おたがいの欲望と虚栄とを
　　満たそうと何百万もが努力し,
　　一方ではさらに何百万もが
　　製作物の破損に一生懸命である。
　　働き蜂と消費蜂とが持ち合いの世の中だが
　　仕事が多くて手が足りない（Mandeville, [1714] 1988＝1985：13）。

ここで留意すべきは,「製作物の破損」に精を出す人々ということでマンデヴィルが想定している消費者像についてである。それが，上流の裕福な消費者層のみを指したものではないことを明確に認識する必要がある。そのことは，まず詩の文脈に照らして明らかである。詩篇「ブンブンうなる蜂の巣」は二行連句の形式になっており，その中には対句表現をとる箇所がある。「製作物の破損」の部分がまさにその対句表現になっており,「製作物の破損」と意味的に対句になっている部分は,「おたがいの欲望と虚栄を満たそうと」生産に従事する分業の発展ぶりである。つまり,「製作物の破損」を含む章句は，生産に対比される事項でなくてはならず，それは必然的に消費一般ということになる。

　したがって，マンデヴィルが「製作物の破損」として表現したものは，スミス的な意味における，不生産的労働人口を指したものとするのが妥当な解釈であると思われる[7]。物質的富の増加に直接的に寄与しない家事使用人や官僚，政治家などのサービス労働従事者，商人層ならびに，まったく生産に寄与しない有閑層などの不生産人口が,「製作物の破損」ということでもっぱら消費に専心する人々の主な内訳である。もっとも，マンデヴィル自身は生産的労働と不生産的労働という労働の二分法的区分を明示的に述べてはいないため，それは他の記述からの推測の域を出ないものである。けれども，マンデヴィルの国富概念の規定を鑑みるに，おそらくマンデヴィルの経済思想には暗黙裡にこうした労働の二分法が前提されていたと考えてよいであろう。なぜなら，マンデヴィルにおける国富とは，ここに「製作物」として示された物財のことであり，その源泉は労働と土地の生産性であるとマンデヴィルは明確に述べているからである。「あらゆる社会の享楽は，大地の実りと国民の労働にもとづく」(Mandeville, [1714] 1988=1985 : 180) と述べるマンデヴィルにとって，国富の増大，すなわち国民の富裕化とは物財的豊富さに帰着する。それゆえ，マンデヴィルの意味での生産人口とは，物財および物財加工的付加価値の増大（可能性）過程に直接的に関与する人口のこととして理解される。他方，物財生産に直接に寄与しない，その他の労働・有閑人口はすべて，もっぱら物財を「破損」する消費（不生産）人口ということになる[8]。

　マンデヴィルの脳裏にあったであろう消費者像は,『蜂の寓話』の歴史的背景を考慮するとき，いっそう明瞭に見えてくる。豊かな蜂の巣がマンデヴィルと同時代のイギリス社会の戯画化であったということ，それはとりもなおさず，消費蜂のモデルが同時代のイギリスの消費者であるからである。マンデヴィルの観察したイギリス社会とは，まさに，N. マッケンドリックらの述べる「消費革命」が進行していた時期である (McKendrick et al, [1982] 1985)。そして，こ

の時代の消費場面における特徴とは，外国貿易からの輸入品を中心とする新たな消費財が人口の幅広い層に浸透していったことである（Berg, 1999）。新消費財の多くは，奢侈品や半奢侈品的な性格のものであったが，そうした消費財の新たな需要者は，もはや一握りの上流・貴族階層に属する特権的消費者に限らなかった[9]。というよりも，新しい奢侈財需要の主役は，むしろ中流である新興の富裕な商人層であった。ちなみにスミスは，「利潤が高いと，節約というこの真面目な美徳はあらずもがなのもののように思われ，金使いの荒い贅沢三昧のほうが，かえって裕福な商人の地位にふさわしいもののように思われてくる」(Smith, [1776] 1981＝1978 : 381-82(2)) と述べ，重商主義下にあって特権的な高い利潤率を得ていた商人層の消費生活態度の奢侈的傾向を批判しているが，それははからずも消費生活の中心的存在が商人層であったことを明かしている。新たな消費財が奢侈品とみなされたのは，とりわけ彼ら富裕な中流層にとってそれらが奢侈品であったからである[10]。

こうした魅力的な奢侈品消費の隆盛や奢侈品の普及は，それがデモンストレーション効果や流行的作用を伴うことで，さらなる消費を惹起した。裁量所得の多寡に関わらず人々を消費に向かわせる社会的仕組みが生まれたのである。いまや人々は，身分や階層や貧富や性別といった社会的属性区分に関わりなく消費文化に組み込まれていくことで，みなが「消費者」とならざるを得なかった[11]。それがこの時代の多様な消費者像を形作っていたのである。

3.1.3. 豊かな社会の消費論
3.1.3.1. マンデヴィル消費論の射程

上述のように，マンデヴィルの消費者像とは一部の富裕な特権的消費者層のことではない。また，マンデヴィルの消費論とは一部の人々の特別な消費行動をあげつらうものでもない。R. メイソンは，「奢侈的消費や顕示的な経済行為は，もはやたんに金持ちだけの放埒として無視することはできず，あらゆる消費者の経済的行為を決定する上で，また国家の繁栄を導く上で，主要な要素であるとみなさなければならない」(Mason, 1998＝2000 : 17) ことを，マンデヴィルが早くから気づいていた点を取り上げて評価している。マンデヴィルの消費論とは，彼の生きた時代に一般的に見られた消費行為の諸相を反映したものなのである。

マンデヴィルの消費論の射程は，『蜂の寓話』において次の箇所に見られる。

悪の根源たる強欲
あの呪わしく意地悪く有害な悪徳が，

仕えた相手は放蕩という，あの気高い罪であった。
一方で，奢侈は百万の貧乏人を雇い
いとわしい自負がもう百万雇った。
羨望そのものや虚栄は
精励工夫の召使い，
彼らお気に入りの愚かさは，移り気。
食べ物から家具から衣装から，
本当に奇妙で馬鹿げた悪徳。
それでも商売動かす車輪となる（Mandeville, [1714] 1988=1985 : 21）。

　ここには，豊かな社会で見られる消費関連的な人々の行為や社会現象が列挙されている。まず，消費行為として，放蕩，奢侈的消費，自負に起因する顕示的消費などがある。他方で，消費に付随する社会現象としては，貧困層の雇用創出，中・下層の精励促進，消費財をめぐる流行サイクルの加速化などが指摘されている。そうした消費の諸相の作用によって，社会全体の経済活動が運行していることが示されるのである。ここでのマンデヴィルの焦点は，あくまで消費の諸相にあるわけであるが，内容的には消費との関連において雇用，分業的生産，労働の精励というその他の経済事象にも触れている。その上，流行，羨望，虚栄，体裁といった社会文化的な事象まで含めることで，マンデヴィルはここで近代社会の多彩な消費生活とその背景とを重層的に描き出しているのである[12]。
　それゆえ，マンデヴィル消費論の主眼を（金持ちの）奢侈的消費論に見出し，それを重商主義的奢侈論の系譜とみなす解釈，あるいは過少消費というJ. M. ケインズ的論点の敷衍化の中で有効需要論的先駆としての位置づけのみを与えてしまう解釈など，従来のマンデヴィル消費論に対する支配的な見方は，その本質を捉えきれていない[13]。確かに，『蜂の寓話』の中でも奢侈論に関する記述は分量的に厚く，マンデヴィル消費論の中心的な論点であるとはいえる。けれども，マンデヴィルにとっての奢侈的消費とは，豊かな社会であれば自然に観察される社会現象のひとつであり，そこに特別な（経済）政策的含意を認めることのないことは先に確認した通りである。
　アップルビーによれば，無際限の欲望を持った消費する動物としての人間像は，1690年代以降の経済思想の文脈から現れてくるという（Appleby, 1976 : 509）。無限の欲望という諸個人の消費性向を構成する行為動機を人間本性として同定するこの思想的傾向は，「能動的な人間観と市場メカニズム」（Appleby, 1976 : 509）に基づく社会的論理の発見につながっていくことをアップルビーは指摘する。マンデヴィルもまた，消費する動物としての人間像を社会分析の

基礎に据えたひとりである。E. J. フンデルトは，マンデヴィルの著作を読んだ同時代人は，彼が近代市民像をなによりもまず消費者として描いた点を理解できず，嘲笑する者までいたかもしれないと述べることで，消費者を中心に据えた近代社会的ヴィジョンを素描し得たマンデヴィルの先見性を指摘している（Hundert, 2003 : 37）。マンデヴィルは，人間本性から導かれる種々の情念を行為の原動力として活動する諸個人に対して，分析概念としては未確立ながらも，「消費者」という社会的役割を与えることで，彼らを無際限な欲望を持った新たな市民社会の主役として描き出したのである。『蜂の寓話』の中の人々は，まさに，貴族，諸中流市民，労働者などさまざまな属性的相違があるにも関わらず，消費生活面においては消費者というこの同一的役割を担う一国民として描かれている。マンデヴィル消費論の本質的な点はここに見なければならない。すなわち，マンデヴィルの思想に消費論的な意義を付与できるのは，それが消費者という近代社会における不可欠の新しい役割に人々を再定置し，消費者としての個人と社会との関係性を捉える視点を内包しているからなのである。

　豊かな社会では，消費者となった諸個人が商業や産業を需要面から支える役割を果たすということ，それをマンデヴィルの例の逆説的定式に従い換言するならば，私悪を自由に実践する消費者なくして社会的繁栄という公共の利益はありえないということになろう。S. バートによれば，マンデヴィルの思想の意義とは，「スミス的な自由主義の先駆者としてあるからでも，あるいは古典的共和主義の断末魔の喘ぎとしてあるからでもない。マンデヴィルの重要性とは，それが道徳性を欠いた社会の政治力学がいかに18世紀的な共和主義者や自由主義者の描く社会像とは異なるものであるかを明示したことである」（Burtt, 1992 : 144）という。この指摘の通り，まさにマンデヴィルの論じた社会とは，私悪同士の相互作用が政治力学を生む原理となって，そこから諸個人の種々の社会的関係性や諸制度が導出されていく社会である。このマンデヴィルの描く社会にあって，消費者の行為とは，悪徳的行為の経済的な一側面であった。この消費者という経済的側面からの新しい人間像の把握の重要性は，マンデヴィル以降の経済思想史において，例えばヒューム，ステュアート，スミスなどにより一層明確に認識され，それぞれの近代社会体系の中で中核的な位置づけを与えられていく（Appleby, 1994 ; 田中, 2001）。マンデヴィルの思想にあって，「私悪」のひとつの社会的体現であった消費者およびその消費欲望は，マンデヴィルの思想そのものに対する好悪の態度とは別に，むしろマンデヴィルの死後においてこそ急速に，もはやだれもが無視できない論点として浮上してきたのである。18世紀以降，消費者概念の重要度の高まりという社会・経済思想史上の展開に照らしたとき，それは暗黙裡に，マンデヴィル消費論の言説としての

先見性を証しているともいえるのではないだろうか。
　以上のことから，マンデヴィル消費論の射程とは，たんに放蕩や奢侈など個々の消費事象に対する一面的考察を越えるものであるとする解釈が妥当であろう。消費や消費者を焦点に，近代の市場社会という枠組みにおける多様な社会事象の関係性を考察するという視点をマンデヴィルは持っている。それゆえに，『蜂の寓話』には近代的消費論の先駆としての位置づけを与えることが可能であろう。また，マンデヴィルの思想に関しては，消費社会論的敷衍の今日的可能性を含んでいるとの見解も多分に成り立つといえる。

3.1.3.2. マンデヴィル消費論の主要トピック

　マンデヴィル消費論の今日的な敷衍可能性については多岐にわたるであろうが，その中でも，消費社会論との関連からより重要性を持つと考えられる2つの論点をここでは取り上げてみたい。その2つとは，「奢侈的消費論」と「顕示的消費論」である。
　まずは奢侈的消費論について述べる。マンデヴィルの奢侈的消費論は，ケインズによって，『雇用・利子・貨幣の一般理論』の中で重商主義期の奢侈擁護論の系譜に位置づけられた（Keynes, [1936] 1971=1983：360-64）。それによって，その後の経済思想史におけるマンデヴィル消費論の解釈の方向性も概ね決定づけられてきたといえる。ケインズは，自身の雇用量決定論との関係において，マンデヴィルの奢侈的消費論を，過少消費説に立つ有効需要論の先行的議論のひとつとして数えたのである[14]。
　だが，マンデヴィルの奢侈的消費論に政策論的な意図はない。それゆえ，ケインズ的なマンデヴィル解釈は，J. ロビンソンなども指摘するように，いささか無理がある（Robinson, 1962=1966：25）。奢侈擁護論の系譜から，政策論的な含意を引き出そうとする意図のため，それはマンデヴィル消費論の全体はもちろんのこと，奢侈的消費論に関しても，その主眼点を外した一面的把握に止まっている。「私悪は公益」という，反合理主義的個人主義を基点に展開される市民社会的繁栄をどのように考えるかというマンデヴィルの思想の主眼は奢侈的消費論においてもぶれることはない（中野, 1999：11）。そうしたマンデヴィルにとって，奢侈とは近代社会の一社会現象であり，奢侈的消費による有効需要および雇用の創出は，政策論的な見解ではなく，あくまで社会論的前提であったといえる（Robinson, 1962=1966：27）。社会に奢侈が遍在しているということは，その社会が富裕であることの証としてマンデヴィルは捉えていた。マンデヴィルは『ダイオンへの手紙』において，「奢侈とは人間の悪徳に支えられているが，多数の国民を強大かつ富裕にし，同時に礼節をも身に付けさせるた

めには絶対不可欠の条件である」(Mandeville, [1732b] 1953 : 18) と述べている。まして,「すごく人口の多い国家において,奢侈に耽るのがその上流層に限られており,ずっと大きな割合を占める大多数は,すべてをささえる基礎としての最下層,大勢の労働貧民であるならば,外国品が国家を破滅させるはずがない」(Mandeville, [1714] 1988=1985 : 228) と論ずるマンデヴィルの言説が,奢侈的消費を奨励あるいは積極的に擁護したものでないことは明瞭である。したがって,マンデヴィルの奢侈的消費論は,奢侈擁護論であるというよりも,奢侈是認論であるとするのがより適切な評価であろう。

　一方,道徳論的な議論ともマンデヴィルの奢侈的消費論は無縁である。マンデヴィルは奢侈の持つ社会的作用(有用性)を論じたのである。マンデヴィルの奢侈的消費論は,いわば道徳論的批判の論理的根拠に対する反駁であった[15]。マンデヴィルは主要な3つの論点を挙げて,それらを反駁している。3つの論点とは,「奢侈の基準(概念規定)の曖昧さ」,「奢侈による国民的窮乏化」,「奢侈による人間性(国民性)の柔弱化」についてである (Mandeville, [1714] 1988=1985 : 101-13)。

　まず,マンデヴィルは,奢侈という語の定義において,それを「人間を生き物として存続させるのに直接必要でないものはすべて奢侈である」(Mandeville, [1714] 1988=1985 : 101) と規定し,この定義の厳格さを少しでも緩和するならば,それはきりがなくなるであろうと述べる。つまり,奢侈の内実とは,時代や場所,人々の身分その他の社会的属性などによって,限定的に規定されるしかない歴史文化的な概念であるということである[16]。奢侈的消費論の冒頭でこのように述べることによってマンデヴィルは,道徳論的な必要と奢侈との従来の二分法的論点をいわば無効にしてしまうことで,議論の対象を社会的作用に絞っているのである。経済的に豊かな近代社会では,その消費のほとんどが人間の生存に絶対的に必要なものではないのだから,それを道徳論的な観点から批判することは的外れの議論となるというのが,奢侈批判の言説に対するマンデヴィルの見方である。マンデヴィルにとっての奢侈論とは,消費論の別称に過ぎなかったともいえよう。マンデヴィルの定義を前提とするならば,奢侈とは消費の特殊な事象的外見のひとつであり,その奢侈概念の厳格な用語法によって,奢侈と消費一般とは,もはやマンデヴィルの議論にあっては実質的には区別し得ないものとなっている (Hurtado-Prieto, 2004 : 17)。こうしたマンデヴィルの奢侈是認論とは,従来の道徳的な行為の価値基準を覆すものであった (Goldsmith, 1987 : 245)。次に,奢侈は国民的富を破壊するもので,社会(国家)を富裕にするためには倹約をしなければならないとの主張に対しては,外国貿易を例にとりそれに反対する。外国製の輸入奢侈財の消費は貿易差額上,

イギリスに不利益をもたらしているから，輸入奢侈財の国内消費を控え，余剰分を再輸出すればよいとする議論はその根拠が疑わしいとマンデヴィルはいう。まず，余剰分の再輸出は輸送費用などの問題により，不利益を被るであろうし，また貿易とは元来，相互的なものであるのだから，一国的な輸出超過が続くことはありえず，それゆえ，外国品の消費制限などの措置は，長期的には自国の立場を不利なものにすることで，かえって富を減退させてしまうであろうというのである。最後に，奢侈は人間性を柔弱にして，そのために国家の防衛力を低下させるという議論に対しては，そもそもそれは国民が奢侈であるかどうかの問題ではなく，悪政のためであるとマンデヴィルは述べている。さらに，暴飲・暴食などの過剰消費的な性格の奢侈においては，確かに健康上の悪影響から人々を柔弱にするかもしれないが，しかし，奢侈がもっとも顕著に示されるのは，建築や家具，馬車，服飾品に関連した財についてであり，それらはいかに豪奢に消費されようとも，身体的な悪影響は認められることはないとするのである。すなわち，市民社会における奢侈とは，感覚的な快楽追求型の過剰消費行為として現れるよりも，その多くはもっぱら感覚的にしろ，精神的にしろ，快楽よりも安楽を求める類いのものであるため，奢侈が国民の柔弱化を招くとする批判は当たらないのである[17]。

　マンデヴィルは顕示的消費についても論じている。もっとも，マンデヴィル自身は顕示的消費という術語を用いているわけでなく，内容的に後年，ヴェブレンが顕示的消費として論じた議論とほとんど同種のものがマンデヴィルの言説中にも見受けられるということである。A. O. ラヴジョイは，今日の定本的位置を占める1924年版『蜂の寓話』2巻本の編者であるF. B. ケイに宛てた私信の中で，ヴェブレンの『有閑階級の理論』に見られる議論はほぼマンデヴィルに見られると述べて，ケイによる『蜂の寓話』出版の意義を認めている（Lovejoy, [1922] 1988 : 452）。

　マンデヴィルの顕示的消費論もまた，「自己偏愛（self-liking）」という人間本性から由来する諸情念の作用により突き動かされ，限定合理的に行為する人間という，マンデヴィルの思想が前提とする人間観から説明される[18]。中でも，顕示的消費と深く関わりのある情念は「自負（pride）」であるという。マンデヴィルは，自負とは「いやしくも理解力のある人間がみな自分を過大評価し，そのあらゆる性質や境遇をことごとく知りつくした公正な審判者なら，だれにも認められないほどの美点を自分に想定する，あの生まれながらの機能」（Mandeville, [1714] 1988=1985 : 113-14）であるとする。消費者としての個人が，この自負に駆り立てられることで顕示的消費は現れる。そして，自負はさらに，人々の中に羨望や虚栄を育むことで，いっそうの顕示的消費が促されていくこ

ととなる。

　マンデヴィルによれば，自負とは社会を富裕にし，繁栄させるためにはなくてはならない要素であるにも関わらず，同時にこれほど社会的に嫌悪されるものもないという性質を持っている（Mandeville, [1714] 1988＝1985：114）。自負にあってもっとも特徴的なことは，自負心が強い人ほど，他人の自負を黙許したがらないということである。また，人々は，自分が自負心を持っていることは認めるけれども，個別の行為を説明する際には，どのような行為であろうとも，それが自負から由来したものであるとは決して認めないのである。マンデヴィルは，「当代の罪深い国家にあって，自負と奢侈は商売をたいへん促進させるのだということを認める者は大勢いるが，もっと有徳の時代だと（たとえば自負がないような時代だが），商売がかなりの程度まで衰えるだろうという必然性は認めない」（Mandeville, [1714] 1988＝1985：114）として，自負と経済的発展との関連性に対する人々の撞着的議論の背景としてこの点を指摘するのである。

　マンデヴィルは，衣服を例に取り自負の作用を詳述している。それによれば，衣服とはもともと，人間の裸体を包み隠すことで，気候などの外的環境からの諸害に対して身体を保護する目的で作られた。そこへ，人間の自負が装飾という目的をつけ加えたというのである（Mandeville, [1714] 1988＝1985：116）。衣服の装飾性への執着は「度をこえた愚かな虚栄」（Mandeville, [1714] 1988＝1985：116）であるのだが，人々はそれが虚栄であると気づいている場合でさえ，なおも抗し切れないほどに誘惑されてしまうのである。だれもが，衣服と生活様式については，自分と身分や財産の点で同等な境遇にある他人の中で，もっとも賢明な人の生活に倣うべきであることを承知している。しかし，「とりわけ欲張りであるわけでもない，普通の人々のうち，どれだけの者がこの分別を誇れるであろうか。われわれはみな高望みをし，なんらかの意味でわれわれにまさっている者を，できるだけ早く模倣しようと努め」（Mandeville, [1714] 1988＝1985：118）ているではないか，とマンデヴィルは述べるのである。

　衣服のような外見に関連するものへの自負への誘惑は，都市生活においてさらに助長されることとなる。なぜなら，個人の匿名性こそが都市生活の特徴であるからである。人が他人に知られていないところでは，概して服飾品によってその人間性までもが判断されてしまうということが起きる。服飾品によって，「それらが高価なことから彼らの富を判断し，それらのあつらえ方から彼らの思慮を推測する」（Mandeville, [1714] 1988＝1985：117）ということになれば自然，人々はその分限を越えた身なりをするようになるであろうとマンデヴィルは論じている。

このように顕示的消費論においても，マンデヴィルの視点は全階層的な消費者としての個人に据えられていることが分かるであろう。しかも，マンデヴィルにとっての顕示的消費とは，社会階層的に下位の者たちの自負心に起因する，階層上昇的な現象として捉えられている。メイソンは，マンデヴィルの奢侈論について，それが「奢侈とかステータスに関する感覚は相対的なものであることを指摘するとともに，絶対的もしくは相対的な豊かさがつねに消費の制約として作用したとしても，……人々は，彼らの制約の範囲内で顕示的消費ができたし，……また人々は自らの制約の範囲内で顕示的消費をすることによって，あらゆる人にとって利益となる広範囲の財やサーヴィスに対する需要を生み出し」(Mason, 1998 = 2000 : 16-17) ていることを的確に捉えるものであったと述べている。自負という情念に発した顕示的消費への社会的作用因である消費者は，さらには羨望や虚栄など他の情念にも促されることによって，人々の精励工夫をあおり，流行を生み出すなど，経済活動を活発にし，文化を洗練させていく機能を果たすのである。

3.1.4. 小括

人間本性に裏打ちされた，種々の社会属性横断的な一般的行為の定向性，およびその社会的作用としての自生的秩序を発見することがマンデヴィルの思想の主眼である。その要約的表現が「私悪は公益」という言葉であった。雑多ともいえる数々の社会的事象に関するマンデヴィルの論述は，そのほぼすべてがこの社会的作用の巧妙さを説明するための例証として示されていたといっても過言ではない。消費の事例においてもその点は同様である。

本節ではここまで，その「私悪は公益」という言葉を導きの糸としながら，マンデヴィルの思想の消費論的再構成を試みてきた。その結果，同思想の消費論的含意は，たんなる重商主義的な奢侈擁護論であるとの従来的な解釈の枠組みを越えた，広範な内容を持つものであることを確認できたと考える。その消費論的な射程は，本節で論じた奢侈的消費および顕示的消費以外にも，放蕩，流行，虚栄，体裁，品性，羨望などの事項と消費行為との関係性に言及するなど，広く消費文化論にまで及ぶものであった。

『蜂の寓話』においてマンデヴィルが描出した社会の姿とは，経済的にも文化的にも繁栄している富裕な近代イギリス社会の諸相であった。そして，マンデヴィルの豊かな社会を消費生活という切り口から捉え返してみると，そこには消費者という社会的役割に関する論理が用意（内包）されていたことが分かるのである。人間本性を情念や欲望として解放することで，自由に消費行為を行なう消費者としての諸個人の社会的役割が，一個の社会分析概念としてはいま

だ未分明ながら，そこには確かに捉えられていた。マンデヴィルは，市場社会として発展していく同時代の社会において観察される消費者行為を『蜂の寓話』の中に的確に写しとり，それら消費者および消費関連的事象が，近代社会の経済活動を支え，延いては社会的発展を導くものであることを示したのである。

本節の中でも繰り返し述べたように，マンデヴィルの消費論は，個人的動機や意図からは区別される，個人次元には還元し尽すことのできない社会的次元独自の行為連関的作用への分析視点を含んでいる。マンデヴィルの消費論は，一方では，消費者としての個人の行為動機を情念や欲望から説明し，他方では，消費者としての役割を担わなければならなくなった社会状況との関連から消費行為を見ていくことで，消費者としての役割的主体が市場社会という制度体との相互作用において，種々の社会的作用を果たしているというひとつの認識図式を提供している。この点において，マンデヴィルの消費論は，ひとつの消費の経済社会学であるともいい得るのではないだろうか。

第2節　上流層の奢侈的消費と消費による社会的階序形成
　　　　──D. デフォー

3.2.1. デフォーと消費論

『蜂の寓話』の出版を皮切りに18世紀イギリスにおいて奢侈論争が新たな展開を見せる中，マンデヴィルと同時代にあって，同書の奢侈是認論が持つその経済論としての正当性を理解し，それを支持した論者のひとりがデフォーであった。J. R. ムーアも指摘するように，デフォーは『ミスト』誌上において匿名ながら『蜂の寓話』に直接言及しつつ，マンデヴィルについて批評を加えている（Moor, 1975：124-25）。デフォーはその中で，「『蜂の寓話』という本には，良くも悪くもこの著者のこれまでの主張がすべて盛り込まれている。公益的な観点から悪徳の許容を最初に論じたのはこのジェントルマンである」（Defoe, 1727：237）と明言している。デフォーの経済論の基本的主張もマンデヴィルによる奢侈是認論の方向性を共有するものである。すなわち，両者は，社会の経済的発展という公益促進の大目的の前では，道徳論を経済論に従属させる思想的傾向を持っているといえる。デフォーは自身が編集主幹を務める雑誌『レビュー』その他において，マンデヴィル奢侈論の経済論としての正しさを支持している。例えば，デフォーは，「経済論（the Language of Trade）としていえば，種々の悪徳［奢侈］は美徳となる。奢侈品も必需品も同じく必要なものである」（Defoe, [1704-13a] 1938：136(6)）と論じている。デフォーにはまた次のような言述もある。

確かに，イングランドの貴族やジェントリによる奢侈や散財が，これまでも庶民の利益となり，今日に至って経済をかなりの部分にわたり支えている。とくに今日では，そうした散財が長年続いてきたという理由から，この有害な愚行が支える交易に，多くの人々が依存するという事態となっている（Defoe, [1704-13b] 2003-07 : 58 (3)）。

　悪徳としての奢侈が経済活動にとっては美徳となるとの論理は，デフォーの諸著作に散見される。中でも『イギリス経済の構図』では，マンデヴィルという名の直接的な言及こそないものの，「われわれの奢侈は通商上の美徳になっている」という『蜂の寓話』を想起させる一文を引用し，「われわれの贅沢は，わが貿易の生命であり魂である」と付言している（Defoe, [1728b] 2000 : 228＝1975 : 183／2010 : 149）。
　その一方で，デフォーはまた，18世紀イギリス社会の奢侈的な風潮に対して終始批判的な見方をしていたことも事実である。デフォーは奢侈の悪徳性を認め，奢侈の蔓延が社会秩序の安定性を動揺させる危険性を指摘する。

　　昨今の奢侈を放置することは国の亡びである。経済活動は株価ゲーム（game in Stocks）となる一方で，国民はみな分を超えた生活をする中で，つまらないものに金を費やしている。茶とワインとがみなの関心事である。それでも神の恵みは，感謝を忘れた者たちにももたらされる。ために，国民は自分たちの生産物をないがしろにする。……穀物を始めとして必需品の価格が高いのはけだしこのためである。みなでワイン業者のために働いては，せっせと物価を吊り上げて生活を苦しくしている。自業自得とはこのことである（Defoe, [1728a] 2000 : 278）。

　デフォーのこうした二面的ともいえる奢侈に対する見解をどう理解すればいいのであろう。デフォーにおいては，奢侈をめぐって経済論と道徳論というそれぞれの文脈からの別個の議論が接合されることなく並存しているということであろうか。

3.2.2. 奢侈をめぐる道徳論と経済論
　デフォーの奢侈論に関する先行研究の中には，奢侈に対するデフォーの態度の二面性や曖昧性を指摘するものが多い。例えば，H. H. アンダーセンは，「デフォーの著作は，彼の時代における道徳論と商業主義との対立を体現するもの

である。デフォーはその撞着の客観的分析に際して，マンデヴィルほどにはその姿勢を徹底化させることがなかった」(Andersen, 1941 : 46) としている。ムーアは，社会・経済思想という観点から比較して，デフォーの主張の基本線はマンデヴィルとほぼ同じものであるが，「私悪は公益」という社会的帰結に関して議論の主題によって両者の見解が分かれる場合があるという事実について，デフォーがとりわけ多くの諸主題を論じる中で，それらの主題間に相互に排他的な性格の議論が含まれている点にその理由を見る (Moor, 1975 : 119)。また，P. アールは，悪徳である奢侈が経済的な有用性を持つという「この逆説的命題は道徳を論じかつ経済を評するデフォーをとりわけ悩ませることとなり，その所論を驚くべき撞着に導いてしまった」(Earle, 1977 : 152) と述べている。ムーアらのこの主張は，デフォー思想にその論理体系としての斉一性を見ないもので，奢侈論についてもその二面性を黙認するものであろう。天川は，「デフォーは終始一貫イギリス経済の偉大さの中にその『巨大な消費』の持つ重要性を認めていた」(天川, 1966 : 98-99) と指摘するものの，デフォーの思想とは，18世紀初期における「ピューリタン倫理としての禁欲と経済的要請としての奢侈是認との間に，動きがとれなくなった当時の時代思想の矛盾と混乱」(天川, 1963 : 73) との縮図であったとする。そして，天川もまたデフォーの奢侈論については結局，その曖昧性を指摘することで結論とするのである。他にも，山下は，『レビュー』誌を引用しつつ，デフォーには，確かに奢侈の経済活性化の機能を認める言述があることを確認した上で，「しかし，こうした奢侈的産業にまさって，大衆が日常消費する必需品（家具，衣類，食糧など）の生産とその消費にこそ，国民経済再生産の主流があることを彼 [デフォー] は知っていた」(山下, 1968 : 233) と続ける。既出のムーアも同様に，デフォーが経済論としての奢侈の重要性を知悉しながらも，その最終的な奢侈に対する態度はマンデヴィルとは異なり，奢侈の蔓延は亡国の要因であるとの批判的な見解をとるものであったとしている (Moore, 1958 : 322-23)。こうした先行研究の議論は，デフォーとマンデヴィルとの両者について，奢侈に対する是認の立場は同じとしつつも，それぞれの背後にある道徳（政治）論的な志向性の相違にまつわる奢侈是認論としての微妙な力点のずれを指摘するものである。その中で，デフォーの奢侈論には，その見方の二面性あるいは曖昧性があることが強調され，それがデフォーにおける道徳論と経済論との齟齬の問題として把握されている[1]。

　しかしその一方で，デフォー思想についてはまた，マンデヴィルとの近接性もしばしば主張される。とりわけ，その前提とする人間観について，デフォーの想定する人間観をホッブズやマンデヴィルのものと同じ線上に置かれるものとする指摘は多い。M. E. ノヴァクは，デフォーの小説の主人公たちに共通す

る行為基準としての生命の安全や必要の第一義性ということ，つまりは行為動機においてそれらを徳や義務などに優先させる傾向性に注目して，そうしたデフォーの人間本性観は，ホッブズ，B. スピノザ，マンデヴィルらとの近接性を示すものであるとする（Novak, 1963：66-67）。B. ダイクストラはデフォーにおける人間の行為動機の根本的な悪徳性という想定は，ホッブズ，ロック，マンデヴィルなどの議論と同一のものであるとする（Dijkstra, 1987：159）。また，V. O. バードソルはとくにそのホッブズ的な人間観との同型性を主張して，デフォー思想の中にホッブズおよびロチェスター（J. ウィルモット）からの影響関係を見ようとしている（Birdsall, 1985：19-21）。バードソルは，「ホッブズとデフォーは，共に，神を求めることと貨幣や地位を求めることとは同一の動機に発するものであることを認識していた。つまりは，『力への欲望』という動機である。その背後に平和や安全，恐怖からの自由という欲望があるのである」（Birdsall, 1985：19）と述べている[2]。デフォーの人間観が，その行為動機の主動因として生存に関わる欲望を保持しているとする主張は，デフォーの著作の初期から確認できることであり，この点はデフォー思想に一貫する諸個人の行為類型であったといえる。デフォーは『プロジェクト論』でも次のように述べていた。

　　人間は神の創造物の中で生きていくことが最もままならないものである。普通，人間以外の動物が餓死することはない。外なる自然には衣食の資が十分にあり，内なる自然はそれを生活の用に供する本能を与えている。ひとり人間のみが，必死に働くことで飢えや死から逃れなければならない（Defoe, [1697] 2002：5）。

　このようなホッブズやマンデヴィルとの思想的立場の近接性を認めるデフォー解釈を採用することで，デフォーの思想の曖昧性は一見，解消されるようにも見える。というのも，バードソルの言述にあるように，このデフォー解釈に立つとすれば，デフォーの人間観にはその行為類型において道徳論と経済論との相反はもはや問題として存在しないからである。しかし，奢侈の問題とは，少なくとも諸個人の生存や安全とは直接的な関連を持つものではない。とすれば，こうしたデフォー解釈は，その奢侈論においても妥当するであろうか。検討の余地は残るであろう。
　このようにデフォーの奢侈論に対する先行研究の評価を見てくると，デフォーの思想における道徳論と経済論との不整合性の有無という，より根本的な問題が改めて浮き彫りにされることになった。ノヴァクは，「デフォーほど逆説

性を抱えた思想家はいない」(Novak, 1963：21) と述べる。デフォーの思想とは，道徳論と経済論との間において不整合を抱懐するものであろうか。この問題に答えるための鍵は，デフォーの述べる奢侈概念を詳細に検討することから見えてくるであろう。奢侈論ということで，デフォーが捉えていた18世紀イギリス社会の問題とは何であったか，この点を明らかにすることは，デフォー奢侈論の位置づけ，つまりは，デフォーの思想における道徳論と経済論との関連性を明らかにするということでもあるからである。結論を先取りするならば，デフォーの思想とは，社会理論としての論理の斉一性を示すものであるといえる。その斉一性は，奢侈論においても当然に保持されている。道徳論と経済論との間のデフォーの思想の不整合という問題は，デフォーの思想の表面的な理解から生じる産物であり，デフォーの社会理論の根幹を見落とすものである。さらには，デフォーの思想にあっては道徳や経済の諸問題が，むしろその奢侈論において統合的に捉えられ，方策が論じられている点を見逃してしまうという重大な危険性をそこに孕むものである。

　本節の課題は，こうしたデフォーの奢侈論の言説にまつわる問題性を糸口として，デフォーの思想の中にその消費論としての含意を見出すことである。ここで，デフォーの消費論として意味するものとは，貨幣の稼得および支出の仕方に関するデフォーの諸論述のことである。ここには奢侈論の言説も含まれる。以下に見るように，とりわけ，その支出の仕方，すなわち消費の仕方の相違を基準として行為類型の善し悪しを判断する議論をデフォーは諸著作の中で展開している。デフォーの思想が含む貨幣支出の仕方にまつわる諸言説を「デフォーの消費論」として再構成するという試みにおいて，そうした言説間の論理的つながりを明示し，そこにひとつの消費論としての論理的輪郭を与えることが本節の企図である。こうした観点に立てば，デフォーの奢侈論の言説についても消費論の一環としてその再読が可能となる。以下では，浩瀚かつ広範なデフォーの諸著作の中，その奢侈論が展開されているデフォーの社会・経済思想について，とくにそのジェントルマン論の部分を軸に検討を加える。そこから，ジェントルマン論と奢侈論との関連性，およびそれらの間の消費論的な接合可能性を論証することで，その消費論としての議論の輪郭を析出する。その結論として，デフォーの思想には，ジェントルマン論の一側面というかたちでの独自な消費論の内在が指摘できるであろう。

3.2.3. 奢侈と社会秩序の紊乱
3.2.3.1. ジェントルマン層の放恣と奢侈的消費
　デフォーは歿後出版となった未完の論考『イギリス・ジェントルマン大鑑』

の書き出しで，ジェントルマンを2種類に分けている。生得 (the born) ジェントルマンと生育 (the bred) ジェントルマンの2つである (Defoe, [1890] 2006 : 3)。デフォーの意図は，この両者の対比によって，生育ジェントルマンについてもジェントルマンという呼称の正当性およびその社会的な重要性を論証することであった。

デフォーの生得ジェントルマン論とは，ジェントルマンとしての個人的資質を欠く当世の生得ジェントルマン層に向けた批判である。デフォーは学識や道徳性の欠如が，ジェントルマンとしての地位の形骸化を招くものであることを指摘する (Defoe, [1890] 2006 : 5)。デフォーはその成長過程での然るべき教育の有無が生得ジェントルマンのその後の人生をどれだけ違ったものにするかについて述べる。学識を身につけた生得ジェントルマンは，成長して国政に携わり，君主や国民をたすけて国家の誉れとなる。他方で，学識を欠く生得ジェントルマンは，長じて国政に携わることもなく，「快楽に耽り，その存在する意義とはあたかも家名を後代に引き継ぐことのみであるかのようである。その青春は放蕩と怠惰と安逸の中に過ぎ去り，無思慮と浮かれ騒ぎと放蕩のうちに老いていく。後にはこの同じ虚ろな生を繰り返すためだけの財産を残すのみ」(Defoe, [1890] 2006 : 8) である。さらにデフォーは，ジェントルマンとして生まれたものは，教育をむしろ忌避すべきであるとの風潮が蔓延していることを痛罵する。無学であることは不幸なことであるのに，それを自ら選択することは愚であり，ましてや無学を誇るなどということは極悪の極みであった (Defoe, [1890] 2006 : 238)。それはデフォーにしてみれば，まったくの謬論であった。

デフォーは，ジェントルマン層が今日の窮状にある原因についても，その教育の欠如を第一の理由としている (Defoe, [1890] 2006 : 176-77)[3]。デフォーにとって，無知で無学な生得ジェントルマンは社会に奢侈を蔓延させる元凶である。ジェントルマンが奢侈を蔓延させる原因は二重である。ひとつは自らの経済生活を管理する能力や関心がないことからジェントルマン層の生活は放恣となり奢侈に流れることであり，もうひとつはジェントルマン層の行為が社会的な模範であり，下の諸階層の人々がそれを模倣することで社会全体に奢侈の風潮が拡大することである。当世のジェントルマン家庭には「流行の奢侈品を求めて濫費するため，金のかかる生活」(Defoe, [1890] 2006 : 245) が普通となっているとデフォーは述べる。デフォーによれば，こうした奢侈的な生活を送ってその収支を顧みることがないという事実が，彼らに家計の管理能力が欠如していることを証しているということになる。

では，ジェントルマン層の奢侈的な生活とは，どのようにして始まったのであろうか。デフォーは奢侈が蔓延してきた経緯を振り返っている。

デフォーは『レビュー』誌において，奢侈の始まりを「ジェントリの致命的な過ちの元」(Defoe, [1704-13b] 2003-07：59 (3))であるという。その奢侈的な慣習の始まりは，ヘンリー7世である。ヘンリー7世は貴族やジェントリの特権を剥奪したり，自由や憲章を侵したりすることなく，ただ宮廷の姿（在り方）を華美で奢侈的なものに刷新してみせることで，結果として彼らの生活から壮麗さを剥奪することに成功したのである (Defoe, [1704-13b] 2003-07：59-60 (3))。このヘンリー7世の策略の成果は，その子ヘンリー8世の時代に結実することとなる。ヘンリー8世もその父に倣い，豪奢な宮廷の風潮を一層徹底化させていった。貴族とジェントリは恒常的に金のかかる生活様式を余儀なくされていき，勢力を削がれた貴族とジェントリは，その俸禄や領地や官職を安泰とする必要から国王に完全に従属することとなった。高慢なイングランド貴族を抑える唯一の方策は彼らを貧しくすることであるということが，ヘンリー7世の策略の原理であった。ただし，国王が自ら武力によってそれを行なうのではなく，餌をちらつかせて貴族自身がそうなるように仕向けることが肝要であった (Defoe, [1704-13b] 2003-07：63 (3))。

　貴族による濫費は経済を活発化することとなった。従来は軍事に費やされていた資金が，いまや衣服や調度品や玩具など，くだらないものに向けられるようになった。その結果，これら奢侈的な商品を取引する業種などが拡大した (Defoe, [1704-13b] 2003-07：63 (3))。奢侈的な慣習の導入は，当初，外見には社会的な変化をもたらさないかに見えた。というのも，貴族の莫大な支出は旧来と同様に経済を潤していたし，ジェントリの濫費は正規のやり方とは違うかたちではあるがその体裁を保つことができたからである。ただし，そういう中でも社会的な変化は着実に進行していたのであり，それは経済の構図を奢侈的な性質のものへと再構成することで，イングランド社会の階序の基盤を徐々に揺るがしていくこととなる。

　ジェントリの奢侈とは社会の悪徳である。しかし，ひとたびこうした奢侈的な生活が定着してしまうと，ジェントリの奢侈的な消費を抑制することは，経済に悪影響を及ぼすこととなる。デフォーの時代のイギリス社会は，もはやこの段階に入っていたのである。ジェントリの道徳的に有害な奢侈的消費は，経済論の観点からは有益なものである。デフォーは「生活様式を改善しようとすれば，必ずや製造業 (Manufactures) を損なう。悪徳を矯正しようとすれば，商業 (Trade) が沈滞する」(Defoe, [1704-13b] 2003-07：64-65 (3))として18世紀のイギリス社会における二律背反を論じている。この道徳論と経済論との間の相反に直面して，デフォーの出した建策は中庸 (Medium) の消費という提案であった (Defoe, [1704-13b] 2003-07：63-65 (3))。デフォーによると，今日のイ

ングランド社会における害悪のすべては，事物がその中庸を通り越して過度であるという点に尽きるという (Defoe, [1704-13b] 2003-07：64 (3))。宮廷の華美や豪奢は今日あまりにもその度が過ぎている。さらにはそうした奢侈に過ぎる慣行は，国民全体に拡大してしまっているとデフォーはいう。したがって，仮に今すべての奢侈的消費を止めさせてしまうと，経済への悪影響は計り知れないものがある。国民の多くがその就業を社会的な虚栄の産業に依存している今，貧民の多くを飢えに直面させることとなっても，なお奢侈という悪徳の抑制を推進する政策が，奢侈を放置する場合と比べてどちらが政策として致命的かの判断さえ下せない程である (Defoe, [1704-13b] 2003-07：64 (3))。もはや，経済において悪徳と濫費とは不可欠なものとなっている。そのため，「道徳と経済の双方における過度を排してその中庸を見つけなければならない。その中庸とは，今日の流行や慣行における濫費を，［消費における］社会的体裁を失わない程度に抑制するということ，別言すれば，有害な習慣を改善しつつ経済を破綻させないようにすることである」(Defoe, [1704-13b] 2003-07：65 (3)) とデフォーは述べている。こうしたデフォーの奢侈論には，悪徳としての奢侈ということを過度の消費という点にのみ限定して，奢侈の抑制と経済の保護との両立を図ろうとする傾向が見出せるであろう。

3.2.3.2. 下流層の専横と顕示的消費

宮廷を中心とする貴族やジェントリなど社会の上流層による奢侈的な生活様式は，次第に下層の階層へと滴下的に浸透していく。奢侈的な生活様式が，いわば流行として模倣の対象とされることで，徐々に社会全体に蔓延していくこととなる。デフォーは流行について，それは国家を堕落させるものであるとする (Defoe, [1725b] 1869：439-41 (3))。デフォーにとっての流行とは，社会全体が放蕩であることの証である。流行は好ましくない影響を人々に与えるとした上で，「今日では流行やモードの悪影響が道徳や宗教にまで及び，さらには人々の感情や精神にまで支障をきたしている」(Defoe, [1725b] 1869：440 (3)) と警告している[4]。以下，流行として広まった下流層の奢侈について見ていく。

デフォーは奢侈が下層の階層へと拡大していく過程を論じている。それによると，奢侈が普及する遠因はジェイムズ１世の時代にあった (Defoe, [1724] 2007：70-71)。ジェイムズ１世のとき，宮廷の華美はその度を強め，「奢侈はその地歩を確固たるものとした」(Defoe, [1698] 2007：26)。ジェイムズ１世時代の宮廷はイングランド史上，最も堕落した宮廷であり，そこでは国王に倣って，貴族やジェントリや廷臣らがこぞって「仮面舞踏会や観劇，酒宴にうかれ騒ぎ，その他ありとあらゆる奢侈」(Defoe, [1724] 2007：71) に耽った。

こうした奢侈の風潮は次の国王チャールズ1世時代にも継続した。チャールズ1世自身は節度と自制心とを持った優れた人物であったとデフォーは評する。しかし，奢侈はすでにその地歩を固めてしまっており，悪徳に慣れ切った廷臣たちの放蕩や奢侈を抑制することはできなくなっていた（Defoe, [1724] 2007：71）。さらに悪いことは，国王が内戦のために軍を編成する必要に迫られたことであったとデフォーはいう。というのも，国王軍は義勇兵によって構成された結果として統制が弛まざるを得ず，そのために人々，なかでも指揮官であるジェントリの道徳が腐敗を極めることとなったからである（Defoe, [1724] 2007：71）。指揮官の品行の乱れは，一般の兵士にも伝染する。そしてついにチャールズ2世のときに堕落は最高潮となったとデフォーは述べている（Defoe, [1698] 2007：27）。

　奢侈が兵士から広く庶民層一般へと拡大するのは王政復古後のことであるとデフォーはいう（Defoe, [1724] 2007：72-73）。この王政復古直後の時期，宮廷には平和が戻ったことで浮かれ気分が再度支配的になっていた。こうした祝福気分が暴飲の風習を貴族やジェントリに蔓延させることとなる。デフォーは暴飲について，それこそが諸悪の根源であるという。暴飲は「売春，賭博，窃盗，殺人，強盗，詐称，詐欺などの犯罪，そしてとくに暴言」（Defoe, [1724] 2007：75）を生み出す元凶である。下流層の専横という事態の一因は，この暴飲という習慣の上に種々の悪徳や犯罪が叢生することからくるというのがデフォーの主張である。

　デフォーは下流層の専横を生み出す原因をもうひとつ指摘する。それは労働者，とりわけ使用人に支払われる賃金の高さである。デフォーは，「偏に賃金の高騰ということが，使用人たちの傲慢さを助長しているものである。そして，怠惰に流れるのは，その生活が堕落していることに原因がある」（Defoe, [1724] 2007：84）として下流層の専横を論じている。デフォーは，昨今の下流層の態度について，「今の労働者は，自分の仕事にではなく，自分の賃金に気をとられている。賃金さえ満額貰えれば，あとの仕事はできるだけ手を抜こうとする」（Defoe, [1724] 2007：78）と述べる[5]。デフォーにしてみれば，こうした下流層の道徳性の欠如は，その専横を生み，社会に奢侈や放蕩をはびこらせ，延いては社会の階序を揺るがす危険性をも孕むものであった。

　賃金の上昇は，必ずしも下流層の富の増加につながるものではないとデフォーはいう。その理由は，下流層がその上昇分を奢侈や虚飾のために費やしてしまうからである（Defoe, [1724] 2007：84）。とくに，男性の使用人らは飲酒に，女性の使用人らは華美なものごとのために費やしてしまう。中でも，デフォーにとってはやはり暴飲が最悪の習慣である。デフォーは，「彼ら［使用人］の節

度はすべて吹き飛んでしまい、高慢と放蕩とを抑えられなくなる。まったくもって酒のためである」(Defoe, [1724] 2007 : 84) と書いている。それゆえ、デフォーによれば、貧困層は、賃金が上昇したことで、逆にその生活は以前より困窮してしまったのである。

こうした奢侈で傲慢な下流層の中でも、デフォーはとりわけ女性の使用人が持つ社会的な悪影響を重大な問題として考える。社会秩序の安定性を紊乱する程度がより深甚であるからである。デフォーは女性の使用人が招く社会的な害悪の範囲について、その波及の連鎖を次の3段階に区切って提示している (Defoe, [1725a] 2004 : 9-10)。

1. 使用人たちの振る舞いが悪い模範となって、子供や他の使用人たちを感化する
2. 使用人たちの華美で高価な服装は、雇われ先の妻や娘たちの服装をより華美で高価なものにする。こうして次々に服装において上位に立とうとする競い合いが社会全体の女性を巻き込んで行なわれるようになる。女性の関心事は見栄の張り合いと服装の豪奢だけであるかのような様相を呈していく
3. 男性の使用人たちが不満を募らせ、賃上げを要求してくる

ここで明らかなのは、デフォーが、女性の使用人が社会秩序に与える害悪として挙げている3つの事柄は、核心の部分でそのすべてが消費に関連するものであるということである。デフォーが使用人の奢侈の悪影響として述べる問題とは、つまりは顕示的消費に関わる危険性のことである。デフォーは、「女性は、服装だけで主人と使用人とを区別することは非常に難しい。使用人の方が上等な身なりをしていることもしばしばである。……使用人たちはこのなんとも高慢な見栄を維持するために、賃金を前代未聞なまでに吊り上げているのである」(Defoe, [1725a] 2004 : 5) として顕示的消費にまつわる身分的階序の紊乱を告発している。この奢侈的な風潮は、富や消費生活を基準とするような経済的な差異としての新たな階序を形成していくこととなる。デフォーの奢侈論とは、この点において、奢侈の蔓延という事態が社会秩序の根幹に関わる重要な問題性を内在させていることを的確に捉えるものであったといえよう。

3.2.4. 消費と社会秩序の再構築
3.2.4.1. 社会の階序とジェントルマンの有徳性
デフォーはジェントルマン層の行為が社会的な影響力を持つことを指摘する。

ジェントルマンは，聖職者と並んで，社会の指導者たる地位を担うものである（Defoe, [1698] 2007 : 30）。ジェントルマンはこの社会的な地位ゆえに行為の影響力が大きいのである。ただし，その影響力の大きさとは正負の両面にわたってそうであるため，その作用が道徳的な堕落をもたらすこともある。今日の堕落した社会状況とは，まさにジェントルマン層が奢侈で放蕩で不道徳であることに由来する，こうした負の影響力が作用していることの帰結であった。貧困層の悪徳はその悪い影響が及ぶのはその個人だけであるが，ジェントルマンの悪徳はその影響を広く社会の有徳な人々にまで及ぼす。したがって，まず匡正されるべきはジェントルマン自身の態度や考え方であった。

　上述のように，今日の奢侈的な風潮の蔓延は，宮廷およびそれを模倣した上流層の奢侈が始まりであった。上流層の奢侈が社会の下層の人々に模倣されて拡大していったのである。とすれば，これと逆の論理が，奢侈を抑制するときにも同様に成り立つはずであるとデフォーはいう（Defoe, [1698] 2007 : 35）。まして，「今日のイギリス社会では，流行や習慣からの影響が計り知れないほどの力を持つ。ジェントリがよくその悪徳を抑制するならば，悪徳行為はすぐに廃れるであろう。ただし，それを強制的にやろうとしても無理なことである」（Defoe, [1698] 2007 : 37）というのがデフォーの見通しであった。

　デフォーは社会の指導者として相応しいジェントルマン像をどのような人物として構想したのであろうか。この答えこそ，生得ジェントルマンに対比されるべき，生育ジェントルマンとしての行為類型である。もっとも，既述の通り，デフォーの生育ジェントルマン論は未完となっている。しかしその内容のかなりの部分はデフォーの他の著作から窺知することが可能である。その著作とは，デフォーの『イギリス商人大鑑』のことである。同書を一読して分かること，それは同書の内容がまさに生育ジェントルマン論に他ならないことである。商人層に生まれた者，あるいはまた，たとえその出自がジェントルマン層や貴族であっても商人としての道を歩むこととなった者，こうした人々が商人としての経験を積み，経済的な成功を収める中で生育され，後にはジェントルマンと呼ばれるに至る[6]。『イギリス商人大鑑』とは，商人としての諸個人がこうした過程を経てジェントルマンとなるまでに必要とされる諸要件についての指南書としてデフォーが企図したものである。それは実務における手引であり，同時に，仕事に対する誇りと優れた人格とを身につけるための教本でもあった（Shinagel, 1968 : 211）。

　デフォーは『イギリス商人大鑑』の中で，まず勤労の重要性を説く。確かに現代は暴飲や贅沢の習慣がはびこる奢侈的な時代であり，生活費も高騰しているとしながら，しかし，「商人にとっては，本業をおろそかにすること以上の悪

徳はない」(Defoe, [1725c] 2007：40) とデフォーは述べる。むしろ商人であるならば，仕事に喜びを見出すようにしなければならないと説くのである。仕事に喜びを見出した商人が，勤労でないはずはなく，そうなれば，「いずれは出世して後進を指導する人間となろう」(Defoe, [1725c] 2007：40) とデフォーは述べている。したがって，娯楽や気晴らしなどは，本業に支障をきたさず，自己の評判も貶めることのない範囲に止めることを旨とすることとデフォーは規定している (Defoe, [1725c] 2007：79)。

デフォーは勤労の次に重要なこととして，支出に関する問題を取り上げる。それは，商人の消費生活についての注意点である。生活費が嵩む理由にはいくつかの要因がある。デフォーは以下の4つの理由を挙げる (Defoe, [1725c] 2007：86)。

1．高額の生活費，家内の贅沢にかかるもの
2．高額の服飾費，上質の衣服を着る贅沢にかかるもの
3．高額の交際費，分限を超える付き合いを続けるためにかかるもの
4．高額の家財費，世間体を気にすることでかかるもの

今日の社会では，節約や質素ということがまったく廃れてしまっているとデフォーはいう (Defoe, [1725c] 2007：86)。その結果，生活にかかる経費がその収入の範囲を超えてしまい，ついには破産に追い込まれるということが多発することとなる。ここで当然に，デフォーとしては，こうした度を越す出費を誡め，節倹の重要性を縷説していくこととなる (Defoe, [1725c] 2007：84)。

こうして，デフォーは勤労と消費という経済生活の両面にわたって商人としてあるべき規準を提示している。デフォーの理想とする商人像とは，本業に精を出し，支出の節約に努め，信用を失うことのない個人である。そうした諸個人は経済的にも人格的にも成功を収めて出世していくこととなる。そうした人々の中から，やがて真にジェントルマンと呼ばれるに値する人々が陸続として現れてくることとなる。デフォーのいう生育ジェントルマン層である。

将来の生育ジェントルマン層たる商人層は，実際にデフォーの時代のイギリス社会において勤労と消費とをつなぐ結節点としての役割を担う存在であった。デフォーは「国内商業 (inland trade)」という概念を用いて当時のイギリス社会の経済発展論を展開する。デフォーのいう国内商業とはイギリス内部の流通圏を指す言葉ではあるが，その範囲にはイギリス植民地や他国との貿易も含まれる (Defoe, [1725c] 2007：252)。この国内商業において流通・販売に携わり，勤労の成果物である諸財と商業の最終目標点である消費者とをつないでいるの

が商人層である（Defoe, [1725c] 2007：252）。デフォーは『イギリス国内商業事情』において，ロンドンを一大集散地とするイギリス経済の流通網の偉大さを描いている。その中でデフォーは，ロンドンの卸売商をその与信力をもって「商業全体の支え（the support of the whole Trade）」であると評価し，他方で，小売店商を，最終の消費者へとすべての商業的営為を到達せしめるというその役割をもって，まさに「商業のいのち（the Life of all our Trade）」であるとまで述べている（Defoe, 1730：21-22）。こうした商人層の作用によって，「中国の茶，アラビアのコーヒー，アメリカのチョコレート，モルッカ諸島の香辛料，カリブの砂糖，地中海諸島の果物」（Defoe, 1730：21）といった世界中の物産がもはやイギリス国内のどこにおいても消費可能である[7]。イギリス社会は対外交易や植民地交易からもたらされるこうした諸財を大量に消費することを可能にしつつ，国内にあっては新しい消費文化や生活スタイルを生み出し，国外にあっては植民地帝国の建設へと着実な歩みを見せていくこととなる[8]。生育ジェントルマン層とは，植民地帝国へと邁進する18世紀のイギリス社会にあって，とりわけその経済面の支えとして勤労と消費とを結ぶ重要な役割を果たしていたのである。この点において，生育ジェントルマン層は，名実ともにイギリス社会の指導的立場を体現する存在であったといえる。

　デフォーは商人として経済的に成功した諸個人がジェントルマンとなり，社会を経綸することが社会秩序の再構築につながると考える。デフォーは，「台頭する商人層はジェントリへと上昇し，没落するジェントリは商工業界へと身を沈めていく」（Defoe, [1728b] 2000：132＝1975：28／2010：20）として，生育ジェントルマンが生得ジェントルマンに代わって上流層としての地位を占めることとなる論理を階層間の流動性として示している。もっとも，デフォーによれば，イギリス社会とは，元来より貿易国家（trading country）であり，現在の貴族やジェントリの中にも，その出自を辿れば商人層の出である家が多い（Defoe, [1725c] 2007：240-42）。そのためもあって，商人層の社会的地位は他国におけるよりも卑しいものではないとデフォーはいう。イギリス社会では，商業が財を成し家名を上げるための最も確実な手段である。さらには，商業こそがイギリス社会にあってジェントルマンを産出する基盤である（Defoe, [1725c] 2007：242-43）。それゆえ，イギリス社会においては，「ジェントルマン商人」という呼び名もそれほど不自然には聞こえないとデフォーはいう（Defoe, [1725c] 2007：247）。デフォーは，生育ジェントルマンがその能力と品格との優越性において支配するという社会像を，現実味を帯びたそう遠くない将来のこととして見据えていた（Defoe, [1725c] 2007：247）。

　生育ジェントルマン層は，社会の規範としての役割を果たすことで，社会の

腐敗を匡正することが期待される。下層の人々や後進の人々はみな生育ジェントルマンの生活様式や態度などを模倣することで，ジェントルマンを中心とする社会秩序が再構築される。デフォーの思想とは，こうしたジェントルマン層の有徳性に基づく統治の再構築を志向するものである。もちろんデフォーの想定する生育ジェントルマンとは，実質的な中流層の台頭ということの是認論でもある（Shinagel, 1968 : 96）。しかし，あくまでデフォーの理想とする社会秩序の在り方とは，新たに台頭してきた中流層が，やがてはその人格や財力などの優越性から自然なかたちで社会を指導するジェントルマン層としての地位を確立していくことで生成されてくる社会的な階序の枠組みのことである。この点で，デフォーの社会思想には，ジェントルマン支配の再建を志向するという側面が確認できる。

3.2.4.2. 消費の階序とジェントルマン支配

名実ともに正真のジェントルマンたる資質や実力を備えた諸個人が社会の経綸を示し，その実行についての責務を担うことが望ましいとデフォーは考えていた。生育ジェントルマンによる有徳的な支配である。それではなぜ，ジェントルマン層はその有徳性を明示的に保持することが可能となるのであろうか。

そもそも，デフォーによるジェントルマン支配の秩序論とは，奢侈という経済行為の悪徳性をジェントルマン層の有徳性をもって抑制しようとするものであろうか。換言するならば，その秩序論は，デフォー奢侈論の方向性が道徳論によって経済論としての奢侈是認論を論駁することを示唆するものであるか。以下に見るように，答えは否である。デフォーの思想の論理が志向する社会秩序の方向性とは，それとは違うかたちのものである。というのも，経済行為を促進して富裕を実現することこそ，社会の腐敗を匡正するための確実な方途であることをデフォーは明確に認識していたからである。その上で，諸個人の私的利益に基づく経済行為というものに有徳性を付帯させることが可能であれば，社会秩序の安定性という公益は，諸個人の経済的な関係性に内生的な原理として達成されることとなる。デフォーの論理は，こうしたいわば経済発展に伴う社会秩序の形成という可能性を模索するものである。とするならば，デフォーは，むしろ経済論としての議論枠組みのうちに道徳論を包摂しようとしたといえる。奢侈論をめぐる道徳論と経済論とのデフォーの思想の二面性という問題は，ここにおいて，経済発展論というかたちでの解決のための方途が見えてくることとなる。

デフォーは，「正直であるから，その人が富裕になるわけではない。その逆で，その人が正直なのは，富裕であるからである」（Defoe, [1704-13a] 1938 : 302 (8)）

と述べる。貧しさが盗みを生むともデフォーはいう。デフォーにとって，人間とは，まさに衣食足りてはじめて礼節を知る存在である。そのことからすれば，道徳性の問題とは，その議論の基底部分において経済論が不可欠とされる。社会が腐敗し，悪徳行為や犯罪などが蔓延するのは，経済が沈滞していることがその原因であるとデフォーはいう。経済の沈滞が人々の生活を困窮させ，「困窮ということが，人々の心から，交友の情や愛情，正義の感覚，そして道徳と信仰に関わる一切の義務感というものを除去していく」(Defoe, [1704-13a] 1938 : 302(8))のである。この点において，デフォーにおける道徳論は経済論との接合が要請されることとなる。

　既述のように，デフォーにとっての真のジェントルマン階層たる基準とは，諸個人の資質や能力，経済的成功にかかわる問題であり，そうした個人的要因の上に後天的に獲得される社会的地位のことである。この点において，デフォーの議論における経済論の第一義性が看取できる。つまり，ジェントルマンが自身の行為を通じて，道徳性やそれに由来する統治性を体現できるのは，その経済的成功に基づく富の優位性を保持しているからである。デフォーはこう述べる。

　　確かに腐敗した基準であるが，家柄の判断基準はその富がすべてとするのが時代の風潮である。したがって，今日では資産や家財道具など家柄の付録物について語らずに血筋の高貴さや古さを語ることは，その場の軽蔑と嘲笑を買うことになる (Defoe, [1704-13b] 2003-7 : 59(3))。

　こうした言述からは，デフォーにとって社会秩序の構成力とは，富という経済力に由来する統治性に帰されるものであるということが分かる。
　このように，デフォーのいう諸個人の有徳性とは，経済力の裏づけがあってはじめてその発揮のためのひとつの条件が備わることとなる。ただしそれはただ富裕な境遇にあるということで自然に備わる条件ではない。もしそうであるとすれば，デフォーのいう生得ジェントルマンであっても，その生まれながらの富裕という条件が彼らを有徳な人間とすることとなろう。それでは，デフォーによるジェントルマンに関する区別は意味を成さなくなる。
　人間本性に由来する生存という欲望がつねに道徳性の基礎として存在する。確かにこれがデフォーの想定する基本的な人間観である。この点からすれば，人間の道徳性ということに関して，デフォーの思想における経済論の道徳論に対する優位ということは明らかである。しかし，そのことは人間本性の根本的な悪徳性をデフォーが認めていたということではない。

デフォーのいう人間の悪徳性とは，諸情念の過剰に由来する程度問題である。T. K. ミーアは，道徳論と経済論との相反をめぐるデフォーの議論は，それを詳細に検討して見ると，「デフォーのいう悪徳とは，そのほとんどが犯罪行為についてではなく，行為の放縦という意味において使用されていることが分かる」(Meier, 1987: 88) ことを指摘している。デフォーによる以下の悪徳論は，このミーアの見解を支持するものである。

　人間である以上，だれもが自負や虚栄や自愛心を持っていよう。しかし，それが，他の人々が持つのと同程度のものであり，また他の人々がそれを示す場合に同じように示すといったことであれば問題はない。それらはむしろ美徳であろう。自負や虚栄や自己愛などが悪徳となるのは，それが過剰であったり，乱用されたりする場合においてである。そもそも，美徳と悪徳とは対のものである。それゆえ，善悪は必ず一緒に考えなくてはならない。どこまでが美徳であり，どこからが悪徳であるのか，それを考えることである。人間本性とは，それを光と影の混合としてイメージすると分かり易い (Defoe, [1720] 2007: 61)。

　悪徳性というものをある性質の過剰や乱用として捉えるデフォーの道徳論は，同じジェントルマン層に属する諸個人であっても，なぜ生育ジェントルマンのみが有徳であり得るかという問題に答えを与えている。その理由とは，富裕であるという条件は同じでも，その富裕になる過程において，経済的な成功を収めるために必要な勤勉や節倹などの資質を身につけることができるのは，生育ジェントルマンに限られるためである。富裕であっても，その経済力を奢侈や放蕩などに浪費するようでは，社会の行為規準としての役割を担うことはできないということである。デフォーにおけるジェントルマン支配の構図とは，富裕という経済力，およびその経済力を蓄積する途上で獲得された勤勉・節倹・信用といった有徳な資質，この両方を兼ね備えた諸個人の集合である正真のジェントルマン層が社会の中での牽引役を務めることで，その経済力の優位を規準とする階序が形成されるといった社会をその理念型とするものであったことが分かる。そして，このジェントルマン支配の社会にあっては，消費が，その秩序を形成するための枢要な機能を果たすこととなる。次にその論理を見ていく。
　市場社会においては，上位権力による強制的な統治方法よりも，諸個人の趣味などに従うことから自生的に統治がもたらされるというような統治の型との親和性が高くなる。統治原理としての行為の自由ということである (Poovey,

1998：27-28）。デフォーはこうした行為の自由に基づく統治性が市場社会の中で作用しているという点に気づいていたといえる。『イギリス経済の構図』では次のように述べている。

> これまでも，あるいはこれから先も，国王や議会がわれわれの好みを支配できるものではない。法律を作り，その法律が人々のためになる理由を説明することはできるかもしれない。けれども，われわれに関する2つのこと，すなわち情念と流行とは到底支配できるものではない（Defoe, [1728b] 2000：257-58＝1975：233／2010：192）。

デフォーがこうした新たな統治論の必要性を考える中で直面していた問題とは，諸個人の私的利益と社会全体の公益との間の拮抗的調和という18世紀の社会理論が共通に抱えることとなった根本問題のことであった。デフォーの思想における道徳論と経済論との不整合の問題の本質もまさにこの点にあるといえる。デフォーの場合には，この問題が諸個人の行為における経済的利害と社会的な道徳（統治）性との拮抗として捉えられたのである。

統治原理としての行為の自由ということが支配的となる市場社会にあっては，諸個人の消費ということが重要となる。諸個人の統治性の基準である趣味とは，その規範性が経済行為として顕示されてはじめて効力を発揮するからである。この趣味の顕示性は，消費において最も有効に示すことが可能となる。消費における顕示性という機能は，富裕という記号性を表わすときにも同じく有効に作用する。諸個人はその消費の仕方においてその所有する富を顕示することで，富裕であることを社会的に確認することができるからである（Shinagel, 1968：125）。

デフォーは『レビュー』誌において，収入を基準とした社会階層の区分を行なっている（Defoe, [1704-13a] 1938：142(6)）。デフォーはそこで階層を次の7つに区分する。

1. 富豪（The Great），豪奢に生活する人々
2. 富裕（The Rich），裕福に生活する人々
3. 中流層（The middle Sort），暮らし向きのよい人々
4. 勤勉な商工業者（The working Trades），勤労を要するが生活には困らない人々
5. 借地農その他の地方住民（The Country People, Farmers, &c.），過不足なく暮らす人々

6．貧民層（The Poor），厳しい暮らしの人々
7．困窮層（The Miserable），悲惨な状態にあり，生活が窮乏している人々

　この階層区分の仕方について，P. J. コーフィールドは，「伝統的な社会階層区分ではなく，デフォーは職業や所得水準，それに消費様式に基づいて実質的な区分をしている」（Corfield, 1991：115）点に注目している。川北が指摘するように，デフォーが目にした18世紀のイギリス社会では，「一方での所得の高と質，他方での消費の型こそが社会的地位の基準」（川北，1983：275）とされたのである。デフォーは，こうした貨幣経済における諸個人の経済的影響力に基づく階層的秩序の再編過程という新たな社会秩序の出現を的確に把握していたといえる。
　経済力に裏打ちされた有能かつ有徳な諸個人による支配というものに，デフォーは新しい社会秩序の可能性を見ていた。その秩序の統治原理は，諸個人の行為の自由に基づくものである。それはまた，経済活動の自由として，勤労を拡大し，消費を洗練化することで社会の経済発展を主導する原動力ともなる。この社会にあっては，富という経済力の優位性を基準とする階層区分が諸個人の社会的地位を支配する。諸個人は，その消費の仕方においてその優位性を顕示することが可能となる。消費様式の差異によって成立する統治性の構図，すなわち，消費の階序というひとつの文化的な制度がここに構築されることとなるのである。

3.2.5. 小括

　以上，ここまでデフォーの奢侈論にまつわる議論の二面性について考察してきた。それは，デフォーのジェントルマン論を導きの糸として，社会秩序との関係において，奢侈（消費）についてのデフォーの所論を検討するものであった。そこからは，市場経済を中心とする新たなイギリス社会の枠組みにあって，諸個人の消費行為が道徳的および経済的な2つの社会的作用を併せ持つことが明確になった。デフォーの奢侈論とは，消費という行為が持つこの2つの社会的作用の論理をひとつの社会理論として的確に捉えるものであったとの理解が本節を通じての結論である。道徳論と経済論とは，デフォーの思想の基底において経済発展論というかたちを取って整合的に結びついている。というよりも，論理としての強固な連結は，むしろその奢侈論の展開において最も顕著であるとさえいえる。デフォーは，奢侈という問題を考える中から，諸個人の消費行為を中心とする新たな社会秩序の構成原理を見出すこととなったのである。
　デフォーはその奢侈論において，経済論の中に道徳論を包摂する。そのこと

により，デフォーは奢侈の問題を消費論として論じることが可能となったといえる。このデフォーの消費論は，18世紀イギリスの経済思想の展開に照らしたとき，消費の議論における脱道徳化の傾向を助長するものである。ただし，それは経済論から道徳論を完全に放棄するということではなく，社会構造の変化が要請する新たな社会秩序の構築を模索する中で，経済論と道徳論との整合的な接合を可能とするものである。デフォーの消費論は，諸個人の消費という経済行為のうちに，社会秩序の安定化に寄与する道徳的な規制力が作用する可能性を見出すものである。

第4章　奢侈概念の変容と消費者概念の脱社会階層化

第1節　富裕層の愚行的消費と消費者としての貧困層
　　　　——G. バークリ

4.1.1. バークリと消費論

　18世紀イギリスの経済思想史における消費論のひとつの展開的側面は，マンデヴィルの消費論，とりわけ特殊消費論としてのその奢侈論の言説に対する道徳論的な揺り戻しの過程であったとの見方が可能である。18世紀の初期までに，いったんは道徳論的な色彩を払拭し，経済論的な社会理論としての傾向を見せ始めてきた消費論は，その奢侈をめぐる論争の面において再び道徳論的な検討を余儀なくされていくこととなった。もちろんこのことは，消費論の学説史的な文脈における一方的な後退あるいは停滞という意味合いを持つものではない。むしろ活発化した奢侈論争を通じて，消費行為の理論化はさらなる奥行と広がりとを備えるようになったとさえいい得る。というのは，マンデヴィルの奢侈論の批判と受容とをめぐり議論が展開されるかたちで，消費に関する新たな問題設定や論点整理などが進展することとなったからである。別言するならばそれは，マンデヴィルの思想に伏在していた消費論的含意というものが，マンデヴィル以降の論者によって析出され，その論理としての精緻化および敷衍化が押し進められたということである。その結果，消費に関する言説は，18世紀を通じて徐々にその社会理論としての議論的広がりを持つに至り，消費行為への社会科学的な分析枠組みが確立されていくこととなった。奢侈論争はこうした消費論的展開の素地を提供したということができる。

　奢侈論の議論的文脈において，まずマンデヴィルが行なったことは，奢侈概念の脱道徳論化の作業であった。マンデヴィルは，その著書『蜂の寓話』において，奢侈という語を否定形的に定義して，「人間を生き物として存続させるのに直接必要でないものはすべて奢侈である」(Mandeville, [1714] 1988=1985：101)と述べた。こうした奢侈概念の規定の手法は，バーボンがその消費論の中でいち早く試みていたものである。バーボンは，人間の欲望をその性質によって，身体的欲望と精神的欲望との2つに大別した。このうち，身体的欲望とは，生命を維持するための必要から生じるものである。バーボンは，身体的欲望を満たす物財の範疇を厳密に調べてみれば，それは食物のみであるとの結論を導

く（Barbon, [1690] 1903＝1966：16）。そう論じることで，バーボンは食物以外のすべての物財を，もうひとつの欲望である精神的欲望を満たすための対象として規定していく。このようなマンデヴィルやバーボンの概念規定は，消費論における奢侈と必要という道徳論的な二分法を回避するために要請されたものであった。こうして，いかに奢侈と必要との区分の境界が曖昧かつ恣意的なもので，その上，奢侈という語が示す内容とは，歴史的・文化的な要素に多く依存するものであるかが明示され，消費一般を論じる際の従来的な道徳論的な二分法の弊害を消費論の議論的文脈から除去することの必要性が説かれていった。それは，社会理論として消費を論じるという方向性を大きく広げる契機であった。

　こうした脱道徳論的な消費論の出現に対して，道徳論的な揺り戻しを図る奢侈概念の再規定化の流れが，18世紀イギリスの消費論の系譜に看取できる。そうした論者として，ヒューム，ステュアート，スミスらの名前が挙げられる。例えば，ヒュームは，「技芸の洗練について」（旧題は「奢侈について」）と題する論考において，奢侈概念の精緻化を図っている（Hume, [1903-4] 2006＝1983：19-32）。その中でヒュームは，奢侈と勤労との関係性を重視し，技術の洗練という観点から，奢侈概念を内容的に，道徳的に有害な奢侈と無害な奢侈とに分類している。また，ステュアートは脱道徳論的な文脈で奢侈を論じる意図を明言しつつも，奢侈概念の範疇において，不節制などと結びつく過剰消費的な要素を含むものを狭義の奢侈とみなし，それ以外の消費対象については，それらを生理的必要物と社会的必要物とに区分する（Steuart, [1767] 1967＝1998：279-90）。スミスにしても，消費財を必需品と奢侈品とに分類しながら，必需品の定義の中には，「体裁をととのえるうえでの決まった生活習慣が必要だとしているもの」（Smith, [1776] 1981＝1978：299(3)）も含むとして，社会的必要を奢侈の概念から切り離している[1]。

　こうした奢侈をめぐる道徳論的揺り戻しの過程にあって，その先駆的な位置を占めるのが，バークリである。バークリは，マンデヴィルとほぼ同時代人といってよく，マンデヴィルの最晩年（1733年没）の1732年には，すでに『アルシフロン』を刊行し，その中でマンデヴィル批判を展開する。同書は，すぐにマンデヴィルの注目するところとなり，反論の必要性を感じたマンデヴィルは，同年中に最後の著作となる『ダイオンへの書簡』をものしてバークリの批判（マンデヴィルにすれば無理解）に応じている。本節の主題は，バークリの社会・経済思想について，それを消費論の観点から検討することを通して，イギリス経済思想史の消費論の系譜における，バークリの学説史的貢献を明確にすることである。

バークリの思想はきわめて独自の論理的な体系性を有している。社会・経済思想は，その体系性の一部として，認識論などその他の領域との整合性を保つものである。それでは，バークリの社会・経済思想の方向性を支えている根本的な問題設定とは何であろうか。
　ここにひとつの問いがある。

　　自然の諸物と同じように，市民国家が，その時期として，成長・成熟・衰滅といくつかの段階を持つというのは，事物の道理であろうか。それとも，こちらのほうがより真実味がありそうだが，勤勉が富を生み，富が悪徳を作り出し，悪徳が滅亡をもたらすといった事態を招くのは，人間の愚かさのゆえであろうか (Berkeley, [1721] 1994 : 337)。

　ここには，バークリの社会・経済思想の全体像を窮知する上で重要な鍵概念が含まれている。人間の「愚かさ (folly)」ということである。人間の愚かさこそ，バークリの社会・経済思想が全構想的に取り組まなければならなかった根本問題である。それは，『人知原理論』においては，人間知性の狭隘さとして捉えられたバークリ哲学の認識論的な問題性と同じ主題を引き継ぐものである。諸個人の人間性に潜む種々の愚かさの芽を摘みとり，諸個人を全社会的な利益である公益の増進へと寄与させていく政策的な道筋を提示すること，これがバークリの基本的な問題設定である。マンデヴィル批判の要諦もまたここにあるといえる。『蜂の寓話』において，「ある人々の情念はあまりにも激しく，どんな法律や教訓によっても抑制できない」(Mandeville, [1714] 1988=1985 : 90) と述べるマンデヴィルに対して，バークリにとっては，人間の愚かさの矯正こそが，社会政策的な方向性の基準となるべきものであったからである。バークリの社会・経済思想の主要な所説がその中核において，つねにこの問題と呼応していること，この点に留意しておくことは，バークリの思想体系から消費論的含意を引き出そうとする本節のようなバークリ再読の試みにとっても，きわめて重要かつ有益なことである。

4.1.2.　愚行としての消費
4.1.2.1.　消費と流行
　人間の愚かさということを問題にするバークリにとって，消費は社会におけるさまざまな悪徳的行為をもたらすひとつの温床である。消費行為そのものについては，それがどのようなものであっても最悪の社会的な害悪ではないことは，バークリも容認している。その上でバークリはなお，消費が原因で種々の

愚行が助長されているとして消費を批判し，消費自体もその最大のものではないとしても，やはり愚行には違いないという。バークリは『問いただす人』の中でこう述べている。

　　消費は，それがどんなにはなはだしくとも，最たる害悪であろうか。しかし，この愚行が多くの他の愚行を生み出し，家庭生活の混乱，くだらない風習，無責任，あるまじき母親，男女の別なく一般的な堕落などを招いているのではないだろうか（Berkeley, 1735-7＝1971 : 208(3)）。

　人々の消費行為の方向性を決めているものは何であろうか。バークリによれば，それは欲望であり，この欲望の方向性を決めるものが「流行（fashion）」である（Berkeley, 1735-7＝1971 : 9）。バークリの用語法において，流行というのは，社会成員（国民）の間に「広く行渡った意志」（Berkeley, 1735-7＝1971 : 9(1)）のことである。それゆえ，バークリの社会政策的な提言は，この流行をいかに社会的な利益である公益という目的性に適うものにしていくかということに焦点化されてくる。同じく修辞疑問のかたちで，「流行の形成過程に介入することが，立法府の知恵というものではなかろうか」（Berkeley, 1735-7＝1971 : 10(1)）と述べるバークリは，流行を政策的に一定の方向へと嚮導することで，諸個人の欲望を正しい対象へと向けさせ，消費にまつわる愚行的な要素を除去することを目指したのである。ここにおいて，バークリの議論は，欲望の被操作性という点に関して，明らかにその操作可能性を仮定しており，この前提の上に，消費行為に対する介入主義の立場を採っていることが分かる（Petrella, 1966 : 278）。

　バークリはまた，「工業ならびに商業の動向とは，こうした広く行渡った意志により決定されるのではなかろうか」（Berkeley, 1735-7＝1971 : 9(1)）とも述べており，流行により喚起された諸個人の欲望の行為的作用，すなわち消費が経済を牽引する側面をマンデヴィルと同様に捉えていた。しかし，マンデヴィルがこうした社会的作用を，消費を含む悪徳的行為の中に見出し，この利点から悪徳的行為の容認を主張したのに対して，バークリはたとえそうした社会的作用があろうとも，悪徳的な行為を放置することはなく，その矯正の必要性を説き続けた[2]。悪徳の輩を評して，「悪人は，一人残らず根っからの悪人である。そうして，根っからの悪人というのは，死ぬまで悪人である」（Berkeley, [1750] 1994 : 561）と述べたバークリにとっては，悪徳的行為が社会全体としての福利に対して有益であろうはずがなかった。

　先述のように，バークリにとって，消費それ自体はそれほどの悪徳的行為ではない。けれども，それは愚行である。この消費における愚行を避け，流行を

操作するためのバークリの具体的提言とは，行為動機に関わる部分での人間性の洗練化であり，延いては宗教的な敬虔さの回復ということであった。バークリは，「人々の間に良趣が普及することになれば，その人々の繁栄に大きく寄与するのではないだろうか」（Berkeley, 1735-7=1971：10(1)）と述べている。つまりは，諸個人を行為へと向かわせる際の起因である行為動機に関して，その志向性に，より公益に整合した定向性を付与すればよいとの主張である。

バークリは，「人間の行動とは，その信条の帰結である。それゆえ，国家を繁栄させるには，良い信条というものを諸国民の精神に浸透させることを考えなければならない」（Berkeley, [1736] 1994：484）という。このとき重要となるのが，いわばバークリ行為論における鍵概念といってよいであろう「偏見（prejudice）」の役割である。ここでの偏見とは，バークリ自身によって，「精神がその根拠や論拠を知らずに保持する思念や憶見のことであり，精査されることなく受容されるもの」（Berkeley, [1736] 1994：486）として定義されている。ただし，このように規定されるからといって，この偏見とは，決して謬見という意味ではない。偏見がその他の思念や憶見から区別される基準は，あくまでそれが，理性の活用による推論的な根拠からではなく，信頼に基づき受容され保持されているという点のみである（Berkeley, [1736] 1994：488）。バークリによれば，偏狭な理知よりも，この信頼ということ，さらには信心という人間的な特性のほうが，むしろ多数の諸個人に良趣や敬虔さを植え付け，愚行的消費を無くしていくためには必要なものである。というのも，「階層を問わず，俗衆にあっては，習慣と流行とが理性の代わりをつとめているのではないか。それゆえに，賢明なやり方でそれらが形成されるということが，きわめて重要なことではないか」（Berkeley, 1735-7=1971：11(1)）というのがバークリの考えだからである。

4.1.2.2. 奢侈的消費と貧困

バークリの生きた時代のアイルランド社会は，貧困のただ中にあった。とりわけ，被支配層である土着のアイルランド民の困窮は甚だしかった。バークリは，「アイルランドの一般民衆ほど乞食じみた，みじめな，窮迫した，キリスト教徒ないし文明人が，この世にまたとあろうか」（Berkeley, 1735-7=1971：47(1)）と，こうした窮状を嘆いている[3]。

アイルランドの貧困の原因について，そのひとつが外国品を対象とする富裕層の奢侈的消費にあるとバークリは考えていた。バークリにとって，そうした外国品を消費する生活様式は，大半の国民が経済的な貧困にあえぐ低開発国にあっては，不適切な流行であった。したがって，「われわれは，他国民向きにつく

られた流行によって零落したのではなからろうか。富める国民を模倣することは，貧乏な国民にあっては狂気の沙汰ではなかろうか」(Berkeley, 1735-7=1971 : 49(1)) と問うたバークリの批判の矛先は当然に，自国の現状などは一向に顧みることなく，こうした富裕な生活様式を採用して奢侈的消費を行なうアイルランドの有閑階層へと向けられていく。『問いただす人』の中で，「下流層が勤勉で上流層が賢明だという国家が，繁栄しないということはありえようか」(Berkeley, 1735-7=1971 : 62(1)) と述べたバークリにしてみれば，外国品消費という奢侈に耽り，アイルランド大衆の窮状を放置する放埓な富裕層は，まさに愛国心のかけらももたずに，ひたすら愚行的消費を繰り返す人々であった。

　バークリは，外国製の奢侈品の消費に対して，一貫してきわめて厳しい批判を行なっている。もっぱら外国品を消費するだけの有閑階層に対して，「奢侈によって外国品を消費しつつ，それらと交換するための国内品を勤勉によって生産することのない人は，それだけ自国に損害を与えていないか」(Berkeley, 1735-7=1971 : 24(1)) と問い，さらには，そうした人々を同じく『問いただす人』の中で「公害」や「公衆の敵」と呼ぶなど，バークリの批判は手厳しい (Berkeley, 1735-7=1971 : 24, 49(1))。挙句の果てには，そうした輩はすべてアイルランドからいなくなってしまったほうが，国益のためではないかとさえ述べている。

　　わが国のお上品な紳士淑女は，財産を食いつぶして外国風の奢侈になじみ，その弊風を自国のいたるところにまき散らしているが，彼等はいっそ一人のこらず移住して外国で暮らした方が，この島国のためになるのではなかろうか (Berkeley, 1735-7=1971 : 146-47(1))。

　こうした有閑階層への厳しい批判は，社会の富裕化という目的に政策の方向性を限定した場合に，有閑階層の行なう外国品への奢侈的消費がバークリの政策的基準に抵触するものであることを示している。その基準とは，勤労（勤勉）の助長ということである。バークリは，「勤勉な国民が貧困になったり，怠惰な国民が裕福になったりすることが，過去，現在，未来にわたって，あるであろうか」(Berkeley, 1735-7=1971 : 7(1)) として，富裕化への鍵，つまりは富の源泉が，人々の勤労であることを認める。バークリにとっては，「金ではなく勤労こそが国を繁栄させるもといであることは明白」(Berkeley, 1735-7=1971 : 256(3)) であったのである。ちなみに，バークリの想定する富裕の内容とは，「生活必需品および安楽品のすべてが豊富にあるということが，本物の富裕ではないか」(Berkeley, 1735-7=1971 : 250(3)) との言からも分かるように，物質的な豊富さ

のことであり，そうした豊富な消費財を勤労の果実として享受できるような安楽な生活の一般化のことである。

　もっとも，バークリは奢侈的消費の全般を批判しているわけではない。確かにバークリは，奢侈とは反対の生活態度である節倹の生活様式が，社会の富裕化に資するものであることを認めている。バークリは，「節倹の生活は，政治体に滋養を与え強壮にする。こうして政治体は発展的に継続していく。やがて，衰退と滅亡の自然的原因たる奢侈による腐敗がもたらされるまで」（Berkeley, [1721] 1994：326-27）と述べて，奢侈的な生活こそが社会衰退の兆候であるという。しかし，その一方では，「安楽な生活が欲求を生み，欲求が勤勉を生み，そして勤勉が富を生むのではないか」（Berkeley, 1735-7＝1971：39(1)）とも述べており，節倹のみを無条件的に励行するような立場は採らない。むしろ，バークリは，貧困層の人々が安楽な生活習慣という偏見を持つようになれば，勤労を引き出すことが可能であると主張し，積極的に，豊かな消費生活が社会の底辺部にまで普及することを擁護する。バークリはこう述べる。

　　欲求を作り出すことが，人々の間に勤勉を生むもっとも確実な方法ではないか。そして，もしわが国の農民が，牛肉を食べ，靴を履くようになったとすれば，彼らはもっと勤勉になるのではなかろうか（Berkeley, 1735-7＝1971：12(1)）。

　バークリが奢侈的消費を批判するのは，それが勤労を伴わない場合である。その理由は，のちに詳述するように，バークリが社会・経済政策上の優先項目としてつねに念頭においている目的性というものが，社会（国家）全体に関わる福利である公益ということだからである。それゆえ，「少数者の虚栄と奢侈とは，国民の利益と競合させるべきものであろうか」（Berkeley, 1735-7＝1971：56(1)）と問うバークリにとって，勤労という公益的な要素を伴わない一方的な奢侈とは，政策上の大目的に合致しない私益優先の悪徳的行為のひとつとみなされたのである。

　また，バークリは，消費財はその必要の緊要性が高いものから順次に調達されなければならないとして，まずは必需品の確保，その後に便益品，最後に奢侈品が考慮されるべきであるとしている（Berkeley, 1735-7＝1971：24(1)）。その背後には，「十分な食物と暖かな衣服とがあれば，下層民は労働への能力と意欲とを持つようになるのではないか」（Berkeley, 1735-7＝1971：151(2)）との，バークリの労働観がある。社会の勤労を担う多数の下流層についても，等しくその富裕化の恩恵を享受させるほうが，より社会の富裕化を促進することにな

るというこのような政策思想は、のちの高賃金擁護論へとつながるものである。それは、従来の支配的な労働観からの脱却を示すものであり、バークリの労働観は、デフォーやヴァンダーリントらと並ぶ、そうした傾向の先駆的一例であるといえる(4)。消費論の観点からこうした労働観の移行の意義を捉えた場合、ここにおいて、富裕層から貧困層に至るまで、すべての社会成員が国内需要を形成する消費主体として把握される議論の方向性が開かれることとなり、それまでの消費論に顕著であった、「富裕層の奢侈と貧困層の勤労」という階層間の経済的役割区分を前提とする図式についての修正の必要性が論じられることになったということでのひとつの展開面が見出せるのである。消費論としてのこの展開を俟って、はじめて社会的役割としての消費者概念は形成への道筋が示されていくことにもなる。したがって、バークリの労働観は、こうした消費論的な展開という意味合いにおいて、そのひとつの契機として消費者概念の形成過程に大きく寄与するものであったといえる。

4.1.3. 社会的行為としての消費
4.1.3.1. 欲望操作と文教政策

バークリは、社会における私益と公益の調和を重視する。この場合の調和とは、バークリにとって、種々の私益が公益との整合性を保ちつつ、諸個人の利益にも適っているような状態のことを指している。公益がつねに優先概念であり、私益は公益に寄与する範囲内においてのみ、その追求が許される。したがって、バークリにおける行為の道徳的基準とは、当該の行為が公益に対してどのような関係性を持つのかという点が問題となる。バークリは「愛国者訓」という手稿の中で、「愛国者はその私益を公益の中に求めるものである。悪人は公益よりも私益を優先する。愛国者は自分を全体の中の一部とみなすが、悪人は自分自身がすべてであると考えるものである」(Berkeley, [1750] 1994 : 562) と述べている。

バークリのいう公益の中には、その中心に宗教的なものが存在する。バークリにとっては、宗教こそが社会秩序の安定性をもたらすための紐帯としての機能を果たすものである。その著作のいたるところで当代の不信心化の風潮を嘆きながら、バークリは宗教的なるものの復権を説き続ける。それは、宗教が「政治体の諸部分あるいは諸器官を統合する中心であり、連結するセメントである」(Berkeley, [1736] 1994 : 493) からである。

バークリが『アルシフロン』その他で、マンデヴィルやシャフツベリに代表される学説を批判した際に用いた用語は、自由思想家というものであった。もちろんバークリは、自由そのものを否定するわけではない。宗教あるいは広く

一般的な文化（制度）的な偏見といったものをいっさい拒絶し，自身の狭隘な理知的思考のみを知識や行為の基準とするような，いわば放埓な自由主義論者の立場をバークリは批判しているのである。バークリの目には，こうした自由思想家とは，宗教や政府など，社会秩序の維持に寄与する根幹的な諸制度を支える要件である諸個人の偏見という土台を覆しかねないものであり，社会秩序の安定性を紊乱する危険な思想傾向と映ったのである (Caffentzis, 2000：122)。
　バークリはこのように述べる。

　　人間本性のうちには2つの部分がある。より基底的部分である感覚と情念，そしてより上等な部分である理性である。理性は人間特有のものであり，それ以外は他の獣類と共通のものである。概して低級な部分のほうがはるかに強力であり，理知的思考の出発点はつねにここである。両者がせめぎ合う状況の中，かりに宗教というかたちの天佑がもたらされなかったとしたら，理性はほぼ例外なく駆逐され，人間は情念の奴隷となろう。それはまったくもって悲惨で不面目な隷属状態であるが，これこそまさに宗教蔑視のもとに提起されている自由というものの帰結なのである (Berkeley, [1713] 1955：216)。

　ここには，人間性というものにおける情念の強力さを等しく認めながらも，その社会凝集力を弱める影響力については，それを社会的制度の次元で緩和しつつ利用していこうとするマンデヴィルに対して，ロック的な人間性を踏襲するかたちで，理性および信心の統制力に拠った情念の主体内的な統御の可能性を前提するバークリの議論的立場が表れており，両者の人間観の違いが明瞭である。
　それでは，諸個人が自分たちを全体の一部であると認識するようになるためには，どのような政策的な導きが要請されるのであろうか。バークリの政策的提言は，公共精神の涵養ということである。この公共精神の諸成員への普及手段として有益なのが，政府機関による文教分野への財政支出という公共的消費である[5]。
　バークリは，諸個人に公共精神を取り戻させようとすれば，まずは真の宗教心に感化されることが望ましいという (Berkeley, [1721] 1994：332)。この目的のために効果的なのが，評判や名声を愛するという人々の自然的な感情を美徳や大度といった気高い信条へと向かわせることである。こうした気高い信条というものは，立派な橋梁や彫刻，碑文など，公共の優れたモニュメントによって，あるいはまた高等の教育機関の設立によっても，鼓舞されるものであるとバークリは述べる。それゆえ，こうした文教的な方面への政策的な支援策が，公共精神の涵養のためには必要とされる。高尚な芸術である建築・彫刻・絵画

などは，ただ公共空間を装飾するだけではなく，人々の考え方や生活様式にも影響を与え，優れた考えを数多く生み出し，われ先にと立派な行為を行なうよう諸個人を促す効果があるとバークリは述べている（Berkeley, [1721] 1994：333)。たとえこうした支出のために現在の財政が逼迫するとしても，のちには，新技術を開発し，大量の雇用を確保し，貨幣の自国内流通を維持することが期待される（Berkeley, [1721] 1994：333)。そうして，なによりもこうした文教分野への支出自体が，公共精神の体現的事例となり，かつその呼び水ともなるというのである。ただし，バークリは，こうした公共目的のための支出の効果に関しては，広く長期的な視野に立って評価する姿勢が必要であることへの注意を喚起している。

　公共精神を涵養された諸個人は，その行為動機的な意味合いにおいて愛国者としての志向性を有することとなり，それは趣味の洗練化や欲望の高尚化をもたらす。その結果，諸個人はその私益の方向性をつねに公益との関係に照らして考慮することとなる。こうした行為の傾向性は，当然に消費の場面にあっても発揮されることとなり，そうなると消費にまつわる愚行的要素は確実に抑制されるということになる。こうしたバークリの議論は，それを消費論の見地から解釈するとき，文教政策を介した公的支出主導型のひとつの欲望（趣味）の上向的開花論として理解することが可能である。

4.1.3.2. 消費者と貨幣

　バークリにとって，貨幣とは，つねに何らかの目的性に対する手段である。例えば，諸個人との関係では，その欲望充足のための市場における購買力という手段として，また社会政策との関係では，経済活動を円滑にかつ活発にするための手段としてという具合に，つねにその手段的な機能を果たすものにすぎない。人々の勤労のみが富の源泉であると考えるバークリにとって，「貨幣は，それが勤勉を鼓舞し，よく人々を相互に他人の労働の成果にあずからしめるかぎりでのみ，有用なのではなかろうか」（Berkeley, 1735-7＝1971：8(1)）との認識は，論理として自然のことであった。

　バークリにしてみれば，人々は手段としての貨幣を求めるのであって，貨幣そのものを最終的な目的として欲することは本来，無意味な行為である。しかるに，もし貨幣それ自体を目的として取り違えるようなことがあれば，そのときには，いかにそのために貨幣流通が盛んになろうとも，そこに勤労は伴わず，貨幣の追求はまったくのゲームと化してしまう（Berkeley, [1721] 1994：323)。バークリによれば，こうした事態にイギリス社会が実際に陥った出来事こそ，「南海バブル（the South Sea Bubble)」の顛末であったということになる。貨

幣を自己目的として追求するような倒錯した事態は,「南海バブル」に明らかなように，必ずや公益を損ない，そうしたゲームの勝者でさえも，結局は社会的な混乱の悪影響を被ることで，損失を避けられない。

　バークリは,「貨幣を自己目的と考えるなら，それへの欲望は無限ではないか。だが，貨幣の諸目的自体は限定されたものではないか」(Berkeley, 1735-7＝1971：134(2)）として，貨幣に対する欲望は無際限に増殖するものであることを指摘する。貨幣におけるその根本的な手段性を見誤ってはならない所以である。バークリは，重要なことは貨幣の本質を正しく理解することであるとして，このように問う。

　　貨幣についての正しい概念を持つことが重要ではないか。そして，真正な貨幣観念とは，力能の権原であり，またそうした力能を記録したり移転したりするのに適した切符ということではないか（Berkeley, 1735-7＝1971：199-200(3)）。

　ここでバークリのいう力能とは，別言すれば，それは行為の遂行力のことであり，あるいは欲望の実現可能性ともいい得るものである。したがって，本当に重要なのは貨幣そのものではなく，そこに付帯する力能という社会的な関係概念にまつわる行為的な影響力（支配力）ということになる。バークリは『問いただす人』の中で,「人々の最終目的は力能ではないだろうか。そして，貨幣以外の一切の事物を望みのままに手にすることができる人があるとすれば，その人は貨幣を大切にするであろうか」(Berkeley, 1735-7＝1971：8(1)）と述べている。貨幣とは，それを所有する個人に，この力能としての社会的影響力を付与する手段ということになる。つまり貨幣は，こうした力能を保持する切符であるゆえに有用性を獲得している社会関係的な記号なのである。

　バークリは力能に関して,「力能とは行為に基づくものではないか。そして，行為とは欲望や意志に従うものではないか」(Berkeley, 1735-7＝1971：9(1)）と述べている。さらには,「貨幣は力能を付与し権利を記録するところの切符であるから，かかる力能は行為に移されてはじめて役に立つのではないか」(Berkeley, 1735-7＝1971：225(3)）とも述べており，こうしたバークリの言からは，力能という概念が行為との強い関連性を持つものであることが分かる[6]。ここにも貨幣の本性とは，本来的な手段性という点にあるとのバークリの貨幣観が明確に示されている。貨幣とは行為との関係にあって，目的－手段関係を構成するものであるという理解がそこにはある。

　このように，バークリの見る貨幣とは，力能の仮託体としての切符にすぎず，

力能を表徴するひとつの記号である。バークリが，いわゆる金属主義的な貨幣観から完全に自由であった理由もここにある。

　他人の勤労を支配する力能が，真の富ではないか。また，貨幣とは，実のところ，そのような力能を移転したり記録したりするための切符あるいは表示のことではないか。そして，その切符の素材がなんであるかというのは，それほど重大なことであろうか (Berkeley, 1735-7＝1971:17(1))。

こう述べるバークリにとって，貨幣とは，他人の勤労（あるいは勤労の成果物をも含めてよいであろう）を支配する力能を保証する切符である。そうして，この貨幣を用いて他人の勤労を支配する行為主体こそ，貨幣使用者としての消費者のことである。貨幣は，市場交換という場において，購買力として機能することで，この消費者的役割を行なう諸個人にその消費行為の実行性を担保するのである。

バークリは，その貨幣論としての言説の中で，貨幣という力能の切符を経済的支配の目的性のために手段として利用する消費者としての諸個人を定式化している。それは，貨幣使用者としての消費者像というものを支配－被支配というひとつの社会的関係性のうちに捉えるための重要な視点を示唆するものである。この意味において，バークリの思想はその貨幣論からの含意としても，消費論的な展開に寄与する要素を有しているといえる。

4.1.4. 小括

　以上，ここまでバークリの社会・経済思想の検討を通じて，その消費論的な論点の析出を進めてきた。主に，バークリによる流行論や奢侈論，貨幣論などの行論に即するかたちで，それぞれの所説と消費者行為との関連性を探るという作業を中心に，バークリの思想の消費論としての再読を試みた。こうしたこれまでの検討から，バークリの思想は，のちの消費者概念の形成へとつながる消費論上の契機的要素を含むものであることが判明になったと考える。

　その要素とは，次の2つである。ひとつは，バークリの有する労働観との関連において見出されるもので，この点はその奢侈批判とも接点を持つものである。もうひとつは，その貨幣観に関連して見出されるものである。

　社会の富裕化のためには，勤労の成果は，階層を問わず社会の全成員の間で広く享受されなくてはならず，むしろ下流層の安楽な生活の確保こそが最優先の政策目標とされなければならないとするバークリの主張は，従来の消費論の議論枠組みを揺るがす論点を含んでいた。従来的な消費論の議論枠組みとは，「富

裕層の奢侈と貧困層の勤労」という階層間の役割分化を前提とする議論のことである。バークリの労働観はこうした立論の論拠を崩すことで，それは消費者という概念が，一連の行為類型である社会的役割を表わす社会理論的な用語として，一般性の高い分析性を獲得していくひとつの契機をなすものであった。

　一方，バークリの貨幣観に関連して示された消費論的論点としては，バークリが貨幣のことを，力能が付託された記号として捉えることに起因する。バークリは，貨幣を力能というひとつの社会的関係性を表徴する切符であることを明らかにすることで，その消費論的な含意として，貨幣使用者としての消費者役割の側面を，その社会的関係性のうちに定式化する可能性を示すこととなった。バークリの貨幣論は，消費者役割を行なう諸個人が，その社会的関係性において，経済的な支配－被支配の行為連関のうちに組み込まれざるを得ない論理性を析出している。社会的役割としての消費者概念は，貨幣という社会的関係概念を持つことによって，購買という消費行為をたんなる交換関係という範囲を超える制度次元での行為連関性へと考察の範囲を拡張するための道具立てを備えることになった。ここにおいて消費論は，社会理論的な枠組みにおける分析の必要性を確認することとなる。

　バークリの思想はこの2点において，18世紀イギリスの経済思想史における消費論の展開に大きく寄与するものであったとの評価が可能である。バークリの消費論とは，マンデヴィル批判として，確かにその道徳論的な揺り戻しの方向性を示しつつも，一方では，消費論における社会的行為論としての分析枠組みの重要性を改めて認識させるものでもあったといえる。

第2節　中流層の中庸的消費と文明社会の消費文化──D. ヒューム

4.2.1. ヒュームと消費論

　ヒュームは最初の著作となる『人間本性論』を1739年から翌年にかけて上梓した。そのときヒュームはまだ20代であった。若きヒュームが『人間本性論』を出版することで広く世に問うたもの，それは「人間の科学 (a science of man)」というひとつの学知的体系の構築であった。周知のように後年，ヒューム自身が「印刷機から死産した」(Hume, [1903-4] 2006 : 608) と語るほどに同書の出版に対する反響は乏しく，ヒュームの期待を裏切るかたちで，その最初の著作は商業的にも不首尾に終わることとなる。しかしながら，ヒュームはその失敗の原因を同書の内容ではなく，形式や文体にあったと考えていた。それゆえ，ヒュームは『人間本性論』での基本的な主張はそのままに，形式だけを改めることで，その各部分を『人間知性研究』や『道徳原理の研究』として公刊して

いくこととなる。すなわち,「人間の科学」を打ち立てるという初発の学問的構想は,ヒュームの生涯を通じて保持されていたのである。

ヒュームは,『人間本性論』の序文において,「人間の科学」の構築に貢献したイングランドの思想家を列挙している。それは自身が連なる学説的系譜を明示している箇所として解釈できる。ヒュームにより名前を列挙された中のひとりにマンデヴィルがいる (Hume, [1739-40] 1969=1948-52：23 (1))。

ヒュームの諸著作には,明らかにマンデヴィルを批判していると推測される箇所が散見される。『人間本性論』以外にも,例えば,エッセイ「技芸の洗練について (旧題は,奢侈について)」や『道徳原理の研究』の中の学説批判がそうである。実際,ヒュームにおけるマンデヴィル学説の影響については,思想史研究の中で多くの論者が指摘するところである。その中でも,ヒュームとマンデヴィルとの継受関係を誰よりも強調し,その認識を普及させることに与って力があったのは,ハイエクである。そのハイエクのものとして,「ヒュームがマンデヴィルに多くを負っていることは疑問の余地がないと思われる」(Hayek, [1963] 1967=1986：137-38) との言述がある[1]。また,さらに一歩踏み込んだ見解を示すものとして,S. N. パッテンは,「マンデヴィルの直接的な後継者はヒュームである」(Pattten, [1904] 2004：212) とまで述べている。他にも,F. B. ケイは,「技芸の洗練について」を取り上げて,「それと分かるマンデヴィルへの言及はこれだけであろうが,ヒュームの議論にはややもするとマンデヴィルの学説に近づく箇所が頻出する」(Kaye, [1924b] 1988：432) 点を指摘している。さらにはラヴジョイもまた,「ヒュームは,当時の他の人々と同様に,人間行為の主要な動機に関する思想のあるものを,明らかにマンデヴィルに負うておりました。尤も彼は,この評判の悪い著者の思想の幾つかを借用しながらも,彼を否認するという態度をとっているのでありますが」(Lovejoy, 1961=1998：211) との言を残している。こうした思想史家らの言にもある通り,ヒュームの思想は,マンデヴィルの思想について,それを自身の「人間の科学」が目指すところと基本的には同じ方向性を持ち,共通の問題枠組みを有する先駆的業績として評価しつつも,一方ではその論理の不整合や不徹底さに対する綿密な検討を通じて,最良の部分のみを批判的に継受しているとの見方が可能である。

本節の主題は,ヒュームの思想の検討を通して,その中流層論としての論理系の中に消費者的含意を析出することである。ヒュームの中流層論の背景に前提されていた当時のイギリス消費文化の諸特徴を導きの糸として,そうした消費文化がヒュームの社会理論にどのようなかたちで摂取されているのかという点を明らかにすることがそのねらいである。ヒュームの社会理論には,18世紀イギリスの消費文化的要素が深く影響しており,その消費文化の諸側面がその

論理に広く反映されていると考えるからである。ヒュームの狭義の消費論，つまりはその奢侈論については，これまでのヒューム研究の中で蓄積がある。しかしながら，従来のヒューム研究においては，ヒュームの奢侈論が含む消費論としての特徴が十分に明らかにされてきたとはいえない。それゆえまた，その奢侈論の消費学説史上での意義や位置づけなどについても，その解明は不十分なままである。したがって，本節の試みに新規性があるとすれば，それはヒュームの思想のうちに伏在する消費論としての意義をその奢侈論と中流層論とを結びつけることから明確にするという点にあるといえよう。

以下ではヒュームのマンデヴィル批判を重要な手掛りとしてその論証を進める。その理由としてはなによりもまず，マンデヴィルとヒュームとの間にある思想的な継受関係の吟味ということが，ヒューム奢侈論の検討においては不可欠の作業となるからである。さらにはまた，18世紀イギリスの経済思想史に照らして，消費あるいは消費社会などの関連テーマを検討しようとする場合，当時のマンデヴィル学説の影響力を無視することは消費に関する言説研究としての重大な瑕疵を作ることとなるため，それを避けるという意味がある。あるいは，もっと積極的な意味合いにおいての理由として，マンデヴィルの消費論との比較を通してヒュームの消費論の輪郭を明瞭にするという目的がそこには含まれている。18世紀の社会理論的言説にあって，マンデヴィルの『蜂の寓話』の出版は大きな波紋を広げることとなった。消費論との関係でいえば，同書は，スコラ学者あるいは論拠は異なるものの古典的共和主義者などによっても縷々として論じられてきた道徳論の文脈における奢侈論争を18世紀イギリスに再燃させるひとつの契機であった (Sekora, 1977 : 77-78)。マンデヴィル以降の消費論は，この奢侈に関して，社会的秩序や繁栄との関連性をめぐってひとつの焦点となりながら，近代社会理論の展開における大きな論点を提供することとなる。

ただし，同じ世紀とはいえ，ヒュームが活躍した18世紀も中頃になると，イギリス社会にも種々の変化が見られるようになっていた。その一部は，マンデヴィルが先見的に描き出し，戯画化した社会的諸相が一層明確化した姿であったともいい得る。しかしながら，明らかにマンデヴィルの社会理論には（少なくとも顕著には）看取されない要素が，ヒュームの時代には明瞭化してきていた。それが中流層の台頭ということである。さらにはそうした現実の推移を反映するかたちで表れてきた中流層的な価値観や文化の優位という事実である。ヒュームの思想にはこうした現実を前提にした中流層論が確かに指摘できる。それに対して，マンデヴィルは，むしろ上流層および下流層の社会的役割について多く論じている。約言するならば，マンデヴィルの思想の中には明確な論

理としての中流層論という要素は見出されないということである。マンデヴィルの中に明示的なかたちの中流層論を探すとするならば、上流層の生活様式などを模倣する姿として富裕な中流層を捉えた流行論が指摘できる程度である。本書においてヒュームのマンデヴィル批判に注目するもうひとつの理由はここにある。すなわち、その人間本性や道徳などの議論においては、基本的にはマンデヴィルの学説から多くのものを継受しながらも、ヒュームが社会理論を構築するにあたって、その論理の中に整合的に組み込むことを拒否した部分には、2人の時代差にあって推移した近代社会の歴史的変化が析出できると考えるからである。この社会的変化の介在こそが、ヒュームにその奢侈論におけるマンデヴィル批判のための論拠をもたらしたのであり、より一般的にはその社会的行為論（道徳論）においてマンデヴィルとは違った立論的基盤の上にヒュームを立たせることともなった大きな要因のひとつでもある。

　現実社会の歴史的推移を踏まえ、この新しい立論的基盤の上に構築された社会理論こそ、ヒュームの「文明社会 (civilized society)」論である(2)。ヒュームにとっての中流層とは、この文明社会論の論理を支える思想的そして現実的な基盤である。ヒュームが当時の繁栄するイギリス社会の分析を通して見出したもの、それが中流層文化としての文明社会の論理であった。ヒュームは中でも、その経済的な要因に注目した。文明社会の繁栄を支える原理としての奢侈と勤労とを分析の焦点に据えたのである（田中, 1971：30-31; Brewer, 1998：80-81）。ヒュームの中流層論をマンデヴィル批判に照らして再読して見るとき、そこにおいて18世紀イギリスの消費文化的背景のヒュームの思想に対する影響を浮彫りにすることが可能となろう。さらにはまた、18世紀におけるマンデヴィルからヒュームへの消費論としての展開面の析出も期待できると考える。

　もっとも、この奢侈と勤労ということは、マンデヴィルによっても社会発展のための要因としてすでに指摘されていたことである。ただし、マンデヴィルの場合には、それは社会階層的な区分の下に、階層的な役割分化としてそれを理論的に把握しているという違いがある。マンデヴィルは、「富裕層の奢侈と貧困層の勤労」という従来的な社会理論的な図式を下敷きにして論理を組み立てていたのである（Patten, [1904] 2004：210）(3)。このような階層的役割を前提する理論図式からヒュームは自由であった。奢侈と勤労とを諸個人の各々が担う社会的役割として把握する視点を、ヒュームは保持することができたからである。諸個人が生活の中で、奢侈と勤労とを統合的に営むような行為モデルの前提に立って、ヒュームの社会理論は構成されている。それこそが、まさにヒューム自身が目の当たりにした、当時のイングランドにおける中流層の支配的文化であり価値観である。ヒューム以降のポリティカル・エコノミーとしての

近代社会理論の学知的体系は，このヒュームと同じ立論的基盤を引き継ぐことで展開されていくことになる。例えば，ステュアートの勤労社会論やスミスの商業的社会論が，中流層文化の論理を組み込んだヒュームの文明社会論の延長線上にあることはもはや旧知のことであろう[4]。このことは，ヒュームのマンデヴィル批判には，経済学の成立を考える上での重要な論点が示唆されているとの見方に妥当性を付与することを可能にする。さらにはまた，ヒュームによるマンデヴィル批判のひとつの要諦が奢侈論であったということの銘記が要請される。そしてこの点を鑑みるとき，近代社会理論の構築，また特殊的には経済学体系の成立をめぐる18世紀イギリスの思想史研究において，そのための重要な鍵のひとつが消費をめぐる言説空間の解明にあるということが理解されるであろう。

以下，まずはヒュームの奢侈論の検討から奢侈と中流層との関係を示し，その後にヒュームの中流層論が持つ消費論的な含意を検討するという順序で考察を進めていく。

4.2.2. 奢侈としての中流層の消費文化

18世紀のイギリスとは，奢侈が徐々に大衆化していった時代である。それまで奢侈といえば，上流の有閑層のある種の特権的な生活様式のことであり，とりわけそれは，生活のための労働から解放された時間としての閑暇の享受ということを意味していた (Porter, 1996 : 20, 23)。したがって，伝統的な奢侈批判とは，「放蕩」や「怠惰」や「惑溺」などという語彙をもってなされていた。もちろん，そうした従来的な奢侈においても，大判振舞いの饗宴などに見られるように，「散財」や「濫費」という要素はあったのであるが，その文脈にあっては過度の購買という点が問題にされたのではなく，あくまで「蕩尽」ということが批判の的となっていたのである。

こうした奢侈批判の枠組みは18世紀になっても継続されていく。しかし，市場経済の浸透に伴う貨幣的交換という購買型の消費生活の定着，および社会の富裕化の利益の中下流層への均霑ということで，奢侈の内実というものが，徐々に，貨幣使用による奢侈的とされる財の購入ということを指すようになっていく (Cunningham, 2005 : 231-32)。購買力を持つ諸個人であれば，社会階層を問わずに自由な貨幣使用による奢侈が可能となる環境が整えられていった。

現実面において奢侈の意味合いの変容が進行しているにもかかわらず，奢侈批判として展開される道徳論や政治論の言説では，依然として従来的な奢侈，すなわち上流層の閑暇に付随する人間的および社会的弊害という問題が語られていた[5]。ヒュームの奢侈論は，こうした旧来の奢侈批判の問題枠組みとの

対決を示すものであった。佐々木が、「ヒュームの前に横たわる最大の問題はこの古代以来の反奢侈論の伝統であった。しかもその背後にある古典古代の政治体制はヨーロッパの政治学の母胎そのものであり、簡単に無視できないパラダイム的意義を持つものである」(佐々木、1987：5) と述べるように、ヒュームが捉え、描こうとした新たな社会の論理の提出にあたって、奢侈とは、ゆるがせにできない問題であり、旧来の奢侈論を乗り越えるための新たな位置づけとその論理を示す必要があった[6]。

ヒュームは、奢侈という用語の意味の曖昧さ、つまりはその文脈依存性の強さを指摘する。ヒュームは、「技芸の洗練について」の冒頭で奢侈の定義を示している。ヒュームのいう奢侈とは、「五官の満足における高度の洗練」(Hume, [1903-4] 2006＝1983：19) のことである[7]。そしてこの五官の満足の程度とは、時代や場所、諸個人の境遇などによってさまざまであるため、どこまでの満足を奢侈と呼ぶかということについての基準は一概に決め難いものであるとされる。したがって、奢侈の行為に関する基準として、徳と悪徳とを区別するための道徳論上の線引きもまた非常に曖昧であるとヒュームは述べる。

ヒュームにおいては、五官の満足を洗練させること自体、あるいはそうした欲望自体を満足させることは、なんらの悪徳性を有するものではない。むしろ反対に、「洗練された時代は最も幸福であるとともに最も有徳な時代であること」(Hume, [1903-4] 2006＝1983：20) を論証することこそ、ヒュームが奢侈論を展開する際に念頭に置いていたことである。ただし、ヒュームは奢侈についての道徳論上の区分を放棄することはしていない。その線引きのための基準こそ曖昧ではあるけれども、それでもなお、奢侈には道徳的に無害なものと有害なものとの区別があるというのである (Hume, [1903-4] 2006＝1983：20)。このように、ヒュームは奢侈の範疇の中に道徳論的な区分を想定する。この奢侈に対する立場は、ヒュームをして奢侈の中庸性を支持させることになる[8]。それゆえに、奢侈に関する従来の議論における両極端の学説をヒュームは批判していく。すなわち、「一方では、放縦な考え方にくみする人びとは不道徳な奢侈にさえ称賛を与え、それを社会にとってきわめて有益なものだと主張しており、他方では、厳格な道徳家は道徳的にいちばん無害な奢侈までも非難し、それを社会統治上に生じる堕落、騒乱、紛争の源であると説いている」(Hume, [1903-4] 2006＝1983：20) というのである。ヒュームの奢侈論の意図とは、こうした両極端の奢侈に対する見方を修正して、道徳 (行為動機) 的にも政治 (行為帰結) 的にも健全といえる中庸性を保った奢侈というものを、洗練との関連において肯定的に規定していくことであったといえる。

ヒュームは奢侈論の文脈において、『蜂の寓話』を念頭においた議論に言及し、

マンデヴィルを批判している。

　　ある著者が，あるページでは道徳的栄誉は為政者が公益のために創り出したものだと主張し，他のページでは悪徳が社会にとって有益であることを主張しているのは，はなはだしい矛盾ではないか。そして全くのところ，社会にとって一般に有益な悪徳というものを論ずるのは，どのような道徳体系にとっても，用語上の矛盾以外の何物でもないように思われる（Hume, [1903-4] 2006=1983：31）。

　マンデヴィルが，奢侈概念を「人間を生き物として存続させるのに直接必要でないものはすべて奢侈である」（Mandeville, [1714] 1988=1985：101）と定義したことを先に確認した。ヒュームにとって，こうした奢侈概念に基づき展開されるマンデヴィルの奢侈論とは，まさに「放縦な学説」の典型であった。ヒュームはこのマンデヴィルの奢侈論をどのように乗り越えたのであろうか。この点を考えるために，次にヒューム自身の奢侈論を見ていく。
　ヒュームは「技芸の洗練について」の中で，人間の幸福を構成するものとして3つの要素を提示する。それらは「活動（action）」・「快楽（pleasure）」・「安逸（indolence）」である（Hume, [1903-4] 2006=1983：20）。これら3つの要素が適度な割合に拮抗し合う状態が人間の幸福ということであり，いずれかが欠如してしまうとき，その個人はいわば心身の健全性を損なっていることになる。ヒュームはこのように，奢侈を論じるにあたって諸個人の内面的な幸福というものを考慮に入れる。この点がマンデヴィルとの違いである。マンデヴィルによる奢侈論の主旨は，奢侈という行為の社会的作用を帰結主義的な観点から考察することにあったからである。一方で，ヒュームの奢侈論は，奢侈の行為主体として，日々の生活の中で仕事に就いて働き，それによる貨幣収入によって消費するという生活様式を営む諸個人を前提として，そうした諸個人のうちに，勤労と消費（奢侈）とが市場経済を介して連続的な行為類型として統合されるような商品購買型の奢侈というものを想定している[9]。ヒュームのねらいは，そうした商品購買型の奢侈を文明社会における新たな奢侈として同定し，そこに見出される社会の富裕や諸個人の道徳的な面に対する有益性を指摘してみせることであった。このとき，勤労と奢侈的消費とを生活様式において統合できる行為主体としてヒュームが奢侈の中心的な担い手に想定していたのが，中流層の人びとである。文明社会の健全な奢侈とは，有閑の上流層の生活様式ではなく，勤労と消費とを生活様式の中に併せ持つことができる中流層がその中核を担うものであり，この中流層こそが文明社会の消費文化の推進役であること

をヒュームは明確に捉えていた。

　勤労と奢侈とをその行為類型として統合するヒュームの奢侈論の特徴は，マンデヴィルの学説に代表されるような従来の奢侈論の議論枠組みを乗り越えるものである。先述のように，マンデヴィル（他にバーボンなど）が展開する奢侈論においては，経済的な役割としての階層的区分が前提されていた。マンデヴィルらの議論では，もっぱら消費する主体としての富裕な上流層が奢侈の担い手であった。他方で，勤労の担い手としては貧困の下流層が当然視されており，さらには社会的な勤労の確保のためには，そうした貧困層をある程度維持する必要性までもが議論されていた。マンデヴィルによれば，勤労への誘因とは必要ということであり，そのためには低賃金などによって，貧困の人びとをつねに最低限の生活状態にしておかなければならないというのである。さらに，マンデヴィルらの議論枠組みにおける奢侈への誘因とは，富裕で有閑な人びとの気まぐれや浅慮，耽溺，虚栄心，顕示欲，競争心といった悪徳的な諸動機であり，そうした中のごく一部として有徳的な動機である闊達や大度などの動機に発する奢侈が含まれるというものであった。こうした従来の奢侈論に比してヒュームは，勤労と奢侈とを社会階層間の役割区分ではなく，諸個人の行為類型として示したのであり，この点にこそヒュームの奢侈論の革新的な部分が指摘できる[10]。さらにはまた奢侈というものを，五官の満足の洗練と捉え直すことで，人間性（人格）および社会的秩序の安定（ヒュームにとっては中庸的）的な発展可能性という積極的な側面を奢侈の論理の中から導出し得ていることがヒュームの奢侈論における特長的な点である[11]。

　ヒュームは，勤労と諸技芸が盛んな時代には，人びとは仕事に従事する中で，その勤労の成果に加えて，勤労そのものにも喜びを感じることができるという（Hume, [1903-4] 2006=1983 : 21-22）。そのことは，諸個人の精神に活力を与え，その能力を拡げていく。それがまた諸技芸のさらなる洗練をもたらしつつ，延いては学芸の発展にまで寄与することができる。ヒュームはまた，諸技芸が洗練されると人びとは社交的となり，都市への集住が進み，都市におけるさまざまな交際を通じてそれら人びとはその振舞いや気質・知性の点で自ずと洗練されていくようになると述べている（Hume, [1903-4] 2006=1983 : 21-22）。洗練された都市生活においては，「好奇心は賢者を，虚栄心は愚者を，快楽はその両者をそそのかす」（Hume, [1903-4] 2006=1983 : 22）のであり，このように洗練された諸個人が多く集まる都市空間とは，ヒュームの奢侈の定義を当てはめるならば，まさに奢侈的な場所ということになる。そして，この奢侈的な都市文化としての種々の生活様式は，各地方にまで模倣などにより浸透していくことで，一国全体が奢侈的な文化を享受することとなる。この奢侈的な文化に特有の側

面は,「勤労と知識と人間性とが,解し難い鎖でつなぎ合わされている」(Hume, [1903-4] 2006＝1983：22) ことである。ヒュームによれば,このことは,論理ならずとも,経験によっても分かることとされている (Hume, [1903-4] 2006＝1983：22)。つまりは,18世紀イギリスの諸都市の生活文化の在り様を見れば,一目瞭然であろうとの意味である。この勤労と知識と人間性とが不可分に結びついた生活様式とは,ベリーが述べるように,文明社会がいわばひとつの制度として諸個人(とりわけ中流層)の行為に規定性を与えているものである(Berry, 2006：294)。ヒュームは同時代のこのイギリスの生活文化的特徴を奢侈的なものとして文明社会論の射程に捉えたのである。

　それでは道徳的に有害な奢侈とは,ヒュームにとってどのようなものであったのだろうか。この問いは,購買を中心とする新しい奢侈の様式,すなわち奢侈的消費において道徳的に有害な行為とはいかなる場合かという問題として言い換えることができる。ヒュームの答えは明確である。すなわち,「およそ欲望の充足は,それがある人の支出のすべてを占めてしまい,その人の地位や財産のゆえに世間から求められるような義務の行為や寛大な行為をおこなう能力を失わせる場合にだけ,不道徳なのである」(Hume, [1903-4] 2006＝1983：29) というものである。そうして,マンデヴィルの『蜂の寓話』の行為命題である,「私悪は公益」を修正するようなかたちでこう述べるのである。

　　不道徳な奢侈がなければ労働は全く使用されなかったであろうと言ってみても,それは,人間性には怠惰や利己心や他人に対する無関心というようなこれとは別の欠陥が幾つかあり,毒をもって毒を制することがあるように,奢侈はこういう欠陥をある程度矯正するだてを与える,というだけのことである。だが毒がいかに矯正されても,美徳は健全な食物に似て,毒よりもよいものである (Hume, [1903-4] 2006＝1983：30)。

　ここからも,ヒュームが奢侈的消費を道徳論の文脈で議論しようとの企図を持っていたことは明らかである。この意味において,ヒュームは奢侈論における道徳論的な揺り戻しを行なったことになる。ヒュームによる道徳論的な揺り戻しの議論の中には,道徳的な基準を再規定するという意図が反映されているのである。そうした方向性に向けられたヒュームの学問的営為とは,マンデヴィルによって一度は放棄されたかに見えた奢侈をめぐる道徳性の問題に関して,奢侈の大衆化およびその内実的な変容に気づいていたヒュームが,文明社会という新たな社会的枠組みに適合する奢侈概念の再構成を企図したものであったとの解釈も可能であろう。

ただし，奢侈論をめぐるマンデヴィルからヒュームへの継受関係は，これまで見てきたような諸点におけるヒュームによるマンデヴィル学説批判ということで終わりではない。ヒュームは「技芸の洗練について」の最後になって，自身の奢侈論に関してひとつの留保を読者に喚起する。この留保は，両者の継受関係を見る場合にはきわめて重要である。というのも，ヒュームは，これまで展開してきた奢侈論とは，「哲学的」な問題として議論してきたのであって，「政治的」な問題としての奢侈論の展開は想定していない点を強調しているからである (Hume, [1903-4] 2006=1983 : 31)。ヒュームは，続けてこう述べる。

　　為政者はすべての悪徳を徳に置き換えてこれを矯正することはできない。多くは，ある悪徳を別の悪徳で矯正することができるだけである。そしてその際には，社会に対する悪影響のもっとも少ないものを選ぶべきである。奢侈も，度が過ぎれば，それは諸悪の源となる。ただし，一般的にいって，奢侈は不精や怠惰よりはましである。奢侈がなければ代わりに生じるであろう不精や怠惰というものは，諸個人に対しても社会全般に対しても，いっそう有害なものだからである (Hume, [1903-4] 2006=1983 : 31-32)。

　先に見たように，マンデヴィルは『蜂の寓話』において，「いかなる政治においても，大きな不都合を防ぐために小さな不都合をがまんするのが知恵なのだ」(Mandeville, [1714] 1988=1985 : 90) と述べていた。この点に関する両者の主張間に大きな相違は見出せない。とするならば，ヒュームの奢侈論の性格とは，政治（社会）論としてのマンデヴィルの学説を継受しつつ，そこに道徳論としての奢侈論を付加したものであるとの解釈が可能であろう。
　ヒュームが明示的にマンデヴィルを批判するのは，この奢侈論の文脈においてのみである。しかしこのことは，ヒュームの文明社会の論理としての思想体系にとって，奢侈論がその不可欠の問題領域であったという点を踏まえるとき，ヒュームが反駁すべき重要な学説としてマンデヴィルの議論を念頭に置いていたであろうことを明確に表わしているといえよう。ヒュームがマンデヴィルの奢侈論への論難を，道徳論の文脈という限定的な批判にとどめ，その一方で，その政治論的な側面に関しては実質的に同様の主張を繰り返しいくというところにこそ，消費（奢侈）論の学説史上でヒュームの思想の意義が認められる点であって，さらには，そこからまた，ヒュームの文明社会論が少なくともその奢侈論との関連上では，明らかにマンデヴィルを下敷きとしたものであったという点が確認できるのである。

4.2.3. 中流層の制度的有徳性と有徳な消費

　既述のように，ヒュームのいう奢侈とは五官の満足の洗練である。それは趣味の洗練・繊細さとして換言できる（Hume, [1903-4] 2006：240）。洗練された諸個人は，市場交換を通じて，購買というかたちでその洗練された趣味に適った諸財を，消費者としての自由な選択のもとに組み合わせては，奢侈的な消費文化の生活様式を現出させていく。これが，消費という観点から眺めた場合に見出せる，ヒュームの文明社会の一側面である。

　文明社会での洗練された諸個人による奢侈とは，概ね道徳的に無害な奢侈である。ヒュームにとっての悪徳的な奢侈とは，私欲を過度に優先させることで当該の個人が，その社会的身分から生じる義務や職責などを十分に果せなくなることである。つまりは，過度の消費という行為が消費における悪徳性の原因である。しかし，諸個人が，洗練された趣味を身につけるならば，そうした過度の消費に耽る危険性は少なくなる。ヒュームはその理由をこう説明する。「人びとが快楽を洗練するほど，どんな種類の快楽にも過度に耽るということが少なくなる。なぜなら，過度に耽ることほど真の快楽を打ち壊すものはほかにないからである」（Hume, [1903-4] 2006＝1983：22）。

　ヒュームはこうした文明社会における奢侈的な消費文化の担い手の中核を中流層に見ていた（Wennerlind, 2002：256；坂本，2011：138）[12]。中流層がこの奢侈的な消費文化の生活様式に適合的であるのは，その階層の諸個人が，洗練された趣味や有徳的な性向を備え，洗練された生活様式を体現することが可能だからである。それでは，なぜ中流層の諸個人は，他の階層に比してそうした生活様式を容易に体現することができるのであろうか。以下では，この問題についてのヒュームの論理を見ていく。ここで展開される論理こそ，ヒュームの中流層論の骨子である。

　まずは，文明社会とは，商工業者を中心とする中流層の歴史的な台頭の結果として形成されてきた制度であるとの歴史観をヒュームが持っていたことを押さえておく必要がある。そして中流層の台頭を可能にした要因というのが，奢侈であり，とりわけ外国貿易からもたらされる洗練された奢侈的な諸財の流入であった[13]。

　　奢侈が商業と工業とを育成するところでは，農民は土地を適切に耕作することで富裕になり独立する。一方，商工業者は相応の財産を獲得し，そのことが社会の自由のすぐれて強固な基礎である中流階層に権威と尊敬とをもたらすこととなる（Hume, [1903-4] 2006＝1983：28）。

第４章　奢侈概念の変容と消費者概念の脱社会階層化

　A. ブリュワーが指摘するように，ヒュームの経済発展論は，外国貿易という外生要因が起動因になっているということが大きな特徴である (Brewer, 1997: 5-6)。ヒュームは，「歴史に徴してみれば，たいていの国民の場合，外国貿易は国内の製造業の洗練に先行しており，外国貿易によって自国の奢侈が生じてきたことがわかるであろう」(Hume, [1903-4] 2006=1983: 14) と述べている。最初に外国産の奢侈品の国内経済への導入があり，そうした財への欲望が喚起されることで，国内の勤勉などが促され，趣味の洗練化へと向かうという図式をヒュームは描いている。この歴史的過程の中で重要なことは，上流層の嗜好の変化であり，洗練された諸財への欲望の開花ということであった。なぜなら，「外国貿易は人びとを安逸から目覚めさせ，華美で富裕な階層の自国民に，それまでは夢想もしなかった奢侈品を提供して，祖先が享受した以上に豪華な生活への欲望を喚起する」(Hume, [1903-4] 2006=1983: 14) からである。ヒュームにとっての中流層の台頭とは，こうした一連の歴史的な諸作用の複合的な帰結であった。

　ヒュームは『イングランド史』の中でも中流層の台頭の歴史的な重要性に言及している。貴族である上流層の嗜好の変化による奢侈的消費の内実の変容が社会における自由・独立・勤労などの拡大を招き，その結果として中流層の台頭という歴史的な趨勢が現出したことをヒュームは確認している(14)。

　　奢侈の習慣により，名家貴族はその莫大な財産を散財させた。そして，この新たな支出の様式が技工や商人に生活の資をもたらすことで，彼らは勤労の果実としての独立した生活を営むこととなる一方で，貴族は従者や使用人などに対して持っていた絶大な支配力を失い，顧客が業者に対して有するほどの緩やかな影響力を保持するに過ぎなくなり，統治に対する危険因子とはなり得なくなった。土地保有者もまた，人よりも貨幣を求めるようになることで，保有地を利益目的のために囲い込みや農地の統合整理を行ない，不要な人手を解雇していく。こうした人手こそ，以前は国家や近隣の貴族勢力に対抗する際に動員される人びとであった。こうした帰結として都市はその数を増やし，中流層は富と権力とを蓄えていくことになる (Hume, [1778] 1983: 384(4))。

　上流貴族層による封建的な身分秩序の統治を崩壊させたのは，こうした奢侈への嗜好の現れであり，一般的には，そうした奢侈的な方向へと移行していった生活様式の変化ということであった。ヒュームは，生活様式の変化こそ，近代化への機序として，「統治上の隠れた革命」(Hume, [1778] 1983: 385(4)) を成

し遂げた主動因であったと述べている。封建的な身分秩序の崩壊は，社会に自由をもたらす契機でもあった。D. W. リヴィングストンが指摘するように，ヒュームの考える自由とは，人間社会における「コンヴェンション（convention）」のひとつである（Livingston, 1990：112）[15]。自由の漸次的な拡大の過程こそ，ヒュームにとっての近代化ということのひとつの意味であった。商業活動とは自由な統治の下でのみ確実に発展していくことが可能であるとヒュームは考えていた。身分制的な支配にあっては，生まれや称号や地位などに付随する名誉という要素が，勤労や富などの商業とより親和性を有する要素よりも社会的な価値基準として重要とされる結果，商業活動は停滞することとなるからである（Hume, [1903-4] 2006：93-94）。それゆえ，自由が拡大し，奢侈が勤労を誘導するという制度的な機序が成立する文明社会の枠組みにおいてのみ商業は盛んになり，それがさらなる奢侈と勤労とを引き出していくという正の循環性を構成していくことができるのである。

奢侈はまず，上流層の嗜好の変化を誘発するものであった。上流層の奢侈に関する内実の変化が，その生活様式の変化となって現れる。そうした変化がやがてはその帰結として，商工業者などの中流層の台頭をゆるすことへとつながっていくのである。往時の社会的な支配力を失っていく上流層と，そうした上流層の奢侈的な生活様式の（意図せざる）恩沢により勢力を拡張していく中流層といっても，それらは共に奢侈的な生活様式を持つ階層ということでは同じである。しかしながら両階層間の決定的な違いが，奢侈と勤労との連結性の有無という点に見出せるのである。文明社会とはこの意味において，奢侈的な社会であると同時に，他面では勤労社会でもある。それゆえにこそ，その中核を担う主体は中流に属する奢侈で勤勉な諸個人でなくてはならないのである。

ヒュームにとって，奢侈で勤勉な諸個人とはまた，有徳な諸個人でもあるということになる。中流層であることがなぜ諸個人を種々の有徳性を備える人間にするのであろうか。この問いに答えるためには，中流層が置かれている固有な境遇に関するヒュームの論理を見ていく必要がある。

17世紀末からヒュームの時代，すなわち18世紀中葉にかけては，「品性（politeness）」ということが広く議論の的とされた時期であった。L. E. クラインが明らかにしたように，こうした議論の中心となったのが，シャフツベリの哲学であり，アディソンやスティールの言説であった（Klein, 1994：2）。品性という語は，元来は会話や振舞いといった外見への気配りを表わすもので，とりわけ上流層の快適な社交のための技術であった。D. ソルキンによれば，そうした意味合いが18世紀の初めから拡大・変容されて使用されるようになり，一般的な傾向として，道徳論の文脈に引きつけて論じられる中で，次第に道徳的なある

種の理想を示す言葉になったという (Solkin, 1995 : 241)。別言するならば，「politeness」の語義が「礼節」という行為の外見に係わる意味合いから，「品性」という人格の内面性に係わる性質をも示すものへと変容されていったということである。クラインはまた「polite」の語が，「生産的」あるいは「有用」という語義も有していた点を指摘する (Klein, 1995a : 366)。それによれば，品性とは確かに外見の装飾性に関わる言葉ではあるが，それは当該個人の諸能力などを示す上での不可欠かつ有用な装飾上の技術のことであった。ではなぜ品性ということが，これほどに注目を集めたのであろうか。そのひとつの理由として，この時期のイギリス社会が，とくに都市部において社会階層間の流動性が高かったことが挙げられる。品性という語は，こうした階層間の流動性を背景にして，旧来の階層的秩序が揺らぐ中で，中流層が台頭する新たな社会枠組みにおける上品さの基準を，上流層と中流層とを包括するかたちで再構築するための概念装置となっていたのである (Klein, 1995b : 229)。品性とは，家柄や正規の教育や政治的な地位などとは無関係に，もっぱら生活様式にのみ関わる行為基準であり，そのためにそうした従来の社会的優位性を持たない諸個人にとっては魅力的な概念であった (Langford, 2002 : 312)。

　流動性の高い社会の中で階層的アイデンティティをつなぎとめるための手段，あるいは社会的な地位の上昇を望むものがその外見上の階層性を顕示するための手段として利用されたのが，種々の奢侈的な消費財であった。文明社会にあって，洗練された品性に基づく購買型の奢侈的な消費文化が展開される素地は，こうした社会的変化に由来する新たな言説の作用によって形成された面があることを見落としてはならない。ヒューム自身，こうした品性を鍵概念とする有徳な生活様式の重要性およびその社会秩序への有益性を認めていたといえる。ただし，N. フィリプソンが指摘するように，ヒュームはシャフツベリやアディソンらが提唱するような品性のある行為基準を示すことだけでは，そうした有徳な生活様式が実現されるには不十分であると考えていた (Phillipson, 1987 : 235)[16]。人間本性の研究を通じて明らかとなる，より抽象的な行為原理の理解の深まりをもって，はじめて道徳性の問題を十全に議論できるようになるというのがヒュームの考えであり，それこそ「人間の科学」の構築という学知的構想のひとつの企図でもあったからである。この人間本性への理解があって，文明化過程の意義や近代的国制や商業が持つ社会の安定化のための有益性なども認識されることが可能になる。その認識の上に立つことではじめて，諸個人は品性ということを社会諸制度への影響という公益的な関係性において捉えることが可能となり，その有用性を正しく論じることができるようになる (Phillipson, 1987 : 242)。ヒュームにとっての品性の問題とは，確固たる人間本性への

理解を基礎とした上で，社会秩序の問題として議論されるべき性質のものであった[17]。

　文明社会の中で，中流層は，その特殊な制度的利点として，感覚の洗練や知識の獲得などを通じて，種々の有徳性を有する品格や行為類型を身につける機会を多く持っているとヒュームは考えていた。ヒュームは，エッセイ「中流層について」において，中流層に属する人びとは，有徳に振舞う機会を多くもち，また人間としてもち得るすべての有徳な性質を発揮することが可能となる点を強調している（Hume, [1903-4] 2006＝1983：581）。というのも，中流層の人びとは，まず理知や理性を受け入れる素地を持っているからである。中流の身分にある者は，中流であることの幸福について思いをめぐらす時間的余裕があり，自分が幸福であることをそのつど実感をもって確認することができる。他方で，富裕な人びとは，過度に快楽に耽る傾向にあり，貧困にある人びとは日々の生活に追われ過ぎているため，理性の声に耳を傾けることができないとヒュームはいう（Hume, [1903-4] 2006＝1983：579-80）。さらにはまた，下流層の諸個人は，根気・忍従・勤勉・廉直以外の徳を実践する機会を欠いており，対して，上流層の諸個人は，寛大・親切・温厚・慈善などを十分に実践できる。けれども，中流層の諸個人は，貧者の徳を上流層に，かつ富者の徳を下流層にそれぞれ実践することができる境遇にいるため，人間としてのあらゆる徳を備えた有徳的な性質の人間となる可能性が高いとヒュームは述べている（Hume, [1903-4] 2006＝1983：580）。つまりは中流層の人びとは，その特殊な境遇により，いわば制度的にその有徳性を再生産できるという社会階層上での優位な位置を占めているということである[18]。中流層の諸個人は，洗練された趣味に加えて，その道徳面に関しても，貴賤のどちらの極端にも振れることなく中庸性を保つことができるため，諸種の徳性に裏打ちされた確かな品性を伴った態度や振舞いを身につけていく。したがって，文明社会という奢侈的な時代に適合的な可鍛性を中流層に属する人びとは，その固有な境遇ゆえの利点として有しているといえる。品格ある行為者としての生活様式をその社会階層にまつわる制度的な作用力の帰結において体現できる存在なのである。

4.2.4. 小括

　以上，ヒュームの奢侈論および中流層論に関して，それをヒュームによる文明社会論の重要な一側面，すなわち社会的機制を構成する不可欠の系論とみなし，その検討を通じて，ヒュームの思想からの消費論的含意の析出を試みた。これまでの行論において，奢侈的な時代である文明社会の諸制度と諸種の有徳性に裏打ちされた中流層の品性のある生活様式とは，相補的な関係性を構築す

ることで，文明社会の奢侈的な消費文化の持続性を高め，そうした行為類型への定向性を強化するような機制として作用していくという論理を，ヒュームは文明社会論として捉えていたことが明確になったと考える。

　ヒュームは，マンデヴィル批判を通して，その独自の奢侈論を展開していた。ヒュームの考える新しい社会での近代的な奢侈の形式とは，洗練された趣味に基づく，消費者の自由な選択による商品購買型の奢侈的な消費のことであった。ヒュームにとって，こうした奢侈とは，もはや旧来の上流層の富裕と閑暇とに飽かした，社会的な無為を伴うような一部の特権的な諸個人の悪徳的な行為ではなく，消費を結節点にして，勤労と奢侈とが個人の行為類型として統合される有徳的な行為を指すものであった。

　このようなヒュームの奢侈概念は，消費論の学説的な系譜に照らして，ひとつの展開を示すものである。ヒュームは，マンデヴィルらの消費論において前提とされていた社会階層間の機能的区分という議論図式を無効にし，かわって，中流層の生活様式を新たな社会に適合的な奢侈の形態として再定式化した。奢侈を趣味の洗練と等置することで，奢侈の私的な有益性を指摘しつつ，他方では，勤労や自由の拡大といったその社会的な有用性をも併せて論証することで，奢侈が内包するその有徳性についてもヒュームは肯定的な評価を与えていく。こうしたヒュームの奢侈論の特徴は，その中流層論との関係において眺めるとき，より鮮明なものとなってくる。文明社会での中流層の諸個人は，その特殊な境遇ゆえの制度的利点において，諸種の多様な有徳性を身につける機会に恵まれている。それゆえ，趣味の洗練としての奢侈は，この有徳な中流層の生活様式にあって親和性をもって体現されるようになる。ヒュームの奢侈論とは，その文明社会の論理を支えるひとつの系論としての位置づけにおいて，ヒュームによる中流層の消費論であったとの再読が可能である。この意味で，ヒュームの中流層論とは，18世紀イギリスの消費文化という現実を踏まえつつ，社会の安定的な発展可能性という問題に関して，それを実現する社会的論理としての勤労と奢侈との相乗的なその相互作用を，ひとつの消費理論というかたちで論証するものであったといえる。

第5章 ポリティカル・エコノミーと学知としての消費者概念の形成

第1節 勤労社会の中の消費者——J. ステュアート

5.1.1. ステュアートと消費論

　ステュアートの主著『経済の原理』は1767年に，スミスの『国富論』に先立つこと9年をもって出版された。ここにおいて，経済学はひとつの体系的な著作を持つこととなり，ひとつの学問的枠組みを確立することとなった。それは，今日では周知のように，K. マルクスをして，経済学を体系的に論じた「最初のイギリス人」であるとの高い評価をステュアートに帰せしめることとなり，小林をして「最初の経済学体系」とその業績を呼び習わすことにもつながっていく (Marx, [1859] 1934=1956；小林，1988；小林，1994)。ステュアートは，新しい学問を創り出そうとした人であり，竹本によれば，それはまさに「経済学の創成」ということになる（竹本，1995）。

　ステュアートの体系は，「アダム・スミスや19世紀的な自由放任精神の輝かしさのせいで，ステュアートが忘却の淵に投げ込まれることがなかったとしたら，マルサスやリストやケインズが長い時間をかけて構築することとなった学派は，もっと速やかに展開されることになっていたかもしれない」(Sen, 1957: 153) と S. R. センが述べるように，古典派的な世界観とは異質のものである。市場を中心とする経済活動の法則性のうちに強固な自律性を読み込む古典派的な世界観とは異なり，ステュアートのそれは，社会における市場の秩序形成力の規定性を相対化させることによって，文化的な諸領域との相互規定性に基づく制度化過程などの考察も視野に入れた，いわば経済社会学的な観点から諸個人の経済行為の連関を分析するための枠組みを提供するものであった。竹本が，「ステュアートは人間の諸活動を編成する制度としての市場に着目し，そこに彼の経済学体系の基盤を据えた」（竹本，1993：848）と述べるように，ステュアートは，確かに市場におけるその制度的な法則性の存在を認識しつつも，社会全体の秩序についてみれば，市場の作用力とは，それだけでは安定した社会秩序をもたらすための完結した自律性を発揮することはないとの見解を抱いていた。むしろ，そうした経済の法則性を制約しようとする諸作用との整合的把握をこそポリティカル・エコノミーの第一義的な諸原理にしようとしていたのである[1]。したがって，ステュアートが経済学という独自の知の体系性におい

て創始的に示すこととなったその根本的命題とは，竹本の言を借りるならば，「現代の経済の方式が政治や法や文化に制約されることによって，それらに浸透して整合性を与え，社会に統合的秩序を，すなわち総体的な相互依存（平和と自由）と富裕（奢侈）とを生み出す」（竹本，1995：344-45）ということであった。

ステュアートは経済学の使命をこのように規定する。

> この科学の主要な目的は，全住民のために生活資料の一定のファンドを確保することであり，それを不安定にするおそれのある事情をすべて取り除くことである。すなわち，社会の欲望を充足するのに必要なすべての物資を準備することであり，また住民（彼らが自由人であるとして）に，彼らのあいだに相互関係と相互依存の状態とがおのずから形成され，その結果それぞれの利益に導かれておのおのの相互的な欲望を充足させることになるように，仕事を与えることである（Steuart, [1767] 1967=1998：3）。

ここに明らかなように，ステュアートの体系にあって，社会が運行していくための根本的契機とは諸個人の欲望である。自由な社会の中での諸個人の欲望充足ということが，経済学という新しい科学の必要性をステュアートに要請したのである。そのため，ステュアートの理論体系は，人間の欲望について，その拡大を肯定的に捉えるものである。それは，自由な諸個人がその欲望を開花させることで，社会における需要の形成に継続性を与えている事実を経済の第一義的な動因として重要視する体系である。それゆえに，こうしたステュアートの経済学体系は，需要の経済学体系と称するにしかるべきものであるといえる[2]。

需要の経済学体系としてのステュアートの議論は，当然に，消費の経済学の体系として読み替えることができる。本節の主題は，こうしたステュアートの経済学体系について，それを消費論の観点から再読することにより，その消費の社会理論としての意義を明らかにすることである。とりわけ，社会的役割として捉えられた，分析上の一般性を持つ消費者概念というものについて，そのひとつの確立をステュアートの体系の中に見出すことの可能性の検討という点が本節の目指すところである。

18世紀の消費論の展開におけるひとつの特徴は，奢侈論争という外観をまとって推移しつつ，その初期の議論枠組みとして，消費に関する強固な社会的階序の図式が前提されていたことである。その図式とは，「富裕層の奢侈（消費）と貧困層の勤労」という社会階層間での経済的役割上の区分である。マンデヴィルの消費論はその代表的なものである。しかし，この議論図式は，中流層の

台頭という18世紀の現実的な社会変化を受けて，徐々に反駁されていく。中でもデフォーやヒュームなどが，中流層の消費文化の諸特徴を的確に掴み取ることから，そうした要素を消費論の論理の中に反映させていった。その中で，従来の社会階層間の経済的な役割区分はその分析的な有効性をなくしていくことで，修正を余儀なくされていく。代わって，奢侈（消費）と勤労とを諸個人の経済的な行為類型として統合的に把握する視点が確立されていくこととなるのである。この認識上の新しい行為主体の成立過程とは，まさにより一般的な分析概念としての有効性を持つ「消費者」概念の形成の過程である。以下で見るように，ステュアートの経済学体系とは，確かにこの消費者概念を，その体系性を支える重要な論理的要素として包含していることが分かるであろう。

5.1.2. 消費と近代市場社会
5.1.2.1. 消費の欲望と自由社会

　ステュアートの経済学体系は，自由な諸個人からなる社会成員の欲望を満たすための方策を示し，種々の原因から生起する社会変動の過程を，国家という共益的な枠組みの中で，できる限りの安定性の下に推移させていく方向性の手掛かりを提供する目的をもって築かれている。ステュアートは，理想として目指すところの社会像を以下のように述べる。

　　　国家の経済が完全なものとなるのは，一般的にはあらゆる階級が，個別的にはすべての人間が，社会から受け取る援助に比例して，社会に助力し，それを援助するようになった場合である。これこそ，私の考える自由で完全な社会のあるべき姿である。それはすなわち一種の一般的な黙約であって，そこから相互的で比例の保たれた奉仕が，社会を構成するすべての成員のあいだに普遍的に生じてくる (Steuart, [1767] 1967＝1998：76)。

　ステュアートの前提とする自由な社会において，諸個人間の社会的関係性に継続性を与え，その再構築の制度化を支えることとなるもっとも重要な根本的原理とは，行為にまつわる相互性である。それは自由な社会に安定的秩序と富裕とをもたらすための必要条件となる。極言するならば，ステュアートにあってのポリティカル・エコノミーという学知は，この諸個人間の関係的相互性を担保するためのものであるといえる。

　この諸個人間の相互性ということの中で，ステュアートがその基底部分に据えるのが，「相互的欲望 (reciprocal wants)」ということである。ここでの欲望における相互性とは，ステュアートの体系にあっては，二重の意味合いにおい

て相互的であることに注意しておく必要がある。ひとつの意味合いは，自由な個人がその利己心に基づき何かを求める場合に，その行為の実現可能性が他者の欲望の充足という行為連関上の社会的関係性により規定されるということである。もうひとつは，当該の欲望を喚起させた行為動機そのものが，多分に社会的要因による規定性を帯びたものであるということである。この後者の論点については後述に譲り，ここでは，前者のみを考察していく。

　自己の欲望充足が他者のそれに規定されるということ，そこでは，自由な諸個人がそれぞれの利己心に従って行為をすることが前提になっている。ステュアートは，利己心という「この原理がもとになって，人々は千差万別の行動をとるのであり，しかもあらゆる行動はそのあとになんらかの必然的な結果を生み出す。したがって，絶えず考慮しておくべき問題は，およそ人類はしかじかの状況のもとではいかなる行動をとることが自分の利益になると思っているのか」(Steuart, [1767] 1967=1998 : 153) という点であるという。こうした状況において，諸個人は互いに他者の利己心に訴えることから，自己の欲望を充足させることを余儀なくされる。ここにおいて，他者の利己心に奉仕するための労働という契機が，自己の欲望充足のためにはつねに付随することとなる。自由な社会においては，これら労働と欲望充足とは，経済活動という行為連関の営為にあって同じコインの表裏を示すものとして不可分離な相関を形成する。また，同一主体についてみれば，それは相補的な行為となり，社会関係の次元では交換過程における欲望の交差的な二重性を映し出すものとなる。ステュアートのいう全般的な依存関係はここに生じてくる。ステュアートは，「依存は社会の唯一のきずなである」(Steuart, [1767] 1967=1998 :219) とまで述べている。

　ただし，依存関係をもって唯一の社会的紐帯であるとするステュアートにあって，人々を労働へと誘引するその規定性は欲望の側にある。利己的な動機としての欲望が本位にあって，その関係性を導く。ステュアートは,「人類に労働の意欲を起こさせるものは，農業に刺激を与えるところの欲望の多様さと複雑さなのであって，農業そのものでもなければ，食物の豊富さでもない」(Steuart, [1767] 1967=1998 : 123) と述べ，欲望と労働に関して，欲望にその行為動機としての先後関係での明確な優位性を与えている。したがって，自由な社会の諸個人を安定的に束ね，富裕の途へと導くためには，相互的欲望という社会的関係性の構造を強固なものにすることがなによりも肝要となる。

　相互的欲望という関係性の制度化とそれに付随する労働への意欲とは，その自然の趨勢として社会的分業を促進する。社会的分業の進行は，まずは生活資料の獲得をめぐるかたちで，その生産者たる農業者とそれ以外の非農業者との間の分業として開始されるであろう。依存関係では，あくまで欲望が本位的な

性質を持つため，農業者の欲望が開花され，充足されなければ，彼らによる生活資料の剰余的生産は行なわれないからである。ステュアートは，非農業者のことを「フリー・ハンズ（the free hands）」と呼ぶ（Steuart, [1767] 1967=1998 : 29）。このフリー・ハンズがそれぞれの生活資料を求めて，農業者の欲望を掻き立てるために労働に従事することから農業が活発化していく。それは次に，フリー・ハンズの職業を多種多様にすることにつながる。そうしてこの欲望の開花と労働との相互規定的な過程は，相乗的な作用を発揮して一層の社会的分業を促していくのである。それはまさに，ステュアートが，「人間は当時は他人の奴隷であったために労働を強いられたのであるが，今日では自分の欲望の奴隷であるために労働を強いられているのである」（Steuart, [1767] 1967=1998 : 37）として，古代における奴隷制社会と18世紀の自由社会とを比較してその相違を明確に表わしたように，近代の自由社会の枠組みとは，その一面においては確かに，欲望の開花とその充足のための労働という，相互的欲望の制度を可動させていく自生的秩序としての文化装置のことなのである。

5.1.2.2. 貨幣的消費と勤労社会

　相互依存の関係性が形成される中から生じた社会的分業は，社会に勤労が導入されることで不断に助長され，より複雑に発達していくこととなる。この意味において，近代社会はステュアートによって，自由社会としての側面と並ぶもうひとつの面において，勤労社会として把握されている。ステュアートはこのように述べる。

　　社会のきずなとして役立つのに必要なこの依存を破壊せずに自由を最下層の人々まであまねく拡大させたものは，勤労の導入であった。勤労は，あらゆる奉仕に対する適当な等価物の流通を伴い，この等価物が，富者に対しては，彼らが貧者の隷属または依存から刈り取ることを期待できたすべての利益を得させるのであり，そして貧者に対しても，最もゆるやかな奴隷制ないしは最も穏やかな隷属のもとで彼らが享受することを望みえたはずのあらゆる慰安を得させるのである（Steuart, [1767] 1967=1998 : 219-20）。

　この勤労社会では，フリー・ハンズの職業が多様化する。社会的分業の発達とは，欲望の多様性を示すものであるからである。フリー・ハンズの職業は，この欲望により規制される。というのも，ステュアートによれば，「彼らの職業は，農業者の余剰から，しかも社会の欲望に適応した労働によって，生活資料を獲得するためのものであって，そのゆえに，この職業はそれらの欲望に応じ

てさまざまであり，欲望はまた時代の精神に応じて多様でありうるからである」(Steuart, [1767] 1967=1998 : 29)。

ステュアートは社会への貨幣の導入契機を次のように説明する[3]。

> 欲望が増大してくると，物々交換は（明白な理由によって）ずっと難しくなる。このために貨幣が導入される。これはあらゆる物に共通の価格である。それは欲望を感ずる人々の手にあっては適当な等価物であり，したがって，勤労によって自分の欲望を満たすことができる人々の目的にかなうように，首尾よく工夫されたものである (Steuart, [1767] 1967=1998 : 167)。

フリー・ハンズにおける職業の多様化は，勤労への見返りである適当な等価物の種類を増やし，欲望の開花をもたらす反面，欲望が複雑化していく中で相互的欲望の成立の機会を強く制約する要因ともなる。したがって，勤労社会はまた，必然的に貨幣経済を前提とする。ステュアートのいうように，勤労にはそれに対する等価物が付随するのであるが，こうした勤労と等価物との交換過程は，社会における諸個人の欲望が多様化し，社会的分業が進展していくにつれて，おのずと交換可能性が高く，一般的な価値としての通用性を持った等価物を要請してくるからである。ここにおいて，貨幣は，価値一般という抽象的な尺度の概念性を表徴する一般的等価物の仮託体として有用となるのである[4]。

貨幣がひとたび成功裡に社会に導入され，その使用（流通）が定着すると，諸個人が自分の欲望に実効性をもたらすためのものであった労働という行為に関して，その貨幣稼得としての意義が重要性を帯びてくるようになる。相互的欲望という文化的な関係性の下で欲望の充足を目指す諸個人は，いまや市場として制度化された交換経済の網目の中で，等価物の譲渡という義務の遂行と引き換えに，みずからの消費を行なう必要性に迫られる。そのとき，すべての市場的な取引の場面において通用する一般的な価値を有する等価物は貨幣のほかにはないため，市場での交換を通じて消費を行なおうとすれば，そこには必ず貨幣による支払いという購買力の裏づけが伴わなければならなくなる。それはまさに，「需要する者は提供すべき等価物をもたなければならない。全機構の起動力となるのは，この等価物なのである」(Steuart, [1767] 1967=1998 : 107) とステュアートが述べた通り，消費をするためには，貨幣を保有していなければならないということである。ここにおいて，ステュアートが近代社会の社会成員として措定する自由な諸個人のうちには，その行為の主体性ということのうちに，貨幣使用により欲望充足を図る消費者的役割と，その消費のための等価物の保有を貨幣の稼得により実現しようとして労働する勤労者的役割とが，共

に市場参加のためのふたつの行為類型として，統合的に把握されなければならない論理的必然が存在する。ステュアートは，貨幣稼得－貨幣保有－貨幣使用という貨幣をめぐる一連の市場交換過程の中で，勤労と消費との相関を整合的に定式化したのである[5]。

このようなステュアート体系における諸個人の行為類型把握は，消費の問題系にあって，購買力を持つ消費者の概念としてその中心に焦点化されてくる[6]。貨幣保有者である購買力を持つ消費者は，ステュアート自身の言葉を引くならば，「この貨幣の所有者は自分のすべての欲望を満たし，しかもなお，今や誰もが望んでやまないと思われるこの新しい種類の富の所有者」(Steuart, [1767] 1967=1998 : 30-31) のことである。購買力を持つ消費者というこの行為類型概念は，消費の諸問題の行論において，一貫してステュアートの議論的拡がりを束ねる要となる。

貨幣経済の普遍化は，その自然的作用として当該社会に奢侈の風潮をもたらすとステュアートは論じる。ステュアートは次のように述べる。

　　ひとたびこの想像上の富が国内にうまく導入されるようになると，奢侈がきわめて自然にそれに続いて起こるであろう。そして貨幣がわれわれの欲望の対象となると，人類は勤勉になって，そのために富者がよろこんで貨幣を手放すと思われるあらゆる事物にその労働を向けるようになる (Steuart, [1767] 1967=1998 : 31)。

それは，貨幣を十分に保有しない人々が，こぞってしかもその精励を尽くして貨幣を求めるようになることから帰結する。これらの人々は，貨幣の保有者である富者が，消費の等価物として，その支払いのさいに貨幣を手放すよう，その消費の欲望を喚起するような財の生産や労役的な奉仕にその労働を振り向けていく。それは生産における創意工夫を助長することとなり，富者の欲望を喚起させることはもちろん，それだけにとどまらず，貨幣への欲望から勤労に励んでいた当の人々自身の奢侈的生活への欲望をも惹起させることで，社会全体に奢侈的な風潮を招いていく。先述のように，近代の自由社会においては，諸個人は自己の欲望の奴隷であるがゆえに労働すると述べたステュアートにとって，この貨幣および奢侈の普及こそ，欠乏を感じずとも諸個人が労働することになるその理由なのであり，「人々は，貪欲や野心に促されて，他人の用途にあてるために考案した当の奢侈的な物を所有したがるようになる」(Steuart, [1767] 1967=1998 : 168) のである。

ここでステュアートのいう奢侈とは，竹本の指摘にもあるように，それは社

会における生活水準の向上という意味合いをも含めた，広い意味での文化的な洗練ということである（竹本，1995：330）。ステュアート自身も，『経済の原理』における奢侈概念の用語法については，「奢侈の意味は動物的な欲望の満足でも富の濫用でもなく，嗜好や生活面での優雅さなのであって，しかもそれは人間の労働と創意とをその対象とする」（Steuart, [1767] 1967＝1998：32）ものであることを言明している。そもそも，ステュアートのいう有効需要ということの意味も，文化的洗練という奢侈的な消費との関連性においてその本質的な含意を捉えることができるもので，竹本の言を借りるならば，有効需要とは，「消費が社会的脈絡のなかで獲得する意味を貨幣によって実効あらしめよう」（竹本，1995：331）とするその側面を表わすさいに用いられる概念であり，それはいわば文化の欲望規定力と貨幣の購買力とがそこにおいて切り結び相殺される作用を伴う消費のことを指す言葉である。奢侈の普及とは，人々の生活様式の単調さを消費の面において打ち破る契機でもあり，欲望の開花や文化の発展を大いに加速する。この奢侈を生み出し，その過程を下支えするものが，人々の勤労なのである。

　奢侈という，とりわけ消費生活の洗練という事態は，その背景としての勤労社会の形成という裏づけがあって始めて現出するものであることをステュアートは明確に認識していたといえる。それゆえに，ステュアートの理解では，奢侈という文化的な洗練化の進展における主動因は，富者の贅沢や安楽への欲望であるよりも，もっぱら勤労者の創意工夫の積み重ねによるところの欲望対象の創出ということのうちにあるということになる（Steuart, [1767] 1967＝1998：168）。ステュアートは，奢侈と勤労社会との親和性に関する社会認識を，これもまたきわめて明確な論理性をもって，経済の整合的な理論としてひとつの体系性の下に構築したのである。

5.1.3. 消費と社会秩序
5.1.3.1. 奢侈的消費と消費者概念

　奢侈の概念に関して，ステュアートはその語の『経済の原理』における定義を次のように与える。

> 人間の労働または創意によって生産された物で，われわれの感覚や嗜好を満足させはするものの，われわれが満足に食べたり，十分に着たり，天候の不順にしっかり備えをするのには必要でなく，また，われわれに傷害を与える恐れのあるすべてのことから身を守るのにも必要でもない物を消費すること（Steuart, [1767] 1967＝1998：29）。

奢侈概念をこのように規定した後に続けて，ステュアートはその奢侈論の議論としての方向性も明確に規定していく。そうすることによって，『経済の原理』が与えた定義内容の行論上の適宜性を確定することを企図する。勤労社会における奢侈的な生活様式の自然的な伸張を論証するステュアートは，その論理的帰結の有用性をめぐる議論が，奢侈の社会的作用という点に限定して検討されるものであることをあらかじめ明示するため，その議論の範囲を確認してこのように述べる。

　私の主題は道徳論ではないのだから，奢侈という用語を政治的な意味以外には考える必要がない。すなわち，仕事を生みだし，富者の需要を満たす者たちにパンを与える原理と考えればすむのである。このような理由から私は，奢侈について，濫用とか官能的とか不節制とかいう観念を表わすことのない，上の定義を選んだのである（Steuart, [1767] 1967＝1998：30）。

　ステュアートが述べるように，奢侈とは，必需品の範疇には入らない余剰な勤労の産物を消費することである。つまり，奢侈とは奢侈的な消費の行為を指している。そして，ここでの消費とは，前出の相互的欲望が制度として確立された市場交換を通じての購買という貨幣的消費のことであることは，明らかであろう。というのも，ステュアートのいう奢侈が，社会において仕事を生み出すことになるのは，その背景論理として，当然に相互的欲望の機制が作用していることを前提としているからである。したがって，ステュアートが人々を奢侈的であると述べる場合には，それはつねに購買行為としての消費がその焦点となっており，一方で，その購買対象である財については，少なくともそれが明確な必需品とはみなせない限りにおいては，その品目は取り立てて問題とはならない。ステュアートみずからが述べるように，奢侈への注目は，それが快楽の対象を調達するための行為である購買ということをステュアートが問題としたいがためである（Steuart, [1767] 1967＝1998：282）。ステュアートが奢侈論として問題とするその中心的論点は，購買という消費の行為が，諸個人の必要という行為動機の限度を超えて行なわれることの論証という点に見出せる。それは，自由社会の人々の間に強固な相互的欲望の関係性を保持して，社会の富裕化の道筋を示していくための体系であるポリティカル・エコノミーにあって，その整合性をつなぎとめるために必要なひとつの重要な論理環なのである。こうした奢侈論の議論的文脈を踏まえるならば，「人は，虚栄や自負や見栄からでも，あるいは消費を促進するという政治的な意図からでも，快楽に転換する恐

れとか不節制に陥る傾向とかはなしに、きわめて奢侈的になりうる」(Steuart, [1767] 1967＝1998：283)とするこの立言の意味するところも明瞭となる。すなわち、自由な勤労社会では、奢侈的消費という購買の実現的契機が存在することで、必要という欲望の許容量を、少なくともその可能性においては無限に超えて貨幣的消費を助長・拡大していくことができる論理性が奢侈により担保されているということである。その上、この同じ奢侈的消費の過程は、必然的にそれに比例した貨幣の流通を伴うことから、ステュアートから次のような言をも引き出すこととなる。

　誰でも奢侈的になれば、われわれの理解するこの言葉の意味では、必ず勤労者にパンを与え、競争と工業と農業とを必ず促進するのであり、またあらゆる奉仕に対する適当な等価物の流通を必ず引き起こすだろう。この最後のものは自由を保障する女神であり、穏やかな依存関係の源泉であり、そして自由な社会の結合をもたらす適切なきずなでもある (Steuart, [1767] 1967＝1998：282)。

　この奢侈的消費の担い手は、有効需要を作り出し、貨幣の流通を促進させ、新たな就労の機会を創出するという作用において、自由な勤労社会である近代市民社会にあっては、その富裕化のための鍵を握っている。それでは、ステュアートの体系において、奢侈的消費の担い手としては、どのような諸個人あるいは階級が想定されているのであろうか。小林は、その主な担い手を、貨幣を保有する富者であると見る。例えば、『経済の原理』が展開する近代社会の論理にあっては、その不可欠な因子として富者の存在を前提している点を重視することで、この富者概念のうちにはフリー・ハンズである商品生産者をも含む点を確認しながらも、やはりここでの奢侈とは生産者大衆のそれではないと結論づけている (小林, 1977：251-53)。小林によれば、ステュアートの体系が描出する近代社会の論理とは、自由独立の商品生産者を主体とするところのその勤労を動力として、さらには富者の奢侈を不可欠の誘因としながら展開していく構造を持つ。この論理の中では、生産者大衆による奢侈は、誘因としては副次的であるにとどまらず、さらには勤労の誘因に対する阻止的要因でさえあるとされる (小林, 1977：257)。ステュアート自身が為政者の役目として、とりわけ、自国における「富者の消費性向、貧者の勤労の意向、さらには前者と後者とにたいする流通貨幣の比率」(Steuart, [1767] 1967＝1998：341) につねに留意しておく必要性について述べたことを知るとき、確かに、この小林の主張は、首肯し得るものであろう。

ただし，「貧者はいつまでも貧者ではない」(小林, 1994：54-55)と小林も認めているように，ステュアートの奢侈論は，その担い手としての可能性を貧困層である勤労大衆に見出す議論を排除するものではない[7]。勤労階層である大衆の中からも，その勤労の対価である貨幣としての等価物を保有することから，もとは富者の欲望の対象として考案した奢侈的な諸財を次第に自分自身の欲望の対象としていく者たちが現われる。さらに詳言するならば，それは，社会的に下層に位置する諸個人が，その勤労者としての側面において，貨幣稼得というその貪欲や野心から案出した奢侈的な諸財を，今度は，その消費者としての側面において，虚栄や自負や見栄といった社会的な必要に由来する競争心に促されて消費を行なう中で貨幣を手放していくという貨幣流通をめぐる繰り返しの過程にあって，身分制の社会的階序を上向していく諸個人の姿を表わすものである[8]。この勤労大衆層による有効需要の形成論理を見ていく場合には，その奢侈論との関係において，もうひとつの論点として，ステュアートによる必需概念の定義づけの持つ消費論的意義についても検討する必要がある。次にそれを見ていく。

　ステュアートは，必需の概念を2つに区分して，それぞれを「生理的必要物(physical necessaries)」と「政治的必要物(political necessaries)」と呼ぶ。このうちまず生理的必要物については，「生理的必要物の観念を伝えるものは，余剰なものを少しも含まない程度の，十分な生活資料である」(Steuart, [1767] 1967=1998：283)と規定している。この状態は余分な財の享受を少しも含まない水準の生活においては最高の段階であって，それは，最低限の生存水準にあることを意味していないことに注意しなければならない。次に政治的必要物については，それは諸個人が置かれている社会的関係性，あるいは文化や教育などの水準といった規定要因に基づいてその内容が決定されるもので，当該個人の身分と密接な関連性を持つ。換言するならば，この政治的必要物とは，ステュアートなりの消費の対人効果についての言述として理解できる。ステュアートの説明を引けばこのようである。

　　人間の本性はその欠乏との関連でみずからになんらかの欲求を起こさせる。その欠乏は人間の生理的な仕組みから生じるものではないが，その効果についてみればそうした場合とまったく同じである。欲求は人間の精神の作用から生じ，習慣と教育によって形成されるのであるが，ひとたび通例化してしまうと，別種の必要を生みだすのであり，区別するために私はそれを政治的なものと呼ぶ。／この政治的必要は，その対象として，ある種の生理的に贅沢な品目を有しており，これがいわゆる社会的な身分に差をつけるのである

(Steuart, [1767] 1967=1998 : 284)。

　ステュアートによれば,諸個人の身分(意識)とは,その出生や教育や習慣により決まるものである(Steuart, [1767] 1967=1998 : 284)。ある個人の政治的必要物は,その身分に見合う(もしくは保つに)分相応なもの,あるいはその向上志向性に照らして世間一般の是認が得られる程度での穏当な上級さを示すものから構成されるはずのもので,その必要の基準は一般的な世論によってのみ決定されるため,そこになんらかの厳密な境界線を引くことは不可能であるということになる(Steuart, [1767] 1967=1998 : 285)。さらに,人間とは,その生理的必要物が十分に享受できない恐れがある状況にあっても,しばしば政治的必要物の消費を優先してしまうことがある。こうした理由からも,人間についての生理的必要物と政治的必要物との間に確固とした境界を画定することは困難となる。

　しかるに,こうした境界の曖昧さは,奢侈的消費と必需的消費との関係性についても当然に当てはまるものであることは容易に理解できよう。とすれば,ステュアートにおける欲望充足の水準,すなわち消費水準に関する「奢侈」・「政治的必要物」・「生理的必要物」という3区分は,その線引きがきわめて相対的で流動的なものであり,歴史文化的な規定性の強い影響下にあるとすることができる[9]。ヤンは,こうした奢侈と必要との間の柔軟な境界づけのうちに,ステュアート体系の論理展開に占める重要な意義を認めている(Yang, 1994 : 12)。ヤンによると,それは,その曖昧さゆえに,ステュアートの体系内に奢侈と必要との区分に政治的必要物という諸個人の主観性に依存する範域を持ち込むことによって,すべての諸個人が,その属する階級の上流・下流を問うことなく,必需的消費と奢侈的消費とを含んだ生活を,その消費の量や割合における違いこそあれ,一様に行ない得る主体となったという重要な論点を包含するものである。この指摘を敷衍して考えるとき,ステュアートの体系では,少なくともその可能性においては,貨幣という購買力を有する限りにおいて,すべての諸個人が消費者として有効需要の担い手たり得る行為主体として把握されていることを,この消費水準論は証しているといえる。この議論的文脈からは,その階級性や階層性といった属性から離れた,より一般的な社会的役割として捉えられた消費者概念の形成がステュアート体系の中に確かに見出せる。

5.1.3.2. 富の均衡論と消費者概念

　ここまでは,奢侈論との関連において,ステュアート体系の中により一般的な消費者概念の形成を跡づけてきた。ステュアートによるこの消費者概念の形

成については，もうひとつ別の系論からもその成立の論拠を析出することができる。その系論とは，ステュアート体系にあって，独自の展開を見せる富の均衡論のことである。

ステュアートの富の均衡論とは，その振動を通して諸個人間の平等化を促していく動態的な過程についての議論である。その中にあって，たえず新たにこの振動をもたらす要因は消費である。それは，「富の均衡の振動の本質的な特徴は，個々人のあいだにおける富の相対的な割合の変化である。……消費は，それゆえに，均衡の向きを変えさせる唯一の事情である」(Steuart, [1767] 1967＝1998：330) とステュアート自身が述べるように，諸個人の消費を通じた富の平準化の論理である。

ところで，この富の均衡論とは，社会における実際的な富の平等の実現を意味するものではないことに注意する必要がある。それは，あくまでも平準化への方向性を持つ社会的作用力ということであって，したがって，現実的には社会での富の格差が解消されることはなく，富裕層による奢侈的消費と貧困層による勤労という階層間の相互依存関係の図式が霧散してしまうことはない。ステュアートは，むしろ絶対的平等なる状態の現実性を否定してこう述べる。

　事実としての絶対的平等なるものは，人間の社会にあてはめてみれば，不合理な想定である。倹約が蓄積をし，浪費が蕩尽をしてはいけないのであろうか。これらの相反する気質は，それだけで，平等を維持するために最良の規制をただちに無効にしてしまうに十分であるし，また，平等が一定の段階にまで進むと，それに代わって流通が生み出しうる限りでの大きな不平等が実現せざるをえないのである」(Steuart, [1767] 1967＝1998：334)。

それゆえ，富の均衡の振動とは，社会全体としての機構において，「奢侈が恒常的に維持される道」（竹本，1995：38) を示すものであり，事実上の平等を機会として導くための方策となるものである。ステュアートは進んで，奢侈には平等化の作用が付随することを指摘する。というのも，「奢侈は不平等の結果ではありえても，決してその原因とはなりえない。退蔵と吝嗇とは大きな財産を作るが，奢侈はそれを分散させて，平等を回復する」(Steuart, [1767] 1967＝1998：296) からである。

竹本は，こうした奢侈的消費にまつわる平等化の作用を富の均衡の振動として提示したステュアートの議論について，それを「階級の入れ替え論（社会的対流化論）」（竹本，1993：858) として把握する[10]。それは，ステュアートが想定するように，勤労者は質素であり，富裕で無為の人間は贅沢であることを仮

定するならば,「富の均衡における変動は常に勤労者にとって有利に,そして無為の消費者にとっては不利になる傾向をもっている」(Steuart, [1767] 1967=1998：376)ことに由来する論理的帰結である。富裕層と貧困層とは,奢侈と勤労という相互依存の関係性におけるそれぞれの役回りをこなす中で,貨幣的消費の累積的結果として,両者の経済的地位は富の均衡にあって徐々に逆転し始める。そうなると,両者の役割もまた逆になって,奢侈の担い手は,新しく富を蓄え富裕になった諸個人が務めることとなり,入れ替えに勤労者となった人々の奉仕に依存しつつ,その消費によってさらなる振動を生起させていく。この振動過程は無際限に展開していくのであるが,先述のように,それを社会全体として眺める場合には,その担い手を交替させながら,富裕層の奢侈と貧困層の勤労としての相互依存の関係を制度として成功裡に機能させていくのであり,この過程が進行していく中の異なる時点のいつかで,社会の成員はそれぞれが「交互に」富裕になる機会的可能性を持つのである(Steuart, [1767] 1967=1998：475)。

　ステュアートは,こうした事実上の平等化の機制を円滑に機能させていくための鍵を,社会全体における潜在的な有効需要に相応した勤労の創出という点に見る(Steuart, [1767] 1967=1998：335)。勤労の創出は,奢侈的消費というかたちで,富裕層での富の退蔵を浪費として調整し,反対に貧困層での退蔵がその浪費の結果を再調整することになる。ステュアートによれば,これこそが,「貧乏を防ぐにも,過大な富を防ぐにも,最も効果的な方策である」(Steuart, [1767] 1967=1998：335)ということになる。

　したがって,富の均衡の振動というこの同じ過程はまた,社会の中流層の台頭を招来する論理性を胚胎するものである。社会全体において,浪費と節倹とは調整し合うことにより,社会階層間の経済的な格差はその幅を縮小する傾向を示すからである。平等化の作用の中で,社会階層の上下は,ちょうど「井戸のなかの桶が,互いに擦れ違ってしまう前に出会うのに似て」(Steuart, [1767] 1967=1998：335),その距離を縮め合うようになる。近代市民社会の形成論理において,確かにその始まりにおける富者とは,主に地主としての貴族階級であったといえる。地主階級の奢侈的消費が社会の有効需要の大部分を担っていたのである。しかし,市民社会の展開は,そのうちに内包されていた相互依存の論理の制度がその反復性において諸個人の行為に対する規制力を強めていくにつれて,社会階層間格差の縮小および階級間での富の均衡の逆転などの結果をもたらすこととなった。そこではまた,奢侈と貨幣流通とが消費と結びつくことから,広く社会における奢侈的消費と貨幣的消費との一般化が進行していくこととなった。J.-J. ギレンは,「地主貴族階級が漸進的に,より一般的な消

費者階級に混ざり合い，相互的欲望の制度的圧力の中でその階級的役割を衰退させていくことになる」(Gislain, 1999 : 179) と述べている。このような市民社会の展開の中で，社会成員であるすべての諸個人が，勤労の対価としての貨幣稼得に励み，欲望充足の場面では購買（貨幣的消費）としての貨幣使用を通じた有効需要の担い手としての立場を獲得していくようになるのである。ステュアートによる富の均衡論は，こうした諸個人について，彼らがその社会的役割において消費者と勤労者との立場を，その行為の自由の帰結において社会階層の階梯を周流しながら，また同時に，その意図しない帰結としては，そうした役割からそれに付帯する社会的地位などの諸属性との緊密な結びつきをほどきながら，そのときどきにおいて担っている，その行為主体としての姿を浮き彫りにしている。それゆえ，この富の均衡論の議論的文脈においても，ステュアート体系がその論理の要請する整合性のうちに，より一般性を持った分析概念として，ひとつの社会的役割を表象する消費者概念の成立を可能にするものであることが確認されるのである。

5.1.4. 小括

以上，ここまでステュアートの経済学体系について，その消費論的含意を明示するという方向性の下，消費論との密接な関連性があると思われる諸論点を中心に検討を加えてきた。本書の当初の試みとしては，ステュアート体系の中に，分析上の一般性を有する社会的役割として捉えられた消費者概念のひとつの成立を見るという目的性をその主題に置いていた。先述のように，ステュアートの消費論としての問題系とは，その関連領域は非常に広範に渡るものである。したがって，本書として扱う系論の範囲についても，必然的に限定されたものとならざるを得ない以上，それは，もとよりその全貌の解明を目指すものとはなりえないものである。本書では，わずかにその消費の問題系の一部であるところの，相互的欲望論や貨幣論，さらには奢侈論や富の均衡論について，それらを消費者概念の形成へとつながる手掛りを探るための議論として取り上げたのみである。ただし，消費者概念の成立をステュアート体系に見出すという目的性については，たとえそれがステュアート体系における消費の問題系のすべてを扱うものではないという限定性を有するものであったとしても，なおこれまでの行論をもってその一定の論証となるものであると考える。

近代市民社会の成立という同時代的な歴史の展開にあって，ステュアートは国民国家を運営するための新しい学知的体系の必要性を認識するに至った。このステュアートの問題意識は，『経済の原理』として結実することで，経済学の体系を作り上げた。本節で検討した諸論点，すなわち相互的欲望・貨幣・奢侈・

富の均衡といった問題は，ステュアートの経済学において，構成上その体系の整合性を支えるための不可欠の論理として位置づけられている。それらはその議論的根底において消費論との接点を共有する。それらはまた，貨幣稼得者＝勤労者としての諸個人の側面を消費論に接合することで，消費の行為に奥行きをもたせ，いわばその消費者像に陰影を与えるものとなっている。消費者概念はそうした諸系論の複合的帰結として，ステュアート体系のうちに立体的に成立しているのである。その研究史において，しばしば需要の経済学とも称されるステュアートの体系は，消費論としての再読の可能性を多分に秘めるものであるといえる。

第2節　商業的社会の中の消費者——A．スミス

5.2.1.　スミスと消費論

　スミスの社会理論は，その扱う問題領域が広範であり，ときに，種々の議論間の連結を見定めることが困難な場合も少なくない。しかし，そうした解釈上の困難の一部は，同社会理論を通底する，スミスの一貫した思想的主題を捉えることで解消される。その主題とは，社会の自然的な秩序指向性の先に，最大の社会的利益というものが実現されるということの論証である。スミスの社会理論とは，「見えざる手」や「事物自然の成り行き」という言葉に集約的に表わされ，『国富論』においては，「自然的自由の制度（system of natural liberty）」として示された，社会全般に関わる利益や一般的福祉が成立する状態，およびそこに至る過程をひとつの論理体系としてまとめ上げたものである。スミスは，その『哲学論文集』に見られるように，科学的思考，すなわち論理的思考における分析事象についての概念的再構成の重要性を明確に認識していた（Smith, [1795] 1982=1994：24-25）。そうしたスミスにとっての社会理論の構築とは，のちにハイエクにより自生的秩序観とも称されることとなるその思想的主題，つまりは社会の諸制度や人々の社会的関係性に見られる整序的な性質の解明を，記号化して把握するための作業のことであった[1]。

　スミスは，自生的秩序観の理論化というこの主題に関して，その論証のための鍵を，私益と公益との一致可能性という点に見る。諸個人の私的利益の追求と社会全体に関わる公益の実現という2つの方向性が整合する余地はあるか，あるとすればそれはいかにして整合するのか，この私益と公益との整合的余地の研究ということが，スミスの社会理論的関心を持続させてきたその思考の中心であった。この整合性の問題に対して論理的解明を与えることがスミスの社会理論的課題であり，その成果でもあった。

スミスのいう私益と公益との整合性の問題は，個人次元の動機的側面における利己的行為と社会的次元におけるある意味での利他的作用との整合性の問題として捉えなおすことができる。スミスは社会的行為の動機の部分に社会理論としての定式化の可能性を見ており，諸個人の社会的行為を道徳哲学体系に共通の分析対象として捉えていたからである。そこには，方法論的個人主義の前提から出発し，帰結主義的な社会理論を構築するというスミスの思考的傾向が看取できる[2]。ハイエクによる以下の言説は，このようなスミス解釈に妥当性を付与するものである。

　　スミスの主たる関心は人間が最良の状態にある時にたまたま達成しうることにあったのではなく，人間が最悪の状態の時に害をなす機会をできるだけ少なくすることにあったということである。……それはすべての人々をあるがままの多様で複雑な，時には善人であり，他の時には悪人であり，また時には聡明でありながら，もっとしばしば愚かであるという姿のままで活用する社会体制なのである（Hayek, [1948] 1980＝1990 : 15）。

　本節としての課題は，スミスの消費に関する言説を社会的行為論の見地から再読することを通して，スミスの思想体系にある消費論的含意を明らかにすることである。とくに，スミスの社会理論の体系において，諸個人の私益に基づく消費行為が，社会の中で，スミスのいう公益とどのような関係性を持つものであるかという問題について，それを帰結主義的な視点から検討することをその主題とする。そのため，スミス消費論の検討は，スミスの社会理論の体系に則した理解が不可欠となる。スミスの社会理論的課題が私益と公益との一致という人間社会の自生的な秩序指向性を定式化するものであったことを踏まえるならば，スミスの思想に見受けられるこの自生的秩序観に立つ社会認識の前提に照らして，はじめて消費行為と公益とのつながりの論理性が明確に把握されることとなる。本節の主題を別言するならば，スミスの消費に関する言説について，その同思想体系からの規定性，すなわちその体系内での論理整合性を明証することで，そこにひとつの消費論としての輪郭を与える作業であるといえる。
　スミスの時代とその前後の時期，すなわち18世紀イギリスの消費論の言説空間にあっては，それを消費者概念との関連性という文脈に限って見た場合に，そこには問題系として2つの緩やかな議論枠組みの形成が見出せる。それらは，奢侈的消費にまつわる道徳性の問題と消費者役割に付帯する社会的階層性の問題である。前者の問題は，諸個人の行為動機に関わる人間本性の問題として，17・18世紀に広く展開された情念論の中に包括されるものである[3]。こうした

情念論の展開を背景に，例えばバーボンやマンデヴィルのような言説が現れることで，消費論はようやく悪徳的行為としての奢侈論の枠組みを見直す方向へと進み始める。それは，奢侈概念の精緻化をもたらし，延いては消費行為の動機的理解の深化を通して，社会的行為としての消費の行為類型的な理論化を推進いくことになる。スミスは，奢侈的消費を含む行為動機に関する道徳性の問題を，とりわけ『道徳感情論』の中で論じている。その中でスミスは，ラヴジョイが指摘するように，すでにヴェブレンの議論を先取りするかたちで，消費行為の決定因としてその対人効果が重要であることを明確に認識していた (Lovejoy, 1961=1998 : 239-40)。あるいはまた，社会に階序制的な流行が作り出されることの言及など，流行の滴下理論を彷彿とさせる議論もスミスにはある。他方で，消費者役割に随伴する社会階層の問題とは，18世紀イギリスの消費論における支配的な前提を構成した堅固な議論図式をめぐる問題である。その議論図式とは「富裕層の奢侈と貧困層の勤労」として約言されるものである。この図式の有効性は，現実社会の近代化の進展の中で徐々にその社会把握上の妥当性が失われていくことになるのであるが，それでもなお18世紀を通じてその消費論の議論枠組みとしての有用性は保持されていく。17世紀の終わりから18世紀初頭に論じられたバーボンあるいはマンデヴィルなどの消費論では，消費行為としての経済的自由は，とくにその議論背景として奢侈的消費の問題と結びつく場合において，社会的身分の固定性を半ば前提としながら，未だ多分に富裕層に限定的な問題として論じられていた。そこでは，「富裕層の奢侈」として，消費の主体には社会階層的な属性による役割の分化が想定されていた。こうした社会階層的区分を軸とする機能分化の前提が，消費者概念に関するその意味内容の変容につれて，その図式としての説明力を減じ始めるのは18世紀中葉からである。その頃の代表的な消費論としては，例えば，ヴァンダーリントやデフォーのものが挙げられる。その後はヒュームやJ.タッカーなどにより，同様に，社会階層的に限定された消費機能という論点を強調することのない消費論が論じられていく。

　以下では，スミスの消費に関する言説がこうした同時代の消費論の流れに沿うものであることを確認する。『国富論』の中で，スミスの消費論がその論理的帰結として結像させてくる「消費者」という概念には，もはやその社会的役割の属性に付帯する社会階層的区分の要素は希薄化されていることが分かるであろう。スミスの思想体系から消費論の析出を試みる本節の作業はまた，その消費論としての特徴を明瞭にするという目的性を，そのうちに当然に含むものである。したがって，消費行為と公益との間の論理的関係を判明にするという本節の主題には，その経済思想史への敷衍的な意義として，消費論の系譜におけ

るスミスの学説史的位置を見定めるための重要な手掛りが見出せると考える。スミス消費論の経済学説上の系譜づけに関しては，メイソンが，「スミス自身は，イギリスの多くの経済学者たちよりも，好感をもって消費の経済学に興味を示していたし，また彼によって，経済成長や経済的繁栄にとって消費性向が重要であることを認識させる経済成長モデルがまさに生み出されんとしていた」（Mason, 1998＝2000：20）と述べて，その経済成長モデルとしての重要性に注目している。この点は本節の中で，スミスの近代化論の中で消費が果たす社会的作用として富裕化との関連において論じる。そしてもうひとつ，上述のような消費学説の展開面との接点におけるスミス消費論の貢献に関しては，消費者概念の形成という問題に関心を焦点化して，その学説史上の意義を提示する[4]。

5.2.2. 社会的行為としての消費
5.2.2.1. 私悪としての奢侈的消費

18世紀のイギリスにおける消費論の展開は，マンデヴィルの消費論がその基点であった。マンデヴィル以降の論者は，明示的であれ暗黙裡であれ，何らかのかたちでマンデヴィルを参照し，それとの比較において消費論を展開していくこととなっていた（Berry, 1994：126-76）。とりわけ，行為論としての奢侈の問題は，その行為動機の道徳性を中心的な論点として神学者や文学者なども巻き込みながら，奢侈論争という道徳論のかたちを取ることで，広義の消費論的な言説空間を構成していく。この意味で，18世紀イギリスの消費論は，マンデヴィルとの距離において類型化できるともいえる。したがって，スミスの消費論についても，マンデヴィルとの対比においてその行為論としての概略を掴んでおくことが便利である。

18世紀イギリスの消費論には，それを社会的行為論の観点から見た場合に，マンデヴィルの思想の行為論的評価をめぐる論争の場としての側面が見出せる。マンデヴィルは『蜂の寓話』において，消費を社会的行為として捉え，社会の行為連関の次元においてその作用を分析した。この点で『蜂の寓話』とは，消費の社会理論を，社会的行為論としてはじめて体系的に展開した書ともいえる。同書の消費論は，とりわけその奢侈論の是非を中心に，18世紀イギリスの消費論の係争点となっていく（Vichert, 1971：259）。それは奢侈論争というかたちの特殊な消費論にあって，その下敷き的な共通の議論として，賛否の両面から言及され続けていくのである。

マンデヴィル消費論の行為論的帰結は，『蜂の寓話』の副題でもある「私悪は公益」という命題である。これは，マンデヴィルの理論的前提が，行為の動機上の道徳性を問題とはせず，行為の社会的帰結，すなわちその社会的作用のみ

を分析対象とするという帰結主義的行為理論であることの言明である。マンデヴィル以降の消費論は、イギリスでは18世紀を通じて、この行為論的な帰結主義的前提の受容に関して、とりわけ道徳哲学との接合面を模索しつつ、大勢としては消費論における道徳論的揺り戻しの過程として推移していくこととなる。

　スミスは諸個人の行為の出発点を人間の諸感情に求めるが、人間の社会状況の形成的契機もまた、感情に帰着させる。スミスは、人間本性に由来する諸個人間の自然な諸感情の交流から社会が生み出されると考える。その諸感情の中で、スミスが社会的行為としての人々の相互的関係性が成立する要因として重視するのが、一種の同胞感情でもある「同感（sympathy）」である（Smith, [1790] 1982=1970：44）。スミスは、「社会秩序を事実上作り上げてしまうことを人間に可能にしている人間本性における原理とは何かを探求すること」（鈴木，1992：145）から、この同感概念に辿りついた。スミスの前提する同感的諸個人は、その行為の過程において、自己の感情だけではなく、つねに他者の感情をも想像的に勘案する主体である。そこに、スミスは社会的関係性の安定性を見出し、さらには道徳の形成基盤をも見据えていた。それゆえ、人間感情における同感を重視するスミスにとって、諸個人の利己的な行為のすべてがそのまま即座に公益に結びつくとする議論は、受け入れ難いものであった。

　スミスは利己的な行為について、その道徳論的な意味での動機的徳性の問題を不問にして、そこに公益という観点からの利点が認められるならば、それらの行為をすべて是認していくような学説に対して否定的な議論を展開する。とくに、『道徳感情論』の中では、そうした学説を「放縦（licentious）」なものであると述べて、その代表的論者であるマンデヴィルを批判している。スミスによれば、そうした学説は、道徳論的に見て、「悪徳と美徳との間の区別を全く取り除く」（Smith, [1790] 1982=1970：643）ものであり、初学者をはなはだ混乱させるものである。マンデヴィルは道徳的行為というものの動機はすべて人間の虚栄心から発するものであるとするのであるが、この主張こそ、美徳を愛する心情ならびに真の栄誉を愛する心情と、虚栄心とを同一視してしまうという誤謬を犯しているというのである（Smith, [1790] 1982=1970：643-46）。

　スミスによるこのようなマンデヴィル批判の言説を読む限りでは、スミスの社会理論体系をひとつの帰結主義的な社会的行為論として再読することには困難があると思われる。しかしながら、スミスはこのマンデヴィルの「放縦な学説（licentious system）」をある面においては受け入れている[5]。スミスは、マンデヴィルの思想の社会理論としての有効性、すなわち、その方法論的個人主義に基づく社会事象の整合的定式化のモデルとしての有用性について、それを社会分析のための有効な論理として認めるのである（Castiglione, 1986：485；

Winch, 1996：69)。このことは，帰結主義的社会理論の社会認識上の有用性について，スミスがそれを適切に理解していたことを示すものであるといえる。

スミスはまた，マンデヴィルの学説をホッブズ，そして暗にはヒュームの学説に連なるものとして系統づける (Smith, [1790] 1982=1970：661-63)。これらの論者は，社会的行為の是認の原理を諸個人の利己心に帰する点において同類であるというのである。そこでは，すべての社会的行為が，社会という人間生活の基盤を構成する制度への作用の方向性という基準に基づきその是非が判断される。それゆえ，この文脈での「美徳とは人間社会の偉大なる支持者であり，悪徳とは人間社会の偉大なる惑乱者」(Smith, [1790] 1982=1970：661) ということになり，社会的利益を促進する行為には美徳としての呼称が付与され，逆に不利益をもたらす行為には悪徳との呼称が付与される。スミスによれば，社会的行為の是認の原理をこのように社会全体の長期的安定との関連において判断しようとする学説は，「功利性 (utility)」に美を求めようとする原理と結局は同一の議論であるということになる (Smith, [1790] 1982=1970：662)。

スミスによるこうした諸学説の整理からは，はからずも，社会的行為の帰結主義的定式化という社会理論史におけるホッブズ→マンデヴィル→ヒュームという流れを，スミスが明確に認識していたことが浮き彫りとなる。そして，スミス自身もこうした学説を批判的に受容しつつ，そこから独自の理論体系の構築に向かっていったことを考えるならば，スミスに帰結主義的な社会的行為理論への傾向性を見ることは十分な妥当性を有していると思われる。確かに，スミスが「私悪は公益」であるとの，ひとつの帰結主義的な命題に全面的な賛同を示すことはなかった。しかしそのことは，スミスの思想体系には「私益は公益」であるという，これもまた帰結主義的な命題を受け入れる素地がないことまでをも示すものではないのである。

5.2.2.2. 私益としての顕示的消費

私益と公益との整合を自然的自由の制度と考えるスミスにして，社会における経済的自由の問題は，いわゆる自由放任主義とはなり得ていない (Viner, [1927] 1991：112；Viner, [1960] 1991：216)。諸個人の私益的行為について，「自分の生活状態をよくしようとする各個人の自然的努力は，自由安全に活動することを許されるなら，きわめて強力な原動力であって，それだけで，なんらの助力もなしに，その社会を富裕と繁栄に向かわせることができる」(Smith, [1776] 1981=1978：260 (2)) と述べるスミスは，経済的自由としての諸個人の自然的努力が保障される以前に，その制度的要件として，まずは生命や所有の安全といった政治的・社会的自由が確立されることの重要性を見る。それは，ス

ミス体系において，私益と公益との関係には明確な従属関係が規定されていることを明示している。上述のように，スミスは，行為動機の道徳性を考慮するとした点で，その社会的行為論を，マンデヴィルなどのいわゆる「放縦な学説」とは一線を画するものとして示した。しかしながら，『国富論』の中で，「国防は富裕よりもはるかに重要なこと」(Smith, [1776] 1981＝1978 : 136(2))としたスミスにとっても，経済的自由の行為は，その行為動機的な徳性の有無を問うよりも，まずは社会的作用の次元において問題とされなければならなかったのである。ここにおいて，スミスの社会的行為論にあっても，私益のための諸行為に対する許容の判断基準が，社会全体との関連性において行為帰結の観点から規定されることとなる。スミスにとっての私的利益の追求とは，公共的ならびに普遍的な利益の増大に寄与または逆行しない限りにおいて是認されるものとなる。両者の利益が対立する場合には，私的利益の追求へと向かう諸個人の利己心的行為を何らかのかたちで矯正することが要請される。この意味で，スミスによる個人的自由の擁護，なかでも経済的自由に対する支持とは，あくまで公益という社会枠組み全般の利益やその諸成員すべてに関わる一般的福祉などの増進，あるいは少なくともその方向を阻害しない限りにおける自由の擁護である。

　スミスは『法学講義』の中で，諸個人が社会を構成し，みずからその成員になることを望む要因として，「権威(authority)」と「功利(utility)」という2つの原理を挙げている (Smith, [1763] 1982＝2005 : 32-35)。このうち，功利の原理とは，諸個人の私益的行為の自由が，当該の統治の下に平和や正義というかたちの公益として保障されることから，その成員の為政者への服従を可能にする原理である。スミスによれば，諸個人はむしろ，統治を紊乱して公益を損なうような事態から生じるであろう不利益の大きさを考慮して，当面の私益に優先させてまで為政者の統治に従うものとされる。したがって，スミスのいう個人的自由とは，社会にあって，その統治に従うための制度的諸制約に従った上での行為の自由のことである。

　とはいえ，統治が要請する諸条件の下では，依然として，諸個人の行為動機の中心には私益の追求がその本義の位置を占めていることに変わりはない。この私益追求の心性は，自己の境遇を改善しようとする「向上志向性(bettering our condition)」として行為への強力な拍車となる。それはスミスの想定する人間像にあって，人間性の一般的性向として前提されている。「およそどんな人でも，生まれてから死ぬまでの全生涯をつうじて，どのような変更も改善も望まないくらい自分の境遇について満足しきっていられるようなことは，おそらくただの一瞬時もないであろう」(Smith, [1776] 1981＝1978 : 534(1)) とスミ

スは述べる。その一方で，人間とは，その心身，とりわけその精神性において，たんなる色合いの違いによってさえ傷つくことがあるほどに繊細な生き物であるとスミスはいう（Smith, [1763] 1982=2005：266）。そして，人間社会における種々の学芸技術や勤労の目的とは，もっぱらこの心身の繊細さ，主としてその美的趣味の微妙さから生じる不都合を改善するためのものであるとされる。スミスはこう述べる。

　　人間生活のすべての勤労は，われわれの三つのささやかな必需品，すなわち食物，衣服，住居の供給を手にいれるためにではなく，われわれの趣味の微妙繊細さに応じた生活の便宜品を手にいれるために使用される。われわれの必需品中の主要対象である諸材料を，改良し増加させることが，すべてのさまざまな学芸技術を生み出すのである（Smith, [1763] 1982=2005：268）。

この引用部分から分かるように，スミスの行論において，この時点ではすでに，消費財の間のその生活上の必要性に基づく等級の基準としての必需品と奢侈品との区別はかなり曖昧であり，もはや「人間を生き物として存続させるのに直接必要でないものはすべて奢侈である」（Mandeville, [1714] 1988=1985：101）と規定したマンデヴィルの奢侈概念との実質的な議論上の差異はなくなっている。スミスは，マンデヴィルが奢侈として一括した範疇に，「便宜品（conveniencies）」との用語を挿入することで，マンデヴィル的な奢侈概念の使用法を避けているに過ぎない。スミスのこうした必要と奢侈の区分をめぐる曖昧な用語法については，『国富論』の次のような記述からも確認できる。

　　必需品という場合，私は自然が最下層階級の人々にとって必要たらしめているものだけではなしに，体裁をととのえるうえでの決まった生活慣習が必要だとしているものをもふくめて考える（Smith, [1776] 1981=1978：299(3)）。

竹本は，「必需品（necessaries）」・「便宜品（conveniencies）」・「奢侈品（luxuries）」という諸財の等級区分のうちに，スミスにおける富裕概念がその規定要因として社会性を含むものであることを指摘する。体裁を保つための消費財をいわば社会的必要として必需品扱いとするスミスの区分からすれば，そこでの生活の富裕とは，「他人の眼という社会性をまとったものであって，たんなる消費財量であらわされるものではない」（竹本，2005：36）ことは明白である。豊かさの尺度のひとつに社会性の要素を認めるこうした議論は，富の顕示性という問題に関して，消費行為における対人効果の重要性をスミスが明確に認識し

いずれにしても，ここにおいて，消費を社会理論の文脈において論じるためのスミスによる地ならしは完了した。マンデヴィルの『蜂に寓話』にあっては悪徳的行為としてその動機上の道徳性を非難された奢侈的消費の行為が，スミスの言説においては，生活状態の改善を目指す「向上志向性」という人間の一般的性向に基づくたんなる私益の行為とみなされることとなった (Hurtado-Prieto, 2006：233-34, 236-37)。このことが，スミスの消費論に奢侈論争という道徳論的な問題圏から抜け出すことを可能にさせた。そしてスミスが，顕示的消費というある種の「奢侈的」消費の問題を，奢侈論争という道徳論の文脈から離れて論じることができた理由もこの点に求めることができる。次に，その顕示的消費の議論を瞥見する。

スミスは，社会を成立させているもうひとつの原理として指摘した「権威」の原理について，諸個人が進んでその権威に服する要因として，「年齢」・「心身能力」・「門地」・「富」という4つを列挙する (Smith, [1763] 1982=2005：33-34)。ある人がいずれかの要因において長じているとき，周囲はその人の権威に従うことになる。中でも，富についての優越性は，とりわけそれを保持する人間に対して権威を付与するものである。人々は，ことさら富裕という境遇に対して特別の同感を感じるからであるとスミスはいう。富ならびに富裕な地位ということに特別に権威が付随する理由について，スミスは次のような説明を与えている。

> われわれが想像力の力を働かすことによってややもすると描きやすい妄想の色眼鏡でもって高貴な人々の境遇を考察するならば，かような考察によって得られる観念は，完全の状態ならびに幸福の状態に関するほとんど理想的な観念を代表するように思われる。かような境遇こそは，われわれの欲望がめざす究極の目的そのものであり，われわれが常に夢現のうちに，また空想をたくましうして描いて来たところのものである (Smith, [1790] 1982=1970：133)。

階序的な身分制度や階層制的な社会秩序が確立され維持されるのは，こうした富にまつわる権威に由来しているとスミスはいう (Smith, [1790] 1982=1970：134-35)。富裕な境遇は，高い身分と結びつき，それはそうした属性を有する人々に社会の上流階層としての社会的地位をもたらす。身分や地位のより低いものが上流階層に追従するのは，その見返りになんらかの便宜や好意などを期待しているからではなく，そうした境遇に対して心底からの賛嘆を示すからで

ある。また，富にまつわる権威は，あるいはそれは事物の利便性に関連して，自然の欺瞞から人間の想像力が作り出した富裕や高貴さという虚構の記号性に対する賛嘆という側面も持っている。しかし，そうした自然の欺瞞は，社会のうちに勤勉をもたらし，学芸や良趣を促進し普及させるなどの社会的作用を持つがゆえに，欺瞞により惹起された行為はその行為帰結から見れば公益に適うものであるとスミスは述べている (Smith, [1790] 1982=1970 : 388-94)。

もっとも，こうした上流階層の富裕な境遇に対する賛美は，その一面において，道徳感情の腐敗をもまた招いていく。スミスによれば，人間はみな，尊敬に値する人間になりたいと思うと同時に，他者から尊敬されたいとも願うものである (Smith, [1790] 1982=1970 : 149)。そして一般に，この目的を達成する手段としては2種類の方途があるという。ひとつは知性や徳をみがくことであり，もうひとつは富や権力を獲得することである。しかし，この2つを比べた場合，後者のほうが，より他者の注意を引くというその顕示性の点においてはるかにまさっているために，「大多数の一般庶民は富と権力の賛美者であり崇拝者である」(Smith, [1790] 1982=1970 : 150) とスミスはいう。かくして，諸個人は富と権力の獲得競争へとこぞって参入していくことになる[6]。顕示的消費への契機はここに潜在している。このように，スミスの場合には，諸個人を顕示的消費へと向かわせるための拍車として作用する対人効果の基底に，富や富裕の観念にまつわる権威が設定されていることが分かる。

5.2.3. 社会的作用としての消費
5.2.3.1. 消費と社会変動

スミスは，経済活動が中心となる近代の新しい社会枠組みを「商業的社会 (commercial society)」と呼び，その形成へと社会を導いた歴史上の一要因として富裕層による消費の重要性を指摘する。スミスは『国富論』において，個々の社会的影響力からすれば微小である諸個人の消費行為という作用が，その継続的かつ累積的な圧力になることにより，ついには決定的な変革力となって，社会にある定向性を与えていく過程を分析している。それは，社会が近代化へと向かうための胎動の一契機としての，そしてまたその持続的な作用因としての社会変革上の機能を消費の上に認めるものであった。

帰結主義的な観点から社会的行為を捉えるならば，人々の諸行為とは，歴史の流れの中で，その様々な場面において，その行為動機的な目的性とは別個の論理的次元で，社会の変動要因としての役割を担っている。スミスは，人々が担うこの社会的作用の側面から，近代化を押し進めるのに重要な役割をはたす行為類型として消費を捉えた。別言すれば，それは，消費者という社会的役割

141

を無意識に遂行していく特定の社会層の営為を定式化するものであった。

　その社会層とは，商業的社会以前における富裕層，封建領主としての大土地所有者のことである。スミスの理論において，これら富裕層による消費行為は，もうひとつの重要な近代化要因である庶民（貧困）層の勤勉とならび，お互いが相補的な関係となって社会の駆動力と見なされていく。『国富論』では，これら2つの動因がもたらす公益としての社会変動の発端がこう論述される。

　　社会の幸福にとって至上の重要性を持つ一変革が，このようにして，社会に貢献するつもりなど少しもない二種類の人々によってひき起こされたことになる。大地主の唯一の動機は，まったく子供じみた虚栄心を満足させることであった。また商人や職人たちは，たわいのなさという点で少しはましだったが，もっぱら自分の利益だけを念頭において，一ペニーでも儲けられるところでは儲けようという，かれら独自の小商人根性を貫いて行動しただけのことである。だが，両者いずれも，前者の愚かさと後者の勤勉とが徐々にもたらしつつあったあの大変革について，なんら知りもしなければ，それを予見もしていなかったのである（Smith, [1776] 1981＝1978 : 64-65 (2)）。

　ここに明らかなように，スミスの注目した消費者の行為とは，その動機的側面からすれば，公益に寄与するというなんらの意図も有しない。消費者としての社会的役割を遂行する富裕層の行為とは，その動機において，きわめて個人的な欲望に基づいている。その欲望とは，富を誇示するための顕示欲のことである。先述のように，スミスによれば，富および富裕という観念には権威が付随する。富の顕示に対する欲望は，富裕な境遇というある種の制度的とも見なせる文化的規定性から派生してくる人々の行為傾向である。そして，実際に潤沢な富を所有する富裕層が，その権威を示すための手段的行為が消費となる。スミスは，「たいていの金持ち［富裕層］にとっては，富の主な楽しみはその富を誇示することにあるわけで，そういう人たちの眼からすると，自分たちのほかはだれも持つことのできないような富裕の決定的しるしを持っているように見えるときほど存分に自分の富が楽しめることはないのである」(Smith, [1776] 1981＝1978 : 287 (1)) と述べている。その動機から見れば，こうした近視眼のたんなる利己的な行為が，歴史においては大きな契機となり，その意図しない結果として公益を実現していくという社会的行為の論理，この論理性を説明するがゆえに，スミスの消費論はひとつの社会理論となり得ている。

　ところで，富裕層とは，そもそもその社会的作用の面から見れば，つねに社会における消費階層としての役割を果たしてきたのであり，それは近代化前夜

においてにわかに付随したものではない。しかも，それは社会の変動因としてではなく，どちらかといえば，むしろその安定因として長い間作用してきたのである。商業的社会以前の富裕層である封建領主は，自身のためには使い切れないその富の余剰部分を，家事使用人やその他の寄食人に対して振舞うことで，社会の中での消費作用としての役割を担ってきた。それは，封建領主たちの富貴さを示すという欲望を満たす制度的手段として，富の顕示性を保持するものであった。また，それは富の所有者，分配者としての封建領主たちが，その富に寄生せざるを得ない人々からの尊敬の念を集めるための制度ともなっていた。富にまつわる従属関係が自然に形成され維持されてきた。こうして，封建領主たちは，富の有無，すなわち所有財産の格差という社会的関係性が生みだす一定の秩序形成作用のもとで，社会統治のためのある程度安定した権威を享受してきた。それゆえ，近代以前の封建体制とは，その一面においては，この富にまつわる社会的な安定性のことであったといえる[7]。

　この封建制的な社会の安定性は，商業の発達によって徐々に揺らぎ始める。その揺らぎの原因は，商業がもたらした多数の新しい消費財である。この新しい消費財の出現こそ，富裕層の消費がその社会変革力を発揮する上での不可欠の要件であった。これらの新しい消費財は，それまでは自身の富の顕示欲を，豪奢な饗応というかたちでの他者に対する散財としてしか満たすことのできなかった封建領主たちに，その代替手段を提供することとなった。すなわち，こうした新消費財の消費が可能となることで，富裕層は顕示欲の新たな捌け口を見出したのである。ここにおいて，顕示的消費の主軸は，他者への豪奢な散財から，自分自身のための濫費へと移行する[8]。商業によりもたらされた種々の消費財は，富裕層の人々の目には，その新奇性や稀少性のゆえに，富の顕示性という文化記号的要素を仮託できる新たな対象として映じたのである。

　しかし，その顕示欲のゆえに消費財への濫費を続ける封建領主たちは，やがて，自分自身の生活における虚飾の代償として，社会的身分にまつわる権威を手放すこととなる。スミスの言を借りていえば，そうした大土地所有者としての封建領主たちは，「豊富のなかでの気紛れから，大人が真剣に求めるというよりも，むしろ子供の玩具まがいの装身具や金ぴかの安ものを手に入れようとして，生得権を売ってしまった」(Smith, [1776] 1981＝1978：63 (2)) のであり，その結果として，彼らの権威を構成してきたものの中で，その領主としての身分に帰される部分の権威は霧消して，ただ富裕層の人間としての部分にだけ社会的な重みが残されるのみとなってしまい，この富裕という点においても，それは商人その他の都市の富裕層ととくに変わるところがない人になっていった。スミスは，商業の発達や分業の進展が富裕層の消費と連動して社会を変動させ

ていった様を次のように述べている。

　　封建的諸制度が全力を尽くしても達成できなかったことを，外国貿易と製造業の黙々たる，人の気づかないような活動が，漸次になしとげたのである。これらの外国貿易や製造業は漸次に，大地主にたいして，かれらが自分の土地の全余剰生産物と交換できるようなもの，そして借地人やお抱え者たちに分けてしまうことなく自分だけで消費できるような品々を供給するようになった。……かくて，およそあらゆる虚栄のなかでももっとも子供じみた，もっとも賤しい，そしてもっとも欲に目のくらんだ虚栄を満たすことと引換えに，大地主たちは，次第に自分の勢力と権力のすべてを手放してしまったのである（Smith, [1776] 1981=1978 : 59-60 (2)）。

　さて，このようにして身分にまつわる社会的権威を自らの手で喪失させてきた封建領主たちではあるが，それでは彼らのもたらした社会変化とは，いかなる意味において公益であるとスミスは考えるのであろうか。
　こうした行論において，スミスが述べる公益とは，上の引用文中に，封建的諸制度が全力を尽くしても達成できなかったこととして述べられた社会的帰結のことである。その具体的内容は，都市において商工業が発展することによる，社会秩序と善政との招来である[9]。スミスは，商工業がこうした平和的な秩序を社会にもたらすことを指摘した論者としてヒュームを高く評価しつつ，それが，封建制的な諸制約から農村の人々を解放するものであることを示した。このことは従来，等閑に付されがちであったが，じつはこの点こそが，もっとも重要な公益の実現なのであるとスミスは述べている（Smith, [1776] 1981=1978 : 53 (2)）。商工業は当該社会の諸成員に対して，その人格的自由，および生命・所有の安全に対する保障をもたらすこと，すなわち諸個人の政治的自由と経済的自由とを確立するということのゆえに，社会一般の利益である公益の促進にとって有益なのである。
　商業の発達はさらに，その社会の成員間の「マナー」に対しても改善の効果がある。スミスは，「どこの国でも，商業が導入されればつねに，誠実と几帳面がそれにともなう。これらの徳は，粗野で野蛮な国では，ほとんど知られていない」（Smith, [1763] 1982=2005 : 400）として，この点を強調している。これが，経済的自由の観点から見た場合の公益の促進であることは明らかである。なぜなら，このような成員間のマナー上の相互信頼性とは，諸個人の社会的行為における，行為帰結の確実性へとつながるからである。つまり，それは行為の主観的目的性に対する実現可能性が保証される傾向が強くなるということである。

社会における行為の確実性が増せば，経済的自由という，行為に対する要件上の公益に加えて，その帰結上の公益である意図の実現性についても保証されることとなるため，経済的自由の下での未来的な私益実現の可能性に内実が伴い，そのことが，諸個人の行為に慣習性を付与する方向へと作用し，延いては行為連関経路に制度的安定性をもたらすこととなる。

商工業はまた，社会を富裕にする点においても公益を促進する方向に作用する[10]。しかしこの点は，商工業の発展や，その必然的帰結としての社会的分業の発達が，ある程度確立されたのちに顕著となる効果であり，それは経済的自由とマナーの改善とに起因する自然的成り行きともいえるものである。したがって，社会におけるこの富裕の増大という公益は，スミスにとっては，商工業活動が中心となる新しい社会の中で実現されるたぐいのものであった。

5.2.3.2. 消費と商業的社会

スミスは，商工業の発達がその要件を与え，消費者という社会的役割を担う富裕層の消費が主導した社会変動の末に，新しい社会の成立を見る。その社会では当然に，そこに至るまでの社会変革を主導した要因が基礎的な原理として存続することとなる。スミスがこの新しい社会の枠組みを「商業的社会」として表現したことは先述した。『国富論』の中でスミスは，その社会的枠組みの中では経済活動が成員間の社会的な凝集性を左右する中心的な要件であることを明確にする (Smith, [1776] 1981＝1978 : 39 (1))。それは，商工業が発達する結果，経済活動等の分業傾向が多様な社会的関係性として確立されることで，人々は「だれでも，交換することによって，生活し，いいかえると，ある程度商人となり」(Smith, [1776] 1981＝1978 : 39 (1))，その商人としての社会的役割を担うことで市場の参加主体となる社会である。

この商人として期待される役割のひとつが「消費者」的役割であることは明らかである。なぜなら，市場参加主体としての「われわれが，自分たちの必要としている相互の助力の大部分をたがいに受け取りあうのは，合意，交易，購買によってである」(Smith, [1776] 1981＝1978 : 27 (1))からである。したがって，スミスのいう商業的社会とは，この意味においては，消費社会であるともいい得る。

商業的社会では諸個人の経済的自由が，広く社会の全階層的に保障されることが重要となる。社会の成員すべてが等しくこの経済的自由を享受することから，社会の富裕化という公益は最大限に促進されることとなるからである。スミスは「自分の暮しの改善をめざしての，人間の一様で恒常不断の努力こそは，私人の富裕はもとより公的な国の富裕が根源的につくり出される原理である」

(Smith, [1776] 1981＝1978：536(1)）と述べる。スミスにとって，向上志向性という私益に基づく行為は，もはや一部の悪徳性を帯びた人々のものではない。それは，ときには自然の欺瞞にそそのかされたものであるとしても，人間本性に根ざした自然な行為動機である。経済的自由の普遍的な浸潤とは，スミスにとっては向上志向性というこの人間本性の発揮の自由が社会成員のすべてに等しく開放されることを意味している。

　消費こそはいっさいの生産にとっての唯一に目標であり，かつ目的なのである。したがって，生産者の利益は，それが消費者の利益を促進するのに必要なかぎりにおいて配慮されるべきものである。この命題は，まことに自明の理であって，とりたてて証明しようとすることさえおかしいほどである (Smith, [1776] 1981＝1978：464(2)）。

　スミスは『国富論』においてこの有名な言葉を述べた。この立言の意味合いも，それを社会的行為論から捉えるならば，こうした経済的自由の全階層的な拡大がもたらす一般的な利益について言及したものとして読解できる。そうであるとすれば，ここでスミスのいう消費者とは，その社会の成員であるすべての諸個人を指すものとして理解されなければならない（小林，[1973] 1976：261）。したがって消費者の利益ということについても，それは，商業的社会にあって市場参加主体として消費者的役割をはたす諸個人一般に裨益されるところの利益，すなわち社会の富裕化という公益を指す言葉として捉えられなければならない。
　スミスのいう富裕化とは，物財の豊富という意味である[11]。『国富論』には，「人が富んだり貧しかったりするのは，人間生活の必需品，便益品および娯楽品などの程度享受できるかによる」（Smith, [1776] 1981＝1978：52(1)）との記述がある。それゆえ消費者利益の実現とは，こうした物財を種類と数量とにおいて，社会の諸個人一般が十分に享受できることである。スミスは，富＝貨幣（金銀）と見なすロックなどのいわゆる重商主義的な富および富裕概念を批判することを通して，労働を富の源泉とするところから理論体系を構築している自身の学説に説得性を付与しようとする。その中でスミスは，諸商品に比して，金属貨幣が価値の耐久性を有するという点に富としての適切性を見出そうとする重商主義の議論に対して，それとは正反対の主張を展開する。スミスは，貨幣以外の諸商品は，その「消費可能性（consumptibility）」のゆえに富であるというのである（Smith, [1763] 1982＝2005：318）。つまり，物財は使用価値において富と見なされ，消費の対象としての商品になるという意である。さらに，

使用されることができて，人間生活の便益と快適に役だつものを生産するためでなければ，勤労は何を意図することになるのだろうか。われわれがわれわれの勤労の生産物を使用するのでなければ，われわれがより多くの人びとをより良好なやりかたで養いえないならば，それは何の役にたつのだろうか（Smith, [1763] 1982＝2005：326）。

スミスはこのように述べ，商品が消費可能であるからこそ，人々はそれらを生産・利用するために労働するという，労働誘因としての消費の側面をも論じていく。N. ドマーキは，こうしたスミスの議論は，消費が生産の唯一の目標であるとする『国富論』の主張に対して，それが真にスミス体系の重要な論理的帰結であることを確証するものであると述べている（De Marchi, 1999：24）。

ただし，この消費可能性とは，スミスにとって，あくまでも将来時点での財使用の可能性であることに留意しなければならない。物財の豊富を富裕と考えるスミスの概念規定からして，スミスが物財の蓄積を促進するような行為を重要視していくことは当然の論理展開であるともいえる。その行為とは，「節約（frugality）」である。スミスは，節約について，「勤勉ではなくて節約が，資本増加の直接の原因である」（Smith, [1776] 1981＝1978：528(1)）と述べる。節約により蓄積された富は，資本として使用されることで次期の生産量を増大させることとなるため，それは社会の富裕化に寄与する。スミスはこのように述べる。

　年々貯蓄されるものは，年々消費されるものと同じように規則的に消費され，またほぼ同じ期間内に消費される。だがそれがだれによって消費されるかによって違いが生じる。富裕な人の収入のうちかれが年々消費する部分は，たいていは，怠惰な客人や家事使用人によって消費されるのであって，この人たちは自分たちが消費するのと引換えにあとにはなにも残さない。ところが，富裕なひとが年々貯蓄する部分は，利潤を獲得するためにただちに資本として用いられ……すなわち，労働者，製造工，手工業者によって消費されるのであって，この人たちは自分たちの消費の価値を利潤とともに再生産するのである（Smith, [1776] 1981＝1978：529(1)）。

スミスの社会理論体系の中で，物財とは，確かにその消費可能性のゆえに富となる。スミスは，「品物の消費可能性が，人間の勤労の大原因であり，勤勉な人びととはつねに，かれらが消費するより多くを生産するだろう」（Smith, [1763] 1982＝2005：318）と述べて，貨幣ではなく物財こそが真の富であり，その豊富さが富裕を表わすのであることを確認している。しかしながら，富裕化との関

係においては，それが字句通りの「可能性」であるということが重要となる。スミスのいう消費可能性とは，決して物理的な意味での即時の費消性のことではない。消費可能性とはこの場合，むしろ「費消性の繰延べ」ということと同義である(12)。したがって，そこから，同じく支出という消費の行為ではあっても，その支出対象に付随する費消性の程度の差に基づいて，行為の意味合いに違いが生じる。スミスが，消費の対象として，費消性の高い日用品よりも耐久消費財に対する支出を富裕との関係において有益性を認めるのはこのためである (Smith, [1776] 1981＝1978：542 (1))。スミスはこう述べる。

　　個人の収入は，次のどちらかに使われるものである。すなわち，ただちに消費されて，ある日の経費が他の日のそれを軽減もしなければ助けもしないようなものに使われるか，あるいはまた，いっそう耐久性のある，したがって蓄積が可能で，毎日の経費が，かれの好むままに翌日の経費を軽減したり助けたりしてその効果を高めるようなものに使われるか，このどちらかである。……自分の収入を主に耐久性のある商品に消費した場合には，毎日の支出が次の日の支出の効果を助け高めるのに多少とも寄与するから，かれの生活はだんだん立派なものになっていくだろう (Smith, [1776] 1781＝1978：542-43 (1))。

耐久財の消費は，一国全体の富裕化についてもそれを有利なものとするとスミスはいう。上流層の蓄積した耐久財は，上流層の関心がそれらから離れることによって，順次，中流層から下流層へと払い下げられていくことになるからである。このとき，おそらくはそれが流行現象の外観をまといつつ生じるものであることは容易に想像できよう。先述のスミスの社会的行為論を踏まえると，その背後に，富裕の観念に付帯する権威と人間本性に根差した向上志向性という行為の傾向性を左右する2つの作用の相関的働きが推測されるからである。また，社会における耐久財の蓄積は，富の顕示性という面から見ると，耐久財の多くがその装飾性のゆえに文化財としての性格を有することから，その国の文化水準を高めることにもつながることをスミスは論及している (Smith, [1776] 1981＝1978：542-44 (1))。

このようにスミスは，社会の全成員に及ぶ経済的自由の拡大を実現することが，それ自体として公益であり，さらに富裕化というもうひとつの公益をも実現する途であると考えていた。スミスにとって，商業的社会の中での経済的自由の普遍的な実現とは，消費者役割において行為する諸個人の利益を最大限に保障することと同義であった。商業的社会の中でその勤労の成果を自分のもの

として享受できるようになった諸個人は，その向上志向性のゆえの自然な結果として，「おのずと，自分たちの生活状態を改善するために，そして生活必需品だけでなく，便利な品物や優雅な品物をも入手しようとして精を出すことになる」(Smith, [1776] 1981＝1978：42 (2))。商業的社会が物財の豊富というかたちで実現した公益としての富裕の只中で，自由な諸個人は，消費者という役割において，その富裕の記号性の一片を確かに手に入れるのである。

5.2.4. 小括

　以上，自生的秩序観というスミスの思想の基底的な社会認識枠に準拠しつつ，その社会理論体系における消費と公益との関連性について検討してきた。ここまでの行論で，スミスの消費論は，消費行為を行為動機の面と社会的作用の面との2つの側面において扱うものであることが確認できたと考える。まずは，スミスの消費論とは，社会的行為としての消費をその行為動機面から捉えた場合の議論において，消費行為から奢侈などにまつわる私悪という動機上の悪徳性を取り除くことで，私益の行為として消費を捉え直すものであった。他方で，消費行為をその社会的作用との関連において問題とするところでは，消費の持つ社会的作用の中で，とくにその公益の促進因としての観点に注目することで，帰結主義的な意味における公益促進の行為としての理論を示すものであった。

　スミスの消費論は，公益との関係において，社会の中で消費が果たす作用を2つの面において捉えるものであった。スミスは，これら2つの社会的作用のそれぞれを，社会の発展段階に則したものとして整理した。ひとつは，社会変革の主動因としての作用であり，あとひとつは，社会の安定的枠組みの下にあって富裕化をもたらす作用である。前者は，社会がより大なる公益の実現を可能とするような社会へと移行していく過程，すなわち，スミスにおける近代化の過程にあって果たす作用である。近代化という社会変動は，人格的自由や生命・所有の安全，あるいはまた経済的自由という種々の公益を社会階層全般に広く行き渡らせることとなった。そして，そのことがさらなる商業や社会的分業の発達を促進する結果，それは平和的秩序という最重要の公益をもたらすことになった。スミスの消費論は，近代化のこの段階において，社会の富裕層である特定的諸個人の消費が，折からの商工業の進展が準備した物財供給という物理的要件と相俟って，社会の変動因となり得たことを論証している。一方，後者に関しては，平和的な社会枠組みが確立された段階において発揮される消費の作用である。そこでは，近代化によって成立した商業的社会という新たな枠組みの中で，経済的自由が制度的に保障されることから社会全般の富裕化という公益が実現される道筋が示される。スミスの消費論は，この社会の成員す

第5章 ポリティカル・エコノミーと学知としての消費者概念の形成

べてが消費者的役割を担うこととなる必然と，そこから，消費者の利益を実現することが，すなわち社会の富裕化という公益を導くことの自然とを論証したのである。

さらには，スミスの消費論は，その論理が導出するところの消費者像において，消費という特定の社会的役割を表わす一般的な分析用語としての消費者概念の成立を示すものであった。商業的社会にあっては，すべての諸個人が消費者としての役割を担わなくてはならないとするスミスの消費者像は，その公益との関係において，社会の全階層的な諸個人の利益を考慮するものとなっている。この社会階層縦断的な特徴を持つスミスの議論は，18世紀イギリス経済思想の消費論の系譜におけるひとつの展開を示すものである。それは従来の消費論における「富裕層の奢侈と貧困層の勤労」という堅固な議論図式からの脱却を示すものである。スミスの社会理論の中では，もはやこの図式は，商業的社会が形成される以前の段階に適用されるもので，商業的社会へと至る社会変動過程の出発点において想定されるものに過ぎなかった。スミスの消費論は，この意味で，先述した18世紀イギリスの消費論の流れに確かに沿うものであり，その消費論的含意において，消費者概念の形成に寄与するものである。商業的社会の段階では，その成員であるすべての諸個人が私益の実現手段としての消費者役割を担う主体となることを捉えた上で，消費者利益の促進ということのうちに公益性の実現を付託したスミスにおいて，その炯眼は，あるいはその描像する消費者概念を通して，商工業がもたらす平和的な秩序の下で社会の諸個人すべてが安寧にかつ自由に生活するという理想的な近代社会像を見据えていたともいえるのではないだろうか。

こうしたスミス消費論の論理を確認するとき，それが，私益と公益との整合要件を追究するスミスの社会理論的主題と正確に符合するものであることが分かる。もちろん，諸個人の私益追求行為である消費が，その行為帰結において公益という帰結主義的な意味での利他性を持つとの消費論的主張を展開したのはスミスが最初ではない。したがって，スミス消費論の特徴として，この点にその独自性を指摘することはできない。スミスの言説の独自性は，消費の行為において私益が公益と結びつく論理を，社会の変動期と安定期との両面において展開してみせた点にある。さらにはまた，そうした消費論としての論点をひとつの近代化論として提示し，自らのポリティカル・エコノミーの理論体系の中に包摂している点にこそ，そのもっとも顕著な議論的特徴が見出せるといえるのである。

第6章　結び

　本書で取り上げた8人の論者はいずれも，市場経済の発達によって富裕化していく同時代の社会を分析するにあたり，人々の消費生活面での急激な変化に気づいていた人たちである。彼らはみな，近代の市場社会という新しい制度的枠組みの中では，諸個人の経済力を基準とする秩序の仕組みが支配的となることを認識していた。また彼らは，その新しい秩序の形成が持つ社会思想上の意義についても，それぞれの問題関心において理解していた。その意義とは，社会の安定的秩序の構築およびその維持について考える場合に，諸個人の消費行為がその重要な鍵であるということである。その消費生活において，諸個人はみな購買力を持つ自由で理知的な行為者であり，各自の利己的欲望を行為動機として市場に参加する主体である。この主体的行為類型の理論的抽象が消費者である。消費者は，貨幣的な行為契機に，自己のうちにある向上志向性を諸財への欲望として具体化し，その市場交換における獲得を消費行為として遂行していく。また，その同じ貨幣的な行為契機を媒介にして奢侈と勤労とを結合する。消費を中心とするこうした経済生活様式は，18世紀のイギリス社会において一般化した行為類型である。その現実社会の変化を認識し，それを概念化しようとする理論的思考のひとつの所産として消費者概念は練成されたのである。
　欲望を充足させるための購買力を持つ諸個人は，その消費において自由である。消費者役割は，諸個人の行為の自由が保障されているという条件において，その正規の行為類型としてはじめて成立することが可能である。行為の自由が保障されたとき，消費者はその役割に付帯する社会的作用を発揮する。統治および富裕という，自由に関わる2つの社会的作用のことである。消費者役割とは行為の自由を通じて，社会の安定的秩序と経済発展とに寄与する。この意味において，消費者としての諸個人とは，統治原理かつ富裕原理である自由の体現者である。消費者概念は18世紀イギリスの様々な社会的諸価値を統合的に象徴する記号であるといえる。同概念が象徴する社会的価値とは，欲望（礼節・趣味の洗練・勤労・富裕）と貨幣（自由・商業（金融）・国防・帝国）とに関連する諸価値のことである。消費者利益の追求とはしたがって，こうした諸価値の是認および尊重ということと同義なのである。
　17・18世紀を通じて，イギリスには新しい制度的枠組みとしての近代市場社会が形成されていく。この社会は統治と富裕という2つの公益を実現する機序

を行為の自由の中に見出すことができる社会である。消費者とは，この近代市場社会における行為の自由を体現する行為類型である。したがって，この点からすれば，近代市場社会とは同時に消費社会でもあるということができる。

　本書において検討を加えた8人の論者の思想とは，いずれも消費論としての重要な含意を有するものであることが明確となった。これらの思想は，消費理論および消費者概念の発展に累積的に寄与するものであった。この意味において，この8人の思想とは，18世紀イギリス社会における消費に関わる問題を共有するものであったといい得る。議論の性質から見て，それらの消費論は2つの系譜に分類できる。欲望的消費論と貨幣的消費論である。そのうち，主に欲望的消費論の展開に関わることとなった論者として，バーボン→マンデヴィル→ヒューム→スミスといった系譜づけができることを確認した。他方，主として貨幣的消費論の展開に寄与した系譜としては，ロック→デフォー→バークリ→ステュアートといった論者の名を結びつけることが可能であった。

　欲望的消費論の特徴はまずバーボンの言説の中に見ることができた。バーボンは人間には精神的欲望というものがあることを論じていた。その欲望は対人的な差異という比較に由来するものであるために無限性を備えるものであった。しかしバーボンにとっては，こうした欲望の無限性とは，社会の経済発展のための主導因としての機能を持つものであった。マンデヴィルもまた奢侈としての消費欲望の拡大が経済発展のために不可欠であることを論じた。消費者としての富裕な諸個人が，貧困層の勤労を引き出すための就労を創出する役割を担っていることの論理をマンデヴィルは明確にした。それは，富裕層という社会階層的な区分による限定性を依然として残すものであったが，確かに消費の自由ということから派生する公益性を見据えるものであった。それに続くヒュームの議論は，奢侈を趣味の洗練化として捉え直すものであった。ヒュームは奢侈を道徳的に有害なものと無害なものとに区分した。そのうち有害な奢侈とは，過度の消費を指していた。それ以外の消費はヒュームにとってはもはや悪徳性を有するものではなかった。むしろ諸個人の自由な消費は，社会の文明化を推進するための主要因であった。こうした経済や社会の発展に寄与する消費という観点は，スミスのポリティカル・エコノミーの言説において自然的自由の体系の成立として規定されることとなった。スミスは消費者利益を最大限に保護することが，富裕で平和な社会の秩序を確立するための要件であるとしていた。スミスにおいては，消費者利益が保護されるということは，諸個人の向上志向性という欲望の充足が，行為の自由として保障されるということと同義であった。それは富裕原理としての自由の実現であり，その自由はまた同時に統治原理としても作用するものであった。

一方，貨幣的消費論の系譜を辿るならば，ロックをもってその嚆矢とすることができた。ロックはその貨幣論の言説において，所有の安全や行為の自由との関係で貨幣という購買力を保有する主体である消費者という行為類型を捉えていた。ロックによる消費者像は購買力という社会的な力能を通じて，そこに行為の自由や合理性を見出すものであった。デフォーは，奢侈の悪徳性を論じつつ，一方では奢侈を消費行為として捉えた場合には，それが経済的機能としての有益性を有することも認識していた。デフォーは，消費行為における富の顕示性ということのうちに社会秩序に関する規範性を看取していた。すなわちそれは，富裕で有徳な上流層の消費様式が，社会秩序のための新しい規範力となる可能性を見据えるものであった。バークリにとって，勤労を伴わない富裕層の奢侈とは愚行そのものであった。勤労は，その成果である消費という目的との連係において，はじめて引き出されるものである。それゆえ，勤労を引き出すための政策の主眼は，貧困層の消費水準を高めるための施策を考えることであった。貧困層にも購買力の切符である貨幣が十分に行き渡るようにすることで，勤労の成果をすべての社会成員の間で享受することが肝要であるとバークリは考えていた。バークリにおける貨幣とは，貧困層にとっても行為の自由を保証する力能の切符のことであった。勤労と消費の接合という貨幣的消費論における論点は，ステュアートのポリティカル・エコノミーの言説において体系的に統合されることとなった。ステュアートは諸個人の欲望充足という行為動機が，社会における行為の相互依存性を不可避にすることを論じていた。その相互依存性の下で，諸個人は貨幣の稼得と支出という一連の経済行為を通じて勤労と消費とを統合する行為類型を形成していく。ステュアートはその貨幣的経済論において，貨幣使用者としての消費者役割と貨幣稼得者としての生産者役割とを諸個人の行為類型として統合することとなった。

　欲望的消費論と貨幣的消費論，これら２つの議論的系譜が絡み合う中から，消費論の言説空間はその理論的精緻化の方向性の中で，消費者概念を形成させることとなる２つの原理を生み出していった。脱道徳化と脱社会階層化という原理である。バーボンやマンデヴィルの奢侈是認論が消費を経済論として論じる方向性を可能とした。他方で，ロックやデフォーによる消費と自由とをめぐる議論もまた消費行為の統治性を論じることで奢侈の問題を道徳論の文脈から引き離すこととなった。こうした過程で消費論の脱道徳化は進行していくこととなった。この脱道徳化の傾向は，それに対する道徳論的な揺り戻しを受けることとなったが，その揺り戻しの言説は，消費論の脱社会階層化を助長する議論的要素を胚胎していた。バークリは貧困問題を考える中から，他方でヒュームは，富裕な社会の文明論として諸個人の趣味や生活様式の洗練化ということ

を分析する中から，それぞれが奢侈の問題に取り組むこととなり，そこから消費論の脱社会階層化の傾向が萌出することとなった。その結果として，旧来の議論枠組みにおいて奢侈という語の下に悪徳あるいは上流層の特権として語られてきた行為類型は，18世紀イギリスを通じて経済思想にまつわる知的言説の組み換えの中で，消費という語を獲得することになった。特殊な消費論としての奢侈論から，反対に奢侈論をその一部とするような一般的な消費論へといった消費を論じる言説の語彙の移行過程は，それらの語彙が18世紀イギリスのポリティカル・エコノミーの言説空間の中に徐々に組み込まれながら，最終的にはステュアートやスミスによる経済学体系の確立を俟って，消費論の語彙としての定着を見ることで完了し，消費に関する行為類型はそこにおいて消費者という学知的概念をもって一般化されることとなったのである。

周知のように，スミス以降の経済学は，古典派的な世界観の確立および強化という学知としての基盤整備の路線を歩むこととなる。消費の議論は，そうした古典派経済学体系の枠組みの中では，枝葉の部分としての位置づけしか与えられることがなく，論理体系の支柱的な役割を担う問題領域であるとしての認識はついに獲得されることはなかった。J. S. ミルによる次の言述は，古典派経済学におけるそうした消費論の扱いを象徴している。

> 経済学は，……富の消費について論じることはない。消費が考察の対象とされるのは，それが富の生産や分配と関わる場合のみである。消費の法則性というものが，いずれかの科学分野の主題になるとは到底思えない。せいぜい人間の快楽の仕組みとして追究される程度であろう。経済学者が消費そのものを扱うことは決してない。扱う場合には，性質の異なる消費が，富の生産と分配とにどのように影響を及ぼすかについて考察するという目的においてのみである (Mill, [1844] 2006 : 318)。

こうして消費論は，古典派経済学の展開の過程で，いわば伏流としてのみ議論の対象とされていくこととなる。消費論は，独立の社会科学分野として精密科学としての意匠への傾向性を志向していく経済学の中にあって，その不遇かつ不当な「陰鬱な学問」時代をくぐり抜けていくことを余儀なくされるのである。

ただし，消費に関する言説の流れが完全に途切れることはなかった。消費者概念に関する理論的進展はついに見られることはなかったが，それでもなお「過少消費説」の系譜というかたちにおいて，いわば伏流として確かにその水勢だけは維持することに成功したといえる。そうした思想史的状況の中，1870年

代に入るといわゆる限界革命が始まる。経済思想史上の画期とされるこの限界革命は消費研究においても大きな意義を持つものであった。W. S. ジェヴォンズが展開した効用理論は，主観的価値論に立脚する方法論的個人主義をその特徴としていたからである。それは市場交換の需要側面を分析する際の基礎として，主観的価値論に基づく消費者行為の理論化を伴うものであった。このイギリスにおける効用理論の展開からはやがて，A. マーシャルを経て，厚生経済学の枠組みが生み出されることとなる。

　しかしながら，経済学説研究における消費論の正当な復権ということは，20世紀の展開を俟たなければならなかった。20世紀に入ると，ケインズによるR. マルサスやマンデヴィル，バーボンらに対する再評価，およびそれら諸学説の需要の経済学的な系譜づけがなされ，他方ではまた，センらによるステュアート経済学の再評価といった新たな研究動向が現れることで，消費論に対する理論的関心が高まる素地が作られることとなった。こうした研究成果の蓄積が，経済思想における消費という主題の重要性への着目を促すための地ならし的な役割を果たすことで，消費研究に関してその緩やかな方向性を示す指針としての役目を務めることとなったからである。消費研究は，その研究主題としての胚種がこのようにして準備され，未だ非系統的なものであったとはいえ，ポスト古典派の時代において，ようやく着手され始めることとなる。

　一方，アメリカでもまた20世紀に入る頃から，パッテンやヴェブレン，W. C. ミッチェル，H. カークらの手により消費や消費者についての理論的研究が進められていく。こうした旧制度学派をも含むアメリカにおける消費論の展開は，18世紀イギリス的な消費論や消費者概念との関連性という点ではそこに直接的な関連があるわけではないが，経済思想史上の消費論の再評価ということでは注目に値する顕著な動向である。他にも，消費者主権という概念を中心とする議論の展開もこうした消費論の再評価という流れのひとつとして認識することが可能である。それは，主に新オーストリア学派の流れにおいて市場交換論の系論として派生する系譜である。

　このようなスミス以降の経済学および経済思想の歴史における消費論の盛衰を踏まえるとき，振り返って，18世紀のイギリス経済思想における消費論の展開とは，独自性を有する多様でときに未熟な議論を許容していく知的空間というものが，当時のイギリスの言説空間には用意されていたからこそ可能であったということが分かる。もっともそれは，学問としての高い専門性という代償の下に可能となった面は否めない。確かに18世紀の経済思想には，独立科学としての方法論や体系性などという側面においては，多分に無頓着かつ不首尾な部分があることは否定できない事実であり，また，経済学理論として見ればそ

第6章 結び

うした面のあることは，紛れもないある種の瑕疵であろう。しかしながら，そうした学知体系としての理論的斉一性の欠如というまがりなりな部分を許容することができた18世紀イギリス経済思想という言説空間においてこそ，理論としての不十分さを補って余りある程に，消費にまつわる多彩な言説が百出・競合することが可能であったともいえる。18世紀イギリス的な知的諸言説の枠組みが競合する中で，社会理論としての消費論は，紆余曲折を経ながら，きわめて緩慢ではあるが，しかし着実に，その論理としての強靭さを備えつつ，理論としての確かな光芒を放ち始めていたといえるのではないだろうか。そうした18世紀イギリス経済思想の言説空間の中においてこそ，社会的役割としての消費者概念もまた，近代市場社会の中の個人像の抽象として，その重要な行為類型を表徴するポリティカル・エコノミーの用語法が定着することとなったのである。

注

第1章

（1）思想史研究の方法論については，Skinner（[1969] 1988），Skinner（[1972 a] 1988），Skinner（[1972 b] 1988），Dunn（1972），Pocock（1985＝1993）などを参照。

（2）消費者概念について，その日常的な認知，すなわち諸個人の生活意識という文脈における消費者としての自己同定化の定着，およびそうした自己認識の下に消費者としての自己の利害関係を社会において語ろうとする姿勢に由来する政治的あるいはまた社会運動上の言説という文脈での同概念使用の定着化の歴史的過程に関しては，Trentman（2006 a）にその概説がある。また，消費行為の類型化を試みたものとしては，Gabriel=Lang（1995）やEdwards（2000），Aldridge（2003）などがある。

（3）本書では以下，シヴィック・ヒューマニズムおよび近代自然法といった用語の使用を極力控えている。その理由については，D. ウィンチが指摘するように，主義や立場に対する二分法的な理解にまつわる思想史理解のための研究上の弊害を避けるためである（Winch, 1996 : 28-29）。その弊害とは専断的な対立図式などの先入見を研究対象の思想史に過度に適用してしまうことから生じる研究上の制約のことである。シヴィック・ヒューマニズムと近代自然法という両パラダイムに関するスコットランド啓蒙研究上の競合の経緯についてはPocock（1983）も参照。なお，シヴィック・ヒューマニズムについてはPocock（1975）を参照。一方，近代自然法についてはForbes（1975）やHaakonssen（1996）などがとりわけスコットランド啓蒙との関連性を検討する際に有益である。日本のスコットランド啓蒙研究における両パラダイムをめぐる研究動向については田中（1998），田中（2002），田中（2008）といった田中秀夫による諸研究がとくに有益である。

（4）この問題は，スコットランド啓蒙の知的枠組みにおいていわゆる「富と徳」の相反性に関する論点として盛んに議論され，ついにはポリティカル・エコノミーの知的体系の成立というかたちでひとつの解答が示されたところの18世紀イギリス思想史上の一大争点であった。J. ロバートソンによれば，この富と徳の相反性を乗り越えるための論理を，体系性を備えた社会理論として最初に提出したのがヒュームである（Robertson, 1983(a) : 140-41）。スコットランド啓蒙の知的枠組みでは，ヒュームにおいてシヴィック・ヒューマニズムのパラダイムはその極限に到達していたとロバートソンは述べる。ヒュームはその極限に至る過程で，社会秩序に関する新たな論理を提示したのである。商業が盛んな奢侈的かつ文明的な時代にあっては，徳の涵養や経済的独立といったシヴィック・ヒューマニズムの理想のすべては，むしろ利己心が十全に発揮されたことの帰結として，経済的富裕の実現と共に達成されるとヒュームは主張する。近代自然法思想の強い影響下に形成されてきた論理である，経済活動における利得動機というかたちでの利己心の健全な発揮が，シヴィック的価値観の基礎を提供するのである。利己心が利得動機として健全に発揮

157

注　されるためには正義の遵守が条件となる。正義を遵守することで諸個人の権利が平等に保障されるようになり，延いてはその同じ正義の偏在が諸個人の行為の自由の範囲を確定することにもつながる。したがって，豊かで文明的な社会にあっては，利己心の追求を制度的に可能にするという一点において，シヴィック・ヒューマニズムと近代自然法という2つの思想的パラダイムの理想を相補的な関係の下に接合することができる (Robertson, 1983(a):157-60)。ヒュームの思想はその接合の論理を示すものであった。ヒュームの社会理論にはこの経済的繁栄と徳の腐敗との相反性を乗り越える論理が含まれる。その理論がシヴィック・ヒューマニズムの極限であるとはこうしたヒューム理解を踏まえたものである。なお，このヒュームの到達点をスコットランド啓蒙の知的前提としてその考察の出発点において利用することができたのがスミスである。スミスはヒュームの文明社会論を基礎にしてポリティカル・エコノミーの理論を構築していくことが可能であった。ポリティカル・エコノミーの知的枠組みを形成していくというその知的営為の中で，スミスはヒューム以上に18世紀的な両パラダイムの語彙や言説を乗り越えていくこととなるのである (Robertson, 1983(b):455-56)。

（5）なお，J. A. シュンペーターもまた経済思想史における奢侈論の重要性を認めていたひとりである。歿後に公刊された『経済分析の歴史』の中には，シュンペーターが奢侈論について整理した覚書がある。シュンペーターはそこで，奢侈概念の多義的な使用について論じ，それを5つに分類している。すなわち，「生存の社会的最小限を超える消費」という語義，「不生産的消費」という語義，「節約の対義語」としての用法，「各人の社会的地位の分限を超える生活様式」を表わす用法，「破滅的な支出」を表わす語義，といった5つである (Schumpeter, 1954=2005-6:589-91(1))。

（6）奢侈禁止法の歴史については，川北 ([1986] 1993) および Hunt (1996) を参照。

（7）E. C. ワイルズは，こうした高賃金論の17世紀における先駆として M. ヘイルの名を挙げている (Wiles, 1968:118)。ワイルズはまた，(高) 賃金と消費との関連性を指摘する代表的議論として，バーボン，L. ブラドン，デフォーを取り上げている (Wiles, 1968:119-21)。また，A. W. コーツはヴァンダーリント，デフォー，バークリ，M. ポスルスウェイト，ヒュームらを高賃金論者として分類している (Coats, 1958:36-40)。他にも，D. C. コールマンは，J. ケアリー，ノース，デフォーの名を列挙している (Coleman, 1956:281)。

（8）社会的役割としての消費者という抽象概念が持つ社会分析上の有効性を見る場合には，消費者主権という考え方がそのひとつの証左として有益である。例えば，L. ミーゼスによって展開された次のような消費者概念の中にも社会的役割としての消費者という意味合いが明確に反映されているといえる。すなわち，「市場経済では損益制度が働いて，多数の劣っている人々を始め，すべての人々の利益のために，優れた人々が奉仕せざるを得ないようにしている。この制度の下では，すべての人々に利益を与える行為によってのみ，最も望ましい状態に到達することができる。消費者としての立場で大衆は，すべての人々の収入と富を究極的に決定する。

彼らは彼ら自身，すなわち大衆を最も満足させるために資本財を使用する方法を知っている者へ，その支配を委ねるのである」(Mises, [1962] 1978=2002:140)。F. A. ハイエクもまた，G. K. ガルブレイスの『ゆたかな社会』中の依存効果の議論を論駁する中で消費者主権論と同様な議論を展開している (Hayek, 1965=1974:53-59)。ちなみに，「消費者主権 (consumer sovereignty)」という語は W. H. ハットによって最初に提唱されたものである (Hutt, [1936] 1990:257-72)。ハットの規定する消費者概念とは，「『所得』という社会に対する請求権の幾何かを保持して，種々の満足を社会から最大限に引き出せると自身が考えている方法に従って行為を行なう人間のことである。ただし，その際の満足とは，快楽の最大化ということではなく，どのようなものであれ，当人の選好する諸目的を最大限に実現化するという意味においてである」(Hutt, [1936] 1990:265) とされる。

(9) 広く経済思想の歴史に照らして，消費論あるいは奢侈論などの消費関連的な論点の系譜を概観した研究としては，例えば，Bowman (1951)，Mason (1998=2000)，Eltis (1999)，Hilton (2004)，Trentmann (2006b)，Winch (2006) などがある。古典派経済学の系譜における経済発展論の系論としての消費論を扱ったものについては，Marshall (2000) や Fiaschi=Signorino (2003) などを参照。また，旧制度学派を含む20世紀初頭において盛んに展開された消費論の系譜を探るための手掛りとしては，Dorfman (1959) や Hamilton (1973)，Hamilton (1987) が有益である。

(10) 例えば，M. J. ボウマンは，重商主義期の論者にとっての消費とは，労働供給を維持するための手段に過ぎず，消費の主体とは勤労誘因として労働に対する従属的な位置を占める問題としての認識しかなかったとして，「消費者という概念は未だ形成されていなかった」(Bowman, 1951:3) としている。F. トレントマンにおいては，重商主義期の議論には，「消費者という別個の名称は必要とされなかった。というのも，市民社会という仮想ドラマにおいて，消費者という役割を (集団として) 演じていなかったからである」(Trentman, 2006a:26) として，消費者という問題設定の不在が指摘されている。重商主義期の言説における勤労誘因の優位ということについてはジョンソンも同様の見解を示しており，重商主義期の論者に共通する最重要の関心事とは，社会の生産性を高めるために有効な諸要素を創造することであったとしている (Johnson, 1933:251)。W. エルティスも，重商主義期の奢侈的消費に関する洞察として，奢侈が経済活動に与える主要な好影響とは長期の成長過程に関わるものであることを見出した点であるとしている (Eltis, 1999:95)。奢侈が勤労誘因となることで，当面の有効需要の創出よりも，むしろ経済のサプライサイドにその影響が及ぶからである。また，重商主義論の諸学説の概要を与えてくれるものとして，Minchinton (1969) が有益である。

第2章・第1節

(1) ロックの富観についても，それがたんなる貴金属製品や貨幣の蓄積を意味するものではないことは，次のロックの言葉から明らかである。すなわち，「富は，金銀を

注　より多量に所持することに存するのではなく，世界の自余の国々，あるいは隣邦諸国に比してより多量に所持することに存する。そうすることによってわれわれは，隣接する諸王国や諸国家が手にしうる以上に，豊富な生活便宜品を獲得することができる」(Locke, 1692=1978：16)。それゆえ，「金銀は，ロック氏によれば，一国民の動産としての富のうち，もっとも堅牢かつ確実な部分であり，またこの理由から，この種の金属を増加させることこそは，その国民の経済政策の大目的たるべきものなのである」(Smith, [1776] 1981=1978：79 (2)) とのA. スミスの重商主義批判は，少なくともロックの富観については全面的に当てはまるものではない。そもそも，P. H. ケリーが指摘するように，「トレードはそれゆえ富を生み出すのに必要であり，貨幣はトレードをいとなむのに必要である」(Locke, 1692=1978：18) として，貨幣は交易を促進し国家を富裕にする平和的な方策のために必要であることを，ロック自身が明確に述べている (Kelly, 1991：69)。そのため，ロックは，貨幣の不必要な退蔵については批判的である。こうしたロックの主張は，やはり下川が述べる通り，「貨幣の無限の蓄積ではなく，一国の経済の生産性や自然状態における経済的繁栄に危害を及ぼさないかぎりでの」(下川, 2000：147) 蓄積の擁護論であるとする方がより適切な解釈であろう。ロックの貨幣観が，いわゆる金属主義に傾いていることは確かである。しかしそれについても，M. ボウリが「ロックとバーボンの間における価値論の同質性は明白で，……ロックが交換価値の相対的性質を見逃していたとするバーボンの主張は正当化できない」(Bowley, 1973：79) と述べるように，バーボンと対比されたその金属主義のゆえに重商主義期の典型的富観との結びつきを一面的に強調する仕方で，「ミダス王的謬論」のひとつと片づけてしまうことは早計といえる。

(2) K. ボーンは，ロックの社会科学方法論の独自性について，「ロックは，一国全体を富裕にするものはなにか，とのマクロ経済的な問いに対して，ミクロ経済的な分析手法を用いて答えた」(Vaughn, 1980：50) ことを指摘している。ロックの思想体系が，諸個人の行為動機の解明から，人々の社会的行為に基づく諸作用を社会構成のメカニズムとして定式化するという理論分析的視点をもち得た理由の一端は，こうした帰結主義的な視点をロックがもち得ていたことに帰せるであろう。また，J. クロウリは，ロックが医学者であったがゆえに，諸個人の精神的な側面に注目することを可能にした点を指摘している (Crowley, 2001：151)。この点は，社会理論における方法論的個人主義の確立と医学との関連性が示唆されるものとして興味深い。なお，D. ヴィッカーズは，ロックの経済理論が基本的には静学的かつ定義的な性格のものであることを認めつつも，その貨幣論や利子論などは，経済事象というものを不断的変化の過程として把握したロックの認識を下敷に構成されたものであり，動学的要素を胚胎するものであることを指摘している (Vickers, [1959] 1968：52-54, 60)。

(3) ここでの若干の諸制約とは，C. B. マクファーソンの指摘によれば，次の3制限の範囲内ということになる。すなわち，「十分制限」・「腐敗制限」・「自己労働制限」

の3つである(Macpherson, 1962=1980 : 229-30)。
(4) J. W. ヨルトンは,『人間知性論』の随所に幸福についての言及が見られることを指摘し,「ロックは幸福の概念のとりこになっているといえなくもない」(Yolton, 2004 : 82)と述べている。また, P. ロマネルは, ロックが「かく考える」の文中で,「健康」・「評判」・「知識」・「善行」・「彼岸での至福期待」という5つの幸福構成要因を列挙していることについて, それらの選択にはロックにおける医者としての精神性の反映が看取できるとしている(Romanell, 1984 : 41-43)。
(5) D. ケアリによれば, ロックは, 人間の自然史ということへの興味から人類学的な研究に強い関心を持ってそうした知識を収集していたという(Carey, 2006 : 14-97)。それは, 医者であったロックが, 医学者の目をもって人間の病症の変化を観察・記録していたとすれば, そうした視点を広く人間の文化や生活環境にまで向けていった自然な結果であったともいえる。ロックは, 貨幣の出現を境に, そこに文明史上の大きな転換点を見出しているが, ロックのこうした貨幣重視の歴史観の背景にも, そうした人類学的な知識が当然に反映されていると考えられる。『人間知性論』における経験主義的な彼の認識論体系もまた, 独自の人間観構築の前提として大きく関与しているであろう。ロックの人間観の前提とは, いわばより自然的な人間である。すなわち, ロックは, 知性的にも身体的にも有限な存在者としての人類学的な人間像というものを社会理論構築の際の前提にして, そうした有限な存在である諸個人の社会的行為論の定式化を行なった。そこには, 確かに社会契約の概念に顕著なように, 社会理論構築段階における非経験的な人間性, およびその社会的相互作用への準拠という, 多分に思弁的な方法論的残滓を残しつつも, 旧来の自然法的な方法論的枠組みを越える新しい社会科学方法論の展開をロックの中に読み取ることができる。
(6) ここで, ロックによる「販路(vent)」という用語は,「販路は, 販売可能な商品量がトレードの通路および過程の外に移され, 人々のための交易から引き離され, もはや交換範囲内になくなること」(Locke, 1692=1978 : 65-66)の意である。なお, この販路という用語は, 元来, 体液説に関係する医学用語として, 人体における体液の流出入のことを表わすものであったという(Coleman, 2001 : 31)。W. O. コールマンは,「ロックがヒポクラテスの体液説を用いて市場過程の見方を示したとも考えられる」(Coleman, 2001 : 31-32)と述べ, この用語法の裏にロックの社会観における医学的アナロジーの応用を推理している。この販路という用語法は, ロックの医学研究が, 彼によるその他の分野の研究に少なからぬ影響を与えていたことを示すひとつの根拠となろう。なお, 17・18世紀の人体と政治体との間の医学的アナロジーの言説において, とりわけ貨幣にまつわる問題に対する適用が頻繁であった思想史的理由については, Caffentzis(2003)に詳しい。
(7) ロックによれば, 通常の財の消費は, その用途から次の3通りに分けることができる。それらは,「消費(費消)」・「輸出」・「退蔵」の3つである。貨幣以外の財は, こうした諸目的のために購買され, 市場の流通過程から退出していくことになる。

注　なお，ロックは「これら三つの方法はすべて，結局はあらゆる商品……の消費に帰着するから，当然消費と呼ばれてよい」（Locke, 1692=1978：67）としており，すなわちこれがロックによる消費の定義であるとみなしてよい。
（8）こうした貨幣保有者の区分について，その生産面，すなわち職業区分に基づく経済認識に含まれるロックの経済思想の意義およびその限定性については，生越（1991）を参照（生越，1991：112-19）。
（9）平井は，「貨幣がロック経済思想の体系の論理的中心をなすカテゴリーであって，このカテゴリーをてことして思想体系が動いている」（平井，1964：112）と述べ，ロックの社会形成の論理に占める貨幣の社会的紐帯機能，すなわちその秩序形成力に関して，それが有する論理上の第一義的な性格をいち早く指摘した。また，田中は，ロックの社会理論における自然法思想的な秩序枠組みの強い影響力を検討しながらも，なおかつ，その論理のうちに経験論的な社会理論化への方向性を認めることで，そうした従来の秩序観を越える，近代社会の市場交換を軸とする諸個人間の結びつきを可能とするような新しい社会的関係性の抽出にロックが到達していた点を看取している（田中，[1968] 2005：156, 157；田中，1979：61-62）。
（10）ロックにおける自由と力能の概念的相関については，太田（[1953] 1985）に詳しい。その中で，太田は，「自由が力であるのは，自由のうちに，することとしないこととが同時に可能性として含まれているからである。自由の観念の中にはすることが可能的に含まれているし，することは能動の力なしには考えられぬから，自由はたんなる可能性ではなく，力と考えられたのである」（太田，[1953] 1985：75-76）と述べている。
（11）ロックは世論について，諸個人がその行動を準拠させる3つの法のひとつ，世評の法としてその行為統制力を認めている。すなわち，「およそ人が一般に自分たちの行動を準拠させて，行動の方正か不方正かを判定する法は，次の三つであるように私には思われる。一，神法。二，市民法。三，世論ないし世評の法と呼んでよければそうした法」（Locke, [1690a] 1965=1972：341(2)）。

第2章・第2節

（1）ベリーが指摘するように，バーボンはその主著『交易論』において，「奢侈（luxury）」という語をただ一度用いているのみである（Berry, 1994：127）。
（2）バーボンの消費論が社会理論としての性格を持つことができた理由としては，バーボンが行為の理論化について，それを社会的作用という諸行為の連関側面から記述するという分析的意義を明確に認識しており，そうした論理構成上の視点を確立していたことが挙げられるであろう。バーボンは『交易論』の序文において，このように述べている。「多くの人々がなぜ交易についての本当の観念をいだかないのかといえば，それはかれらが主として関心を持っている特定の交易部分にのみかれらの考察を傾注するからである。そしてその特定部分を形造るための最良の規範と法則を発見すると，交易という大きな全体を形成する場合にも，かれらはそれ

と同じ観念をもってかれらの考えを律し,全体と部分との間の種々の比例の法則を念頭におかないから,極めて不適切な概念をもつことになるのである……それゆえに,交易を本当に描き出そうと思うものは誰でも,全体と部分とを合した素描をつくらねばならない」(Barbon, [1690] 1903=1966:8)。W. レトウィンは,バーボンの『交易論』における経済論の理論構成について,「その体系は秀逸であるけれども,ただ行論に難がある」(Letwin, 1963:56) として,その科学的議論としての弱点を3点挙げている。その3点とは,事象についての分析ではなく,定義や分類に終始する傾向,議論間の整合性の欠如,議論前提から結論への論理性の欠如(不完全な演繹法)である (Letwin, [1963] 1965:56-58)。もっともE. ウィリアムズは,バーボンの経済論の経済思想史上の意義とは,各論部分の内容ではなく,より以上にその方法論および議論枠組みに認められるものであると述べる。それによると,バーボンの方法論の意義とは,現実主義的かつ自然主義的な視点を保持しつつ,制度や技術,行為様式,通念など,一貫して文化的なものを分析対象としている点である (Williams, 1944:55)。

(3) バーボンの価値論の解釈をめぐっては,それを先見的な主観的価値説の主張であるとするS. バウアーの見解があり,そのバウアーへの批判的見解として,それを需給説であるとする見解がある (Bauer, 1919)。確かに,バーボンにおいては限界概念に基づく主観的効用の価値論は存在しない。それゆえ,この意味で,バーボンの価値論は主観的価値説に立つものではないといえる。ただし,それを単純な需給説として見なすのではなく,そこにはスミスの同感概念にも通ずるような価値評価に関わる他者の役割取得という論点を見出せると考え,本書では,それを同感的主観価値論として呼んでおきたい。J. H. ウルマーは,バーボンの貨幣論におけるロック批判を取り上げて,バーボンがロックなどの金属主義的な貨幣価値論を批判することができたのは,バーボンがその論拠として主観的価値説を採用するものであったからであると論じている (Ullmer, 2007:106)。ウルマーは,バーボンの主観的価値説は,おそらくはホッブズの議論(欲望論)を敷衍したものであろうとしている (Ullmer, 2007:106)。バーボンの価値論およびその背景については他に,久保 (1950),森 (1958),Bowley (1973) などを参照。

(4) ウルマーは,「消費が,バーボンのマクロ経済モデルにおける支出を構成する重要なものである。過少消費に対する憂慮は,バーボンの議論に散見される」(Ullmer, 2007:108) として,バーボンの経済論における消費論の重要性を指摘している。

(5) バーボンの議論の背景には文明社会として捉えられた同時代のイギリス社会がある。それは依然として,身分的な階層性にまつわる種々の格差を残存させている社会であることに留意しなくてはならない。こうしたバーボンの社会理論には,社会的地位に関わる階層的格差について,その経済的あるいは身分的な面が,いわばその理論前提として抽象化されるかたちで,そのような社会的役割として捉えられている。

(6) ちなみに,富裕層の「闊達」は,その社会的身分に見合う社会的行為であるため,

注　　道徳的にも問題はない。それゆえ，バーボンはそれを美徳として換言している。それに対して，「放蕩」と「強欲」とを闊達を挟んだ両極端の悪徳であると呼んでいる (Barbon, [1690] 1903＝1966：45)。

（7）交易をより促進する消費は，衣と住に関するものであるとバーボンは述べる (Barbon, [1690] 1903＝1966：46)。これらは，食に関する財を調えるのに比べ，より多くの関連する職業が存在しており，その消費は雇用をより拡大させる効果があるからである。また，衣に関しては流行の作用が加わり，さらに交易を活発にする。そして，なによりも，これら衣と住への支出とは，それぞれ，身体と生活（住空間）の装飾性に対する消費であるため，それは精神的欲望を無限的に誘発していくのである。ここに見られる消費（交易）の及ぼす雇用拡大や社会的分業の発達への効果に対するバーボンの議論は，彼が最初に指摘したとされる，いわゆる「バランス・オブ・エンプロイメント」論である (Viner, 1930：299-300)。この論拠において，バーボンは服飾品などの流行の拡大を擁護することが可能となった点をファーニスは指摘している (Furniss, [1920] 1965：57)。ちなみに，相見は，バランス・オブ・エンプロイメント論について，「この思想はバランスを対外的に求めることにおいて，バランス・オブ・トレードの残滓を止め，エムプロイメントを主張することにおいて，産業資本の発展に連なるものである」(相見，1951：63) として，バーボンの議論は，商業資本中心的な議論から産業資本中心的な議論へと経済思想の重点が移行していく過程にあって，その過渡期的な意味合いを持つ議論であったと論じている。バーボンの経済思想と自由主義的な貿易論・国家論との関係については Cowen (1986) を参照。バーボンはまた，イギリス最初の火災保険会社の設立やJ. アスギルと共に土地銀行の設立のための尽力など，その実業家としての活動が有名である。バーボンが実業家として手がけたこれらの事業は，金融や保険などいずれも信用経済との結びつきが強い分野である。この点を踏まえることは，貨幣理論家としてのバーボン研究を進める上で有益であろう。なお，土地銀行設立案をめぐる政治的経緯とバーボンの関与などについては杉山 (1963) を参照。

第3章・第1節

（1）ただし，『蜂の寓話』への反響はその初版が出版された当初はほとんどなかった。同書の初版が出るのは1714年である。1705年に公刊された風刺詩「ブンブンうなる蜂の巣」の主張を補足拡張する意図をもって紙幅が大幅に増やされ刊行されたものである。ちなみに，第2版は1723年の出版である。また，1728（表紙には1729とある）年には「第2部」として『続・蜂の寓話』が出版され，1733年には2巻本としての出版が始まる (Kaye, [1924 a] 1988：xxxiii-xxxvii)。同書が一転，世間の注目を集めていくことになるのは1723年を境にしてのことである。第2版が出版されたその年，『蜂の寓話』はミドルセックスの大陪審により告発された。この事件を契機にして同書は18世紀を通じて轟々たる非難の的とされていくこととなった。同書はなぜ1723年の第2版以降，注目されるようになったのであろうか。その理由について

W. A. スペックは，当時の政治情勢との関係を指摘している。スペックに従えば，陪審員らの告発の標的は，マンデヴィルではなく，『蜂の寓話』と同様の政治的な主張を「カトー」の筆名で『ロンドン・ジャーナル』誌に執筆していたJ. トレンチャードとT. ゴードンであった（Speck, 1978 : 368）。仮にこの通りであるとすれば，同書は政争の具として利用されたということになる。マンデヴィルの政治的立場（ウィッグ主義）については，他にKramnick (1968)，Dickinson (1975)，Dickinson (1976)，Goldsmith (1976)，Gunn (1983)，Goldsmith ([1985] 2001)，Burtt (1992)，Michell (2003)，Clery (2004) などを参照。ただし，H. T. ディキンソンは，マンデヴィルのウィッグ主義の独自性についてこのように論じる。「マンデヴィルは一般的な意味合いにおいていわゆるウィッグであるとはいえるが，その立場をウィッグ内部の特定的立場のいずれかに分類することは容易ではない。マンデヴィルのウィッグ的立場は，定型的なコートにもカントリにもそぐわないものである。けだし，その立場はもうひとりの独自的ウィッグであるデヴィッド・ヒュームの立場に最も近接するものである」（Dickinson, 1976 : 570）。

（2）マンデヴィルの用いる「悪徳（vice）」概念の理解には注意を要する。その真意について知るには，『蜂の寓話』執筆前後の時代背景を考えることが有用である。上田（[1950] 1987）は，マンデヴィルによる「悪徳」概念の独特な使用法を中世経済倫理との照合から明確にすることを通し，そこに，経済思想的次元を越えた『蜂の寓話』の文化史的意義をも指摘しており，マンデヴィルの「悪徳」概念理解にとくに有用である。上田は，マンデヴィルのいう「悪徳」が，人間の自然的欲望のうち，とくにマンデヴィルの時代までの神学や倫理学が目の仇にしていた「貪欲（avarice）」およびこれに類する「奢侈（luxury）」・「濫費（prodigality）」など経済関連的行為であるとした上でこう述べる。すなわち，「『悪徳』の社会的効用を論ずる点に，マンドヴィルの経済思想がその画期的意義を持つとするならば，『蜂の寓話』はヨーロッパの伝統的経済倫理に一つの新しい巨歩を踏みだしたものとみなければならない。一言にしていえば，それは中世期以来西欧社会を支配していたキリスト教的社会道徳への大胆な肉薄である。したがって，『蜂の寓話』の含蓄を十分に味わうには，『悪徳』が悪徳と教えられたゆえんとその『悪徳』をもはや従来の意味での悪徳でありえなくしたところの歴史の動きを明らかにすることが肝要である」（上田，[1950] 1987 : 120）。

（3）ハイエクは反合理主義に立つ社会分析について，それがイギリスの社会思想的言説において優勢である大きな理由は，マンデヴィルの与えた影響に帰せるであろうと述べている（Hayek, [1948] 1980=1990 : 12）。ちなみに，反合理主義的な立場に立った方法論的個人主義を，ハイエクは「真の個人主義」と呼び，その他の合理主義的個人主義と明確に区別している。そして，真の個人主義は，「個人の知性の限界をはっきりと意識するところから生まれる産物であり，それが個々人を，彼らの知識を越えた偉大なものの創造に参与させる，非人格的な無名の社会的過程に対する謙虚な態度を導く」（Hayek, [1948] 1980=1990 : 12）としている。もっとも，マンデヴ

注　ヴィル思想における反合理主義的な特徴を最初に指摘し，経験主義的かつ制度進化論的な側面を強調するマンデヴィル解釈の流れを確定させたのは，F. B. ケイである。ケイによれば，同じく経済的自由主義を主張するバーボンやノースらとマンデヴィルとが決定的に異なる点は，マンデヴィル思想のみがそうした経済的自由主義の議論に思想的な体系性を与えるものであった点である（Kaye, [1924a] 1988 : ci-ciii）。ケイは，「心理学的および社会学的に精緻なマンデヴィルの社会分析を通じて，個人主義は経済思想へと展開されることとなった」（Kaye, [1924a] 1988 : ciii）と述べている。N. ローゼンバーグやチョークの見解もまた，マンデヴィル思想にはケイやハイエクの述べる意味での個人主義的な立場が看取できる点を支持するものである。ローゼンバーグは，マンデヴィル思想に通底する制度（進化）論的な特徴を指摘して，この点にこそ，「人間の利己性や自愛性などが社会制度を円滑に機能させるための中心的役割である」（Rosenberg, 1963 : 187）とするマンデヴィルの社会論の中核を見なければならないと論じている。チョークは，ロック流の経験主義的な人間本性観や認識（知識）論，あるいは道徳的相対主義などのマンデヴィル思想の特徴を指摘して，こうした所論において，マンデヴィルの思想とは個人主義の思想的傾向に寄与するものであるとしている（Chalk, [1966] 1991 : 150-51）。

（4）こうしたマンデヴィル思想の今日的意義とは，ハイエクが述べるように，「人間が最悪の状態の時に害をなす機会をできるだけ少なくすること」（Hayek, [1948] 1980＝1990 : 15）という点に見出せるであろう。なお，「私悪は公益」という『蜂の寓話』の逆説的命題には，「巧妙な為政者の手練（the dextrous Management of a skilful Politician）」（Mandeville, [1732b] 1953 : 36-37）という条件が要請されることを，晩年のマンデヴィル自身が改めて確認している。この「巧妙な為政者」とは，マンデヴィル思想に看取できる制度論的な特徴を修辞的に表わしている概念用具である。ローゼンバーグが論じるように，それは政府の介入主義を支持するものではなく，「法その他の制度の導入・普及により，人間の基礎的情念を最もよく利用し，そのエネルギーを社会的に有益な諸活動に振り向けることで，社会の福祉は最も促進される」（Rosenberg, 1963 : 188）とする主張を示すものである。M. M. ゴールドスミスは同概念がその用いられる文脈において，「諸個人の行為」，「公共政策」，「諸制度」，「歴史的経緯」などの用語法を包含するものであるとしている（Goldsmith, [1985] 2001 : 62-63）。

（5）E. J. クレリーが指摘するように，「マンデヴィルは"真実"の冷徹なる提示者である。その社会理論の基礎となるのは，人間本性の静態的概念である。……自負，羞恥，自己愛，支配欲など，いくつかの回帰的な情念が意図せずして社会の進歩を促すものである。マンデヴィルにとっては，逆説表現とはたんに好んで用いた修辞技法というだけのものではなく，世の中を理解するための必須用具でもあった」（Clery, 2004 : 61）のである。A. K. ロジャーズはいち早く，マンデヴィルによる社会や人間本性に関する自然主義的な理論に社会思想としての近代性を認めている（Rogers, 1925 : 12）。M. ジャックも同様に，マンデヴィルの社会理論とは，人間本

性に対する冷徹な心理学的分析をその基礎に置くものである点を指摘している（Jack, 1989 : 40）。医学者でもあったマンデヴィルは，人体とのアナロジーにおいて政治体としての社会を分析する視点を持つことは容易であったといえる。マンデヴィルは人体におけると同様に，政治体に関する生理や病理としての社会諸原理を分析することを研究上の主眼としていたのである。ポーターは，「社会を診る医者として，マンデヴィルは諸個人および政治体の実際の諸作用を分析し，それらの諸機能や不具合などを調べることが自らの仕事であると述べており，専門的知見の下に種種の機能不全を治療あるいは緩和することがその意図するところであった」（Porter, 2003 : 143）と述べている。なお，マンデヴィルには医学研究の著作として，『心気症およびヒステリー研究』がある。同書の概要およびその医学史上の意義については，Rousseau (1975), Monro (1975) を参照。

（6）マンデヴィルは，人々を経済活動に従事させ，勤勉・精励にさせる2つの方法を指摘している。ひとつは，自負心や強欲，羨望・虚栄といった人々の情念を刺激し，それに発する欲望を無際限に惹起することである。しかし，社会の中にはそうした情念の影響をあまり受けない人々がいる。その場合に人々を勤勉にする方法として言及されているのが，もうひとつの方法である「困窮化」である（Mandeville, [1714] 1988=1985 : 168, 178）。

（7）スミスの生産的労働と不生産的労働の区別については，『国富論』第2篇第3章の記述，およびそこに付された邦訳者の解説を参照（Smith, [1776] 1981=1978 : 515-19 (2)）。

（8）それゆえ，社会（国家）を繁栄させる途とは，生産的労働人口を増やし，彼らに仕事を与えることである。それには，労働人口の確保，分業や技術の発達，国土（土地や領海）の生産的利用などを実現する施策が重要であるとマンデヴィルは述べている（Mandeville, [1714] 1988=1985 : 180）。なお，こうした労働（者）における生産的・不生産的区分は，19世紀になると，J. S. ミルやA. マーシャルによって消費（者）の区分にも適用されていくことになる（Hilton, 2004 : 103-06）。

（9）こうした新消費財は，大量生産向けの規格品ではない。M. バーグによれば，それら新消費財が中流消費者層にとって魅力的であった理由は，彼らの求める品質と個別性とを備えた特別な装飾的商品であったからである（Berg, 1999 : 65）。

（10）輸入消費財の奢侈品的魅力は広範な人々を惹きつけるに十分であった。この点において，「気まぐれの上流人士は，ときに，ただ外国品だという理由だけで，外国品よりも安価で良質な同種の国産品を買わずに，輸入品を選ぶようなこともあるかもしれない。しかし，そういう馬鹿げたことは，ことの性質上，そう広くゆきわたるものではない」（Smith, [1776] 1981=1978 : 144 (2)）と述べたスミスは輸入品に仮託される記号的魅力を過小評価していたといえる。まず，輸入品を，外国品という理由のみで消費する（できる）のは，もはや上流階層だけではないこと，そして，そうした輸入品消費は，決して気まぐれでもなければ，社会的影響力を持たない一部の特殊な現象でもなかったからである。バーグによれば，それらの輸入品は，異国

注　　趣味，新奇さや洗練さという流行性，さらにはそれが比較的高価であるなど，まさに外国品であることに付随する諸性質を持ったがゆえに需要されたのである (Berg, 1999：65-66)。輸入奢侈品の消費は，西洋社会に，その社会組織や経済文化に至るまで，広範な実際的変容をもたらし，ひいては奢侈に対する道徳的あるいは社会思想的言説をも組替えるほどの影響力を持つものであった (Smith, 2002：63-103)。

(11) もっとも，マンデヴィルの時代までには，国内生産された種々の消費財もすでに市場に溢れていたことは看過してはならない。イギリスでは早くは16世紀の中頃から，雑多な消費財やその原料財生産のために数多くの新企業が創設されており，17世紀には国内市場向け商品はもちろん，輸出品も生産するようになっていたことは J. サースク (Thirsk, 1978=1984) が示すところである。社会的分業の発達はこれら新企業によってもたらされた面が大きい。それらの財の中には，国内生産以前には輸入奢侈品であったものが多い。それがいまや，国内企業の生産体制が発展することで品質や価格の点で幅のある商品群が輸入代替品として市場に供給されることとなった。消費者は各自の経済事情に合わせた財を選択することができるようになり，幅広い階層で商品購入型の消費生活が可能となった。かつての輸入奢侈品は，階層を問わず便益品や享楽品などとして徐々に日用品化していった。新しい輸入消費財のみならず，こうした自国品となった旧輸入消費財のおかげもあって，マンデヴィルの時代の消費生活は多様性に富むものとなっていた。

(12) A. ピッキオの指摘にあるように，マンデヴィルは『蜂の寓話』において奢侈の経済活動への有益性のみならず，その裏側として貧困層の社会構造上の必要性をも説いていた (Picchio, 2003：18-20)。マンデヴィルには，「人間が教化された動物となり，大勢の人間が相互契約によって政治体を形成した市民社会において，生活を安楽なものにするには，さらにかぎりなく苦労しなければならない。そしてこの状態で人間の知識が増大すればするほど，安楽になるために必要とされる労働の種類はそれだけ多くなるであろう。ある社会がながく存続でき，しかもその成員の多くに怠惰な暮らしをさせ，考えられるかぎりの安楽と快楽を享受させられると同時に，この欠陥を償うべく身を落としてその正反対のことをし，他人やさらに自分自身のために働くよう，習慣と忍耐によって身体を鍛える大勢の人々もいない，などというのは不可能である」(Mandeville, [1714] 1988=1985：262) との言述がある。マンデヴィルはその「慈善学校不要論」においてこのように述べることで，貧困層の子弟を無学で貧窮のままにしておく公益上の必要性を主張した。それはそうした貧困層を構成する十分な人口数の補給がなされる限りにおいて，富裕層の奢侈的消費を補完するための勤労が維持されることとなるからである。マンデヴィルの描く豊かな社会では，その社会構造の必要として奢侈と貧困との共在ということが必須要件となってくる。したがって，「富裕層の奢侈と貧困層の勤労」とは機能的に見て，社会構造的な補完性を持っているということになる。別言するならば，奢侈の問題と貧困の問題とは，根本的には同じ問題の二側面のことである。

(13) E. J. フンデルトによれば，マンデヴィルが私益追求型の人間観に基づく経済論

を展開したとする類の論調は，K. マルクスの経済学説史におけるマンデヴィルのそうした系譜への位置づけ以来，重商主義研究の中で通説化されてきたものである（Hundert, 1994：182-83）。しかしながら，マンデヴィルの思想が18世紀の学界に提示したものとは，国家の経済政策に関する狭い意味での経済論ではなく，社会の構造や歴史的動向などに関する体系的な分析である。それは確かに経済（商業）活動を論理の中核に据えるものではあるが，マンデヴィルの思想の主眼とは，あくまでそうした経済論をも包括する社会全体に関わる新たな理論の構築という点にあるといえる（Hundert, 1994：14-15）。S. ラシドもまたこの同じ点を指摘して，マンデヴィルの思想の中心的な意義を，その経済学的知見に見出そうとする理解は妥当性を欠くものであるとする（Rashid, 1985：328）。ラシドの言によれば，「マンデヴィルとは，自覚的な自由主義者ではあるが，経済学者を自認するものではなかった」（Rashid, 1985：329）ということである。そもそも，T. ダイクストルが述べるように，マンデヴィルによる「通商（commerce）」という語の使用法とは，会話と財という二重の意味での交換過程を指示するものである（Dykstal, 2001：106）。この点で，通商（商業活動）とはマンデヴィルにとっては，諸個人の社会的関係性そのものを示す用語でもあったといえる。J. シーゲルもこの同じ点について，マンデヴィルの「私悪は公益」という命題には社会的関係性に関する二重の含意があることを指摘する。ひとつは社会の富裕化に関わる経済論としての論理であり，もうひとつは社交性に関わる道徳論としての論理である（Seigel, 2005：112-13）。シーゲルは後者の意味合いの中に，マンデヴィルの思想における自我の社会的形成論の先駆性を見ている（Seigel, 2005：111-12）。また，L. シュナイダーはマンデヴィルの思想に看取される自我の社会化論や制度進化論のうちに，構造機能主義的な社会学理論の先駆性を指摘している（Schneider, 1970：225-27）。なお，マンデヴィル以前のバーボンやノースなどの奢侈論についても同様の批判が当てはまろう（Appleby, 1976）。とくにバーボンにおいては，豊かな社会の分析の鍵となる消費者的視点からの記号の消費論が見られ，その消費論はマンデヴィルのものと近接している（Bianchi, 2001）。

(14) エルティスは，ケインズがマンデヴィルの節倹批判を評価して，過大支出の経済活動上の利点を述べるとき，そこには低貯蓄率が仮定されなければならない点を指摘している（Eltis, 1999：94-95）。なお，「過少消費説（underconsumption theory）」についてはPaglin (1961) やBleaney (1976) などを参照。

(15) マンデヴィルの奢侈的消費論は，後にヒュームやステュアートやスミスなどから，道徳論的な批判を受ける。彼らは，マンデヴィルによる奢侈的消費の社会的な有用性の論点を受容しつつも，奢侈に関わる道徳論的議論を捨象してしまうマンデヴィルの立場に対しては，それを認めることはなかった。ここから，彼らの奢侈論とは，マンデヴィル批判を通しての，奢侈概念の洗練化および道徳論的再規定の過程であったともみなせるであろう。なお，『蜂の寓話』の奢侈論の影響は，内容的なものというよりも，本書の話題性と相俟ってマンデヴィル批判と共に喚起された18世紀を通じての奢侈論争への口火を開いたという点においてより大きかったとの指摘も

169

注　　なされている (Berry, 1994 : 127)。
(16) マンデヴィルの奢侈論は，文化論的な視点を含んでいる。例えば，「生活をより安楽にするのに資したものならば，それらはすべて，思考や経験や労苦の結果であったに違いなく，それゆえに，試行錯誤の過程や原始的な質朴さからの乖離度合などに違いがあろうと，いずれのものも奢侈の名に値する。われわれの感嘆はせいぜい新しいものに及ぶだけで，すでに慣れっこのものに対しては，それがいかに優れたものであろうとも見落としてしまうのである」(Mandeville, [1714] 1988=1985 : 155)とマンデヴィルは述べる。これは，奢侈の歴史とは人類の文化的発展の歴史そのものであるとの主張として受け取れよう。ダイクストルが述べるように，マンデヴィルにとっては，「物質的必要（自己保存や愛情，さらには競争心といった非物質的な必要ではなく）のみが社会を強大にできる」(Dykstal, 2001 : 109-10) ものであった。
(17) 精神的な安楽にまつわる奢侈とは，上品さや礼節といった振る舞いや生活空間などに関わる社会的な体裁や人格としての品性を損なわないようにするために必要な消費のことである。これは顕示的消費と重なる点もあるが，どちらかといえば，社会な体裁を保つための消極的な対人効果を期待した消費であるという意味において区別し得よう。
(18) 「自己偏愛 (self-liking)」という概念は，「自己愛 (self-love)」という人間に限らず生物一般に見受けられる自己保存という本性と区別して，特別に人間にのみ見出される性向を表わすためにマンデヴィルが考案したものであり，マンデヴィルの思想における鍵概念のひとつである。この区別の詳述および人間情念と自己偏愛との関連性については，マンデヴィルの著作『名誉の起源，および戦争におけるキリスト教の有用性について』「第1の対話」中の記述を参照 (Mandeville, [1732a] 2007 : 19-44)。

第3章・第2節

(1) S. バートの議論は，こうしたデフォーの曖昧性を政治論としての不徹底さとして捉える視点を提供している。バートによれば，デフォーとマンデヴィルの両者は，H. サッシェバレルや J. スウィフトらと共に，当時の低教会派の道徳論を批判するという点においてその立場を同じくするものである (Burtt, 1992 : 57)。ただし，その中でひとりマンデヴィルのみが根本的な批判枠組みとして，悪徳の政治論を立論するものであり，デフォーを含む他の3人は依然として徳の涵養を重視する従来の議論枠組みに立つ批判に止まるものであったとしている (Burtt, 1992 : 61)。W. A. スペックは，デフォーやマンデヴィルらの主たる論駁対象とは J. ウッドワードや E. スティリングフリートなど「風紀改善協会 (Societies for the Reformation of Manners)」を擁護する言説であったことを指摘している (Speck, 1975 : 68-69, 77)。なお，風紀改善協会については Hunt (1999)，またマンデヴィルとの関連については Horne (1978=1990) を参照。
(2) J. マクヴィーは，デフォーの人間本性論におけるロチェスターからの影響の大

きさを指摘する。デフォーは主にロチェスターを通じてホッブズ的な人間観を摂取したとマクヴィーは述べている（McVeagh, 1974 : 335）。C. H. フリンは、デフォーが欲望を身体および政治体における病気・不健康として捉えていた点を指摘して、こうした欲望論の系譜はロックに遡ることが可能で、デフォーと同時期の論者としては、マンデヴィル、ウッドワード、G. チェイン、スウィフトなどの系譜に属するものであるとしている（Flynn, 1990 : 45）。このフリンの見解は、生命の安全・平和というホッブズ・ロック的な自然法および社会契約論よりも一歩踏み込んだ欲望論の存在をデフォー思想の中に見出そうとするものである。他方で、デフォーの人間本性論解釈の方向性としては、こうした物質的な欲望ではなく、精神的な欲望の重要性を指摘する学説もある。その代表者はG. A. スターである。スターはデフォーの物語の形式における宗教指導書や個人主義的な決疑論の影響を指摘して、デフォー文学作品の人間類型における宗教倫理や精神性の優位を論じている（Starr, 1965 : 72 ; Starr, 1971 : 33）。このスターの所論は、道徳論と経済論との二面性というデフォーの思想の問題を、精神（宗教）論の下に統合する論理を提供するものである（Starr, 1971 : 160）。また、ピューリタン的な個人主義と、その世俗化としての物質主義的な経済論との競合がその物語構造に体現化されているという点こそ、デフォーに小説という新しい文学形式の形成を可能ならしめた要因であるとI. ワットは論じている（Watt, [1957] 2001 : 83）

（3）I. ヴィッカーズは、教育、とりわけ実験科学など当時の新しい学問をデフォーが重視する傾向について、それがF. ベーコンの衣鉢を継ぐR. ボイルなどイングランド王立協会的なベーコン主義の影響であることを論証している（Vickers, 1996 : 55-80）。デフォーは、I. ニュートン、ロック、ボイルの名を挙げて、ジェントルマン教育の範例としている（Defoe, [1890] 2006 : 69）。ワットは、デフォーの思想における個人主義的な傾向にベーコン主義の影響を見る。ワットによれば、ベーコンやホッブズ、ロックなどのイギリス経験論の系譜が個人主義的な影響をデフォーに与え、文学上の流れとしてアディソンやスティールらと共にデフォーは経済的な個人主義を是認する立場を作っていったとされる（Watt, [1957] 2001 : 61-62）。デフォーに見られるベーコン主義の影響は、その事象記述（歴史）法においても顕著であることをR. メイヤーは指摘している（Mayer, 1997 : 158-80）。さらに、ベーコン主義の影響が、その非国教徒としての生い立ちとも相俟って、国制や社会秩序の考え方に対するデフォーの思想の政治的な保守性を形成している点についてはSchonhorn (1991) を参照。

（4）デフォーは流行という語を定義して、「自分より上位の人々、もしくはそう思われている人々を模倣することへの自負」（Defoe, [1725 b] 1869 : 440）であるとしている。

（5）勤労の成果としての高賃金に関しては、経済活動の促進や雇用の創出などその「国内商業（inland trade）」へ与える好影響を指摘することで、デフォーは肯定的な見方を示してもいる（Defoe, [1725 c] 2007 : 250-51）。ただし、それはあくまで国内

注　商業の発展というかたちで，国益の増大に寄与する限りでの高賃金論である点に留意する必要がある。というのは，国益の増大を第一義とする17・18世紀の重商主義的な政策枠組みにあって，貿易差額など国際関係まで含めた議論の段では，デフォーの賃金論も，当時の趨勢であった低賃金論に与するものであったからである。同時期イギリスの賃金論の諸特徴については，Furniss ([1920] 1965) を参照。
（6）ちなみに，商人層以外に，生育ジェントルマンとなり得る子孫を持つ可能性のある職業分野として，デフォーは，法曹界や軍事，海運，金融（証券）業などを挙げている (Defoe, [1890] 2006 : 257-58)。
（7）デフォーは『イギリス経済の構図』の中で，イギリス国内で消費される交易品の品目をより詳細に列挙している (Defoe, [1728 b] 2000 : 165-66＝1975 : 82-83 / 2010 : 64-65)。
（8）K. ウィルソンは，植民地交易とは，イギリス社会を政治・経済・文化など広範にわたり大きく変容させるものであったことを指摘して，その主な変容として次の2点を挙げている。すなわち，輸入奢侈品の氾濫による消費生活の変容，および植民地関連の投資が増大する中で植民地利害に関わる文物への関心の高まりという点である (Wilson, [1995] 1998 : 56)。ここにおいて，商業（重商主義）と植民地帝国とは，広範な社会階層の人々にとっての関心事となることによって，次第に，その推進のための強固な政策的基盤が国民的利害として確立されていくこととなる。

第4章・第1節

（1）田中は，「マンデヴィルからヒュームへと展開された奢侈論は，ステュアートにあっては，道徳的判断の完全な排除によって，奢侈概念がさらに明確化されると共に，ヒュームではないマンデヴィルの奢侈的支出の理論の線上に位置付けられることになる」（田中，2001 : 9）と述べ，マンデヴィル以降の奢侈論の展開における，脱道徳論的な傾向性の側面に注目している。
（2）もっとも，マンデヴィル自身が，『ダイオンへの書簡』の中で明確に弁明しているように，マンデヴィルのいう悪徳的行為とは，いわゆる極悪非道な行為のことではない。それは，「当世風の人々によってしばしば実行され，非難される流行的な生活方法，すなわち時代の慣習である。悪徳を犯している人々が，それらを悪徳とわたくしが呼ぶことに立腹しているところのものである。わたくしの論敵が非常に愛好し，それらを断念し手放すよりも，むしろ正当化しようと骨折るところの体裁品と便宜品とである」（Mandeville, [1732 b] 1953 : 31) ということである。このように，マンデヴィルの悪徳という語には，同時代の聖職者たちへの揶揄の意が込められていたのであり，それはまさに聖職者たちが自ら批判しつつも，自分たちもまた嬉々として実践しているような富裕な国家（社会）における豊かな生活様式や消費内容を表わすものであった。それゆえ，イギリス国教会の牧師であったバークリもまた，マンデヴィルに揶揄されたひとりということになる。なお，田中は，悪徳概念をめぐるバークリのマンデヴィル批判には，マンデヴィルに対する意図的な曲解

が含まれることを示唆している（田中，1966：90）。
（3）当時のアイルランドの社会経済事情については，戒田（1968）やJohnston（1970），Caffentzis（2000）に詳述がある。なおラシドは，こうしたアイルランドが抱えていた社会的な諸問題，中でも経済的困窮化の問題に対する分析的認識や政策論的な議論が展開される中から，バークリやスウィフトらを含むアイルランド知識人の間における人的ならびに知的交流が共に深まることで，そこからアイルランドの諸問題に対する共通の認識枠組みが形成されていたとしている（Rashid, 1988：346, 362）。ラシド（1988）では，こうした知的な状況をもって，経済問題に関してそこにアイルランド学派とでも呼べるような特徴的な言説を共有する経済論者の一団が形成されていたとの立論が展開されている。ちなみに，スウィフトの諸著作に関するその経済思想的背景，とりわけ重商主義的な議論枠組みとの関係を詳しく考察したものとして，Landa（[1943] 1980）や西山（2004）がある。
（4）例えば，「慈善と慈善学校についての試論」の中で，勤労への誘因を下流層の無知と貧困とに求めるようなマンデヴィルの労働観は，バークリのものとまさに対照的である。
（5）バークリの社会政策論におけるこの側面は従来，重商主義期のケインズ的な有効需要創出論のひとつの先駆的指摘として評価されてきた。その代表例は，ハチソン（1953）である。T. W. ハチソンはその中で，バークリの奢侈批判は，確かに道徳論的な観点と経済理論的な観点との混在が見られるとしながらも，あえてその経済分析のみを検討した場合，バークリの奢侈（消費）論の系譜は，節倹を無条件に重視するスミス的な蓄積論に与するものではなく，明らかにマンデヴィルやペティ，バーボン，ステュアートらと同じ位置にあるものであるとしている（Hutchison, [1953] 1989：57-58）。こうしたバークリ経済思想の解釈の流れに対して，I. D. S. ワードは，バークリの経済関連的な諸論考は，当時のアイルアンドがそうであったように，あくまで低開発経済における諸問題，すなわち，貧困層の無気力（自発的失業）および富裕層の奢侈などに関する行為動機としての道徳問題を扱ったものであり，この議論的文脈を離れてバークリの経済思想の学説史的な貢献を論じることはその過大評価につながる危険性があるとしている（Ward, 1959：34, 40）。
（6）なお，C. G. カフェンツィスは，バークリの貨幣概念について，それはバークリ哲学の認識論的な用語における「思念（notion）」として理解するべき妥当性を論証している。それは「精神」とも「観念」とも異なるものである。バークリ哲学において，思念とは作用や力能といった関係性を把握する概念だからである。詳しくはCaffentzis（2000：285-88）を参照。

第4章・第2節

（1）ハイエクはまた，マンデヴィルの思想史的意義づけをめぐってこのように述べている。「私にマンデヴィルをきわめて重要だと思わせているのは，実際，精神と社会を研究したすべての近代の思想家のなかで，おそらくヒュームが最も偉大だと考え

注　る私の評価なのである。マンデヴィルの営為の意義が全面的に明確となるのはヒュームの作品においてのみであるし，またマンデヴィルがもっとも永続的な影響力を発揮したのはヒュームを通してであった」(Hayek, [1967] 1978=1986 : 123)。この言述を裏付けるかのような見解として，フンデルトは，ヒュームは同時代の思想家の誰よりも明確に，マンデヴィルの自然主義的な社会論の意義を理解していたとして，ヒュームは，その主張を大筋では承認しつつも，マンデヴィル理論において残る不十分な部分を自然主義的な方向に修正するかたちで敷衍し，マンデヴィルの論理を徹底化するものであったと論じている (Hundert, 1994 : 84-85)。また，J. P. ライトによれば，ヒュームは心因性の病気に関する記述において，マンデヴィルの医学書である『心気症およびヒステリー研究』を参照していたという (Wright, 1983 : 190-191)。マンデヴィルは医学における実験的手法を道徳哲学の方法論としても応用することで，人間本性に関する自然主義的な理解を提示することを可能にしたといえる。ヒュームの思想とは，こうしたマンデヴィルの実験的手法や自然主義の思想的立場を自覚的に継受するものである。医学者であったマンデヴィル，そして人間本性の考察において自覚的に「解剖学者」(Hume, [1739-40] 1969=1948-52 : 248-49 (4)) たらんとしたヒューム，この両者は共に，自然主義の立場から人間本性論を彫琢している。そうした自然主義的な人間観を出発点に社会理論を構築していくという研究上の志向性，すなわち，今日的な用語法でいうところの方法論的個人主義に立脚した社会理論の構築という同型の社会科学方法論を共有していたとする見方も可能であろう。シーゲルはこの点においてこそ，ヒュームがマンデヴィルの後継者であることを指摘する。シーゲルによれば，「人間世界とは，字句通り自己中心的なものであるとの見方においてマンデヴィルとヒュームは一致している」(Seigel, 2005 : 137) という。人間というものをどのように理解しようとも，それは必ず諸個人の本性から出発しなければならず，さらには，諸種の社会的関係性もまたこの同じ基礎から発するものであるとの共通の社会観こそ，両者の思想的立場を同じくさせているものである。しかしながら，それはマンデヴィルとヒュームの両者が社会を抜きにした利己的な諸個人の存在可能性を想定していたということではない。むしろ社会的関係性とは，自我という本来は不安定なものを安定化するためにきわめて重要なものである。自我とは他者との相互作用を通じて確立されるものであるからである (Seigel, 2005 : 137-38)。またロバートソンは，ヒュームの人間本性論やそこから導出される社会理論とは，マンデヴィルの人間観を継受しつつ，その自然主義的論理の不徹底さおよび歴史的考察の不十分さを突き詰めた先に見出される論理であったことを指摘している (Robertson, 2005 : 301)。

（2）ヒュームの提出した社会像の諸特徴を「文明社会」として把握したのは，坂本 (1995) である。坂本は，「ヒュームの文明社会像は，人間学構想が提供する学問的・方法的な基礎の上で着実に展開される一方，それが取り込む豊富な事実や社会的素材は，彼の実践的活動をつうじて，文字通り経験的に獲得されたものであった。人間学構想がヒューム思想のプランであり青写真であるとすれば，彼の文明社会像は，

それに導かれたフィールド・ワークの成果として，長い時間をかけて，徐々に出来あがったものである」（坂本，1995：29）と述べている。なお，坂本（1995）にも言及されている通り，スコットランド啓蒙の全体像を「文明社会」という概念で論じたのは佐々木（1972-3）および佐々木（1976）である。

（3）「富裕層の奢侈と貧困層と勤労」という階層間の役割分化の前提には，社会的身分の保護を主眼とする奢侈禁止法の歴史との接点が見出せる（Crowley, 2001：149）。イングランドやスコットランドにおいては，17世紀にはすでに形式的に奢侈禁止法が残っているに過ぎず，法令そのものの有効性はまったく消失していたとの指摘がなされている（Hunt, 1996：28-38）。ちなみにイングランドでは，1604年に現行のすべての奢侈禁止法が廃止された。ただし，A. ハントによれば，奢侈禁止に対する意向はその後も一定の支持を保ちつつ，次第に保護主義的な重商主義の諸政策の中に組み込まれていくことで，その影響力を18世紀にまで及ぼすこととなる。詳しくはHunt（1996）を参照。

（4）スミスはまた，マンデヴィル批判の立場についてもヒュームから引き継いでいるといえる。スミスにとっても，マンデヴィルは重要な論者であり，その学説批判は独自の社会理論を構築していく際の貴重な足掛かりとなった。スミスのマンデヴィル批判については，例えば，Hurtado-Prieto（2006）などを参照。

（5）ヒューム自身，旧来の奢侈については悪徳的であることを指摘している。「この新たな支出［高価で上品な奢侈］は，諸技芸と勤労とを促進するが，旧来のもてなし型の奢侈は，悪徳や騒擾，扇動，無為などの源である」（Hume, [1778] 1983：383 (4)）とヒュームは新旧の奢侈を比較している。

（6）堀は，ヒュームの奢侈論の学説史的な位置づけを次のように与えている。「奢侈論は中世的（即ち道徳的又は宗教的）なる奢侈排斥論及び重商主義的なる奢侈排斥論を経てコウク，バアボン，ノオス，ペティ，マンダヴィル，ポスルスワイト，テンプル等々による奢侈是認論が生まれ，これ等の排斥論と是認論とを総合するものとしてヒュームがでた」（堀，1940：2）というものである。

（7）ちなみに，『道徳原理の研究』においては，奢侈という語を「生活上の快楽や便益の洗練」と換言している（Hume, [1751] 2006：13）。

（8）ヒュームは，人間性（人格）の問題から，社会的秩序（政治体制）や修辞学的な文章表現に至るまで，その思想的傾向として，どのような方向にであれ過度や極端にはしる見解に対しては終始，批判的であった。したがって，ヒュームの構想する文明社会とは，そうした行き過ぎがあらゆる面において抑制されつつ，安定的に日常の生活が推移するような制度の総体を念頭にしていたといえる。この事物の中庸性を重んじるというヒュームの特徴は，その奢侈論にも看取できる。こうしたヒュームの思想の特徴に関して，壽里はこのようにまとめている。「ヒュームはつねに，極端に陥りがちな人間本性を観察すると同時に，その適度な中間を模索し続けていた。言い換えるならば，彼の文明社会認識には，未開－文明という軸だけでなく，たえず文明社会それ自体における道徳的洗練と腐敗・堕落というもう一つの軸が

注　あり，それら両極の緊張関係の上に彼の文明社会の擁護が成り立っていると言える。そして，奢侈論においても奢侈の肯定的理解と懐疑的理解の両面があることに典型的に示されているように，ヒュームはこれら両極のあいだにある適度な中庸の先に，文明社会の健全な道徳的・経済的発展を見ていたのである」（壽里，2000：108）。

（9）ヒュームによれば，貨幣が富であるのは，それが富として必要な一定性質を備えた金属片であるということに由来するものではなく，それが生活上の快楽と便益とに関係性を持つという理由によるものである（Hume, [1739-40] 1969=1948-52：62(3)）。つまりは，貨幣が諸財を取得するための購買力を有するからこそ，それは富となるのである。ちなみに，ヒュームよれば，富の本質とは，真実あるいは誤った推論から真の快楽の存在をその所有者に先想させることである（Hume, [1739-40] 1969=1948-52：67(3)）。

（10）R.ライアンは，貨幣や交易といった政治や経済の問題を考えるための要因として，ヒュームが心理学的な要素を強調するものであることを指摘し，「ヒュームにとってのポリティカル・エコノミーの考察対象とは，人間であって，社会構造や価格や費用ではなかった」（Lyon, 1991：35）と述べている。もっとも，「人間の科学」という学知的構想を生涯にわたって追求したヒュームであれば，社会事象の分析に際して，方法論的個人主義的な分析手法を採用していたということ自体は，ごく自然なことといえよう。なお，ヒュームにおける人間本性の心理学的分析に基づく方法論的個人主義と功利主義的な理論的特徴との関係性についてはSoule (2000) を参照。

（11）ライアンやフンデルトは，ヒュームの経済論における「達成動機」という心理的要因の重要性を指摘している（Lyon, 1991；Hundert, 1991）。フンデルトによると，ヒュームは最下層の貧困労働層まで含めた中下流の勤労階層における欲望が無理のないかたちで満足させられるような社会を健全であると考えていたという（Hundert, 1991：44）。ヒュームが，奢侈を一律に悪徳的と断ずるような通説を批判したのも，この同じ理由からであるとフンデルトは述べている。

（12）「中流層」として括られる人びとの構成をめぐるヒュームの用語法の詳細についてはForbes (1975) および坂本 (2011) を参照。

（13）ヒュームは欲望の無限性ということを理解していたといえる。ヒュームは欲望の無限性ということを趣味の洗練として読み替えることで，文明社会の論理として展開したのである。ヒューム（およびスミス）は，マンデヴィルの奢侈概念を是とすることはなかった。しかし，そのことはヒュームが必要と奢侈との区分の問題を解決し得たことを意味するものではない。というのも，趣味の洗練について語ることと，欲望の胚種について語ることとは，同義となる危険性をつねに抱懐しているからである（Brewer, 1995：353）。N.クセノスが指摘するように，欲望の無限性を趣味の洗練と読み替えることは，新たな奢侈品に対する無限の欲望を是認することであり，そのことは，そうした奢侈品を順次，必需品化していく過程をも是認することとなるからである（Xenos, 1989=1995：18-19）。ヒュームの文明社会論は，こ

うした欲望の論理を肯定的に捉えるものであった。また，ここには一種の流行論があるともいえるであろう。そもそも，ヒュームにとっての人間社会とは，その初発の条件として，欲望に対する充足手段の恒常的な欠乏を前提とするものである (Hume, [1739-40] 1969＝1948-52：55 (4))。そして，ヒュームは『人間本性論』において，正義論の文脈で想像的な不足，すなわち想像上の稀少性について言及している (Hume, [1739-40] 1969＝1948-52：141 (4))。この想像的稀少性ということは，趣味の洗練化の過程に随伴し，人びとの想像力において無限に増殖されていく性質を持つものであるといえる。趣味の洗練化が進行する奢侈的な時代では，想像力の作用により，新たな稀少性が創出されることで流行を生み出していくことになる。エルティスは，富裕層の奢侈的消費の範疇にあった諸種の奢侈品が滴下的に下位の階層の消費対象となることで必需品となっていくとするこうした議論が，すでにバーボンやノース，J. ポレクスフェンなどに見出されるものであるとしている (Eltis, 1999：95)。18世紀も半ばに入るまでは，狭義の贅沢品や新商品の消費ということ，そして従来品の過剰消費という意味合いが明確に区別されることなく「奢侈（品）」という範疇の中に混在していた (Perotta, 1997：297)。ヒュームはこうした奢侈概念に関して，そのうちの過剰消費という意味合いにおいてのみ，それを悪徳的な奢侈として規定したのである。過剰性ということが趣味の洗練を損なうからである。Shovlin (2008) は，ヒュームの奢侈概念とフランスにおける同時代の奢侈論争との関係について論じている。またフランスの奢侈論争に関する研究としては，米田 (2005)，Shovlin (2006)，Hont (2006) などが有益である。

(14) 『イングランド史』には他にも次のような記述がある。「諸技芸の拡大が，厳格な法にまさってその悪しき慣行［使用人を多く抱えること］を止めさせるのに効果があった。貴族は使用人の数や盛大さを競うかわりに，徐々に，もっと洗練された方法で競争心を発揮するようになった。馬車や屋敷や食卓などの豪華さや上品さを競うようになったのである。上流層によって支えられていた無為の生活から解放された庶民は，仕事に就くことを余儀なくされることで勤勉となり，有能な人物として他者の役にも立つようになる。ということで，技芸の洗練，あるいはそれを論難する者が奢侈と呼びたがるところのものを白眼視するかわりに，このようにいえるであろう。すなわち，勤勉な商工業者は，貴族の庇護にすがって無為な生活を送っていた以前の使用人よりも，人間としても市民としても優れており，同じく，現代の貴族の生活もまた，昔と比べて称賛すべきものとなっている」(Hume, [1778] 1983：76-77(3))。

(15) リヴィングストンは，「歴史的に生成する一連のコンヴェンション（言語・法・技芸・宗教他）の総体をヒュームは道徳世界と呼ぶ」(Livingston, 1998：190-91) と述べている。そして，人びとがこうしたコンヴェンションの進化過程に認知的となり，一定の制御方法を習得していくその度合いのことをヒュームは「文明化」として捉えたのであるとしている。

(16) 「品性 (politeness)」の概念を，外見を取り繕うための人為性として捉えようとす

注　るマンデヴィルの思想は、シャフツベリやアディソン、スティールなど、品性を有徳性と結びつけて捉えようとする方向性への批判でもあったことをM. ペルトネンは指摘している（Peltonen, 2003 : 279-80）。C. ニコルソンも同様に、欺瞞や自己欺瞞をも含む品性の外見的な提示というマンデヴィルの議論は、社会的階序における価値基準の一律性を否定するものであり、この点で、従来的な道徳性や趣味の基準に対する批判となり得ていることを指摘している（Nicholson, 1994 : 87-88）。ちなみに、マンデヴィルは『フィメイル・タトラー』誌において、スティールらに対する批判的言説を展開している。また、「品性」や「マナー」という語と徳に関する議論的文脈との語彙上の関連性について、ポーコックは次の点を指摘している。「徳は――その語は放棄しようという傾向の兆候があるけれども――『作法（manners）』の概念に支えられて再定義された。……たとえ個人がもはや支配－被支配の行為と平等性に直接事できず、自らの統治と防衛を特殊専門的代表者に委任しなければならなくなったとしても、個人は無制限の、そしておそらく無限の自らの人格の富裕化によって、すなわちかれがますます組み込まれていく物的ならびに人的な諸関係の増加の産物によって、自らの古代的徳の喪失を償って余りあった。これらの新しい関係は性格上、社会的であって政治的でなかったので、それらの関係が個人を導いて発展させる能力は『徳』と呼ばれず『作法』と呼ばれた」（Pocock, 1985 = 1993 : 91-92）。

(17) フィリプソンはまた、ヒュームのエッセイ「完全なコモンウェルス案」とは、アディソンなどの品性に関する議論を敷衍・補完したヒュームの最終的な解答であったとしている（Phillipson, 1987 : 242）。さらに、社会的作用という観点から見た場合に、商業的国家の枠組みにおいて品性ということが諸成員の安全や諸利益の確保に直結していることの重要性をヒューム以上に強調した論者は見当たらないであろうともフィリプソンは述べている。

(18) ヒュームは、中流層の境遇に由来する、有徳性や理知といった人間諸能力への制度的な接近可能性に関して、それを「神慮の導きによるもの」（Hume, [1903-4] 2006 = 1983 : 581）とも言述している。

第5章・第1節

(1) 「エコノミー（economy）」という言葉は、P. フォースによると、伝統的に哲学や修辞学において、全体と諸部分との関係性のことを指すものであったという（Force, 2003 : 68）。全体との関係において諸部分を考察するという思考は、そこに道徳的な要素が入り込むとき、社会的関係性の分析を可能にする社会科学的なひとつの思考の型としての敷衍化が行なわれるであろうことは容易に推察できよう。すなわち、全体としての公益に対する部分としての私益の関係性を問題にするという視点の確立である。もっとも、ステュアートの直接的な意図としては、アリストテレスあるいは古代ギリシャ的な背景を帯びた「家政」としての意味合いにおいてこの語を用いており、ポリティカル・エコノミーという言葉は国家行政についての家

政のアナロジーである (Letwin, [1963] 1965 : 233)。ただし，ステュアートの用語法においてさえ，エコノミーの語の全体と諸部分との斉一性を表わす原義は有効である。というのも，ステュアートの体系にあっては，諸個人の主要な行為動機の中心は利己心であり，こうした利己心を一国全体の公益促進のために利用し，嚮導するという公益の促進因としての為政者の役割が強調されるからである。ステュアートは，利己心と公益の促進因である為政者との関係をこのように述べている。すなわち，「利己心の原理は，この研究を通じて普遍的な鍵の役割を果たすであろう。しかも，これはある意味では私の主題の支配的な原理と考えることができ，したがって，全巻にわたってその所在を確認することができる。それは，為政者が自由な国民を，彼らを統治するために立案した計画に協力させようとするさいに利用するべき主要なばねであり，また唯一の原動力でもある」(Steuart, [1767] 1967=1998 : 152-53(1))。国民と為政者との間に私益と公益という行為動機的な区分を設けることで，ステュアートは，社会と国家との線引きを有効化することができ，社会を公共圏から切り離された私的な諸個人間の競争領域として描き出すことができたとR.アーカートは述べている (Urquhart, 1996 : 390)。

(2) ステュアートの経済学体系は，貨幣の社会的な流通過程に注目しつつ，その貨幣の循環促進要因として消費あるいは需要というものを重視しようとする，いわば需要の経済学とでも呼べる体系である。センが，「ステュアートにあっては，もっぱら需要面が強調されており，供給については消極的な役割が与えられていたにすぎない」(Sen, 1957 : 51) と指摘したように，ステュアートは，貨幣使用による消費すなわち有効需要が，経済過程の円滑な運行を可能にするその機能の働きに大きな重要性を認めていた。この同じ経済社会認識のうちに，田添は，労働価値説的な生産過程把握へと至り得ないステュアート体系の限界性を見る。田添は，ステュアートにあっては財一般が商品に転化する際の決定的な契機を需要に見ていた点を指摘したあとで，「このかぎり，ステュアートにあっては，財の商品性は，まず生産そのもののなかで，そしてまた生産と流通の総過程の内部でつかまれるのでなしに，いわば外側から，譲渡・有効需要の側から観ぜられている」(田添, 1990 : 67) ことをその論拠として挙げている。

(3) ここでの貨幣の導入とは，あくまで近代社会での貨幣の役割を説明するための推論的な叙述であり，それは，竹本が注意を促したように，「人類が遙か昔におこなったであろう貨幣の原初的な導入をめぐるものではなく，勤労社会での貨幣の導入，あるいは，もっといえば，勤労社会で新たな意味をもつことになった貨幣の『再』導入をめぐるそれ」(竹本, 1995 : 61) のことである。

(4) ちなみに，ステュアートによる貨幣の定義は次のようなものである。貨幣とは，「純粋にそれ自体としては，人間にとって上述 [衣食住] のような目的にかなうような資料的用途をもたないものの，それについての人間の意見に基づいて，価値と呼ばれるものの普遍的尺度となり，譲渡できるなに物に対しても適当な等価物となるような評価をえているなんらかの財貨」(Steuart, [1767] 1967=1998 : 30(1)) である。

注　（5）ヴィッカーズは，ステュアートの貨幣流通論の中にある，貨幣保有者の消費欲望の議論との連環性を指摘してその先見性を評価しつつ，その貨幣のマクロ分析においては消費の論理がもっとも重要な関連性を持っている点に言及している（Vickers, [1959] 1968 : 261-62）。
（6）ここで，ステュアート体系で論じられる消費の問題系とは，例えば，相互的欲望論や貨幣論，それから有効需要論や奢侈論のことであり，さらには富の均衡論から銀行（土地担保発券銀行）論や比例税（消費税）論までもその射程として含む広範なものとして把握されなくてはならないが，その扱う問題の大きさを鑑みて，本書における消費論としての再読範囲からは，有効需要論ならびに銀行論と租税論とを除くものである。
（7）もっとも，ここでの小林の言は直接的には比例税（消費税）の課税ベースが中流層であるとの議論を念頭においた文脈のものであり，その議論の本筋ではやはり固定的な身分的属性を前提とした図式としての富者による奢侈と貧者による勤労という基本線を外れるものではないといえよう（小林，1994 : 54-55）。小林は，『経済の原理』での有効需要の担い手が主として富者の消費であることを指摘して，そうしたステュアートの体系はイギリス重商主義の正系の中に位置を占めるものではないとしている。ステュアートの体系とは，「大衆的国内市場の形成に商品生産の拡大の証を見た，デフォウ（キング）→ヴァンダーリント→ハリス→タッカーの線――すなわち『国富論』の母胎としての一面を持つ重商主義の系譜――をはずれたところにこのジャコバイト貴族の労作が位置を占めるということを，物語る」（小林，1977 : 49）ものである。ただし，小林（1994）には，「インダストリの生むプロフィットは大衆的富を現出して，『国富論』の世界に膚接する」（小林，1994 : 120）との言述があり，これは小林の立場が，ステュアート体系における中流層の台頭の論理とその購買力（そして課税ベース）としての役割の増大とを容認するものであることを明かすものであろう。
（8）R. V. イーグリは，ステュアートの体系においては，勤労意欲に関して向上志向効果の重要性が一貫して強調されている点を指摘する（Eagly, 1961 : 56）。イーグリによれば，諸個人の向上志向性ということが，同体系の経済成長モデルにあっての動態因である。確かに『経済の原理』には，諸個人の向上志向性に言及した次のような記述がある。「人が自己の勤労によって生活し始めるやいなや，その暮らしがいかに貧しくとも，彼はただちにささやかな野心の目標を想い描き，自分の境遇を1段上の同胞の境遇と比較し，安楽のいわばほんのささやかな増進を，彼の幸福についてだけでなく彼の身分の向上だと考えるのである」（Steuart, [1767] 1967＝1998 : 286(1)）。
（9）田添は，ステュアートによる物財享受の水準に関する区分が，結局において曖昧さを残したものになったことについて，それを，生活水準を「使用価値の一定品目と一定量において表示しようとした」（田添，1990 : 174-75）試みの挫折であると捉えている。反対に，このステュアートによる奢侈と必要とに関する区分からは，た

180

んに，消費あるいは物財享受の異なる諸水準の区分けとしての意味合いが読み取れるのみであり，それは消費財そのものに対するなんら恣意的な分類を提示するものでないとするH-S. ヤンによる見解もある（Yang, 1994 : 277）。
(10) 柳田は，ステュアートの展開する勤労階級の階層分化論，および階級間の移動論の中に，マルサスの階級交替論のひとつの想源を見た上で，それを「ステュアートの階級交替論はただにヒューム，スミスの両雄のそれを優に卓越しているばかりか，マルサスの所論のくめどもつきぬ一想源として顧みられねばならない」（柳田, [1998] 2005 : 198）ものとして高く評価している。

第5章・第2節

(1) スミスの思想において，自生的秩序観という社会分析上の視点がひとつの思考の型として看取できることについては，例えば，Viner（[1927] 1991），Rosenberg（1960），Hamowy（1987）などを参照。
(2) K. ホーコンセンは，スミスの社会科学方法論についてこのように述べている。スミスの方法論的立場からすれば，「個人を越えたある社会現象は，特定の人の介入活動がない限り，別の現象を引き起こすものではない。もとより，このことは，個人が意識的かつ意図的にこのことを実現しようと働くことを意味しない。そうではなく，……社会一般および道徳と法律は特に，個々の人間活動の意図せざる結果である。この意味でスミスは，『方法的個人主義者』であるが，『道徳感情論』と『法学講義』との検討から知るように，このことは，個人の動機と行為とを社会的枠組みと関連させて説明することを妨げるものではない。否定されるのは，社会『全体』のみによる究極的説明と，個人のみによる説明である」（Haakonssen, 1981＝2001 : 264）。
(3) 行為動機をめぐる情念論の展開について，17・18世紀を通じて，「自負心（pride）」の概念が人間本性論としてのパラダイムを支える上での大きな影響力を持つものであったことは，ラヴジョイがLovejoy（1961＝1998）で論証するところである。
(4) 日本のスミス研究においてスミスの消費論に言及したものとしては，大道（[1940] 1988），高島（[1941] 1998），大河内（[1943] 1969）などがある。三者の共通点として指摘できるのは，『国富論』を市場社会の生産および再生産関係について詳述した書として位置づけ，スミス経済学のそうした性格との関連でその消費論の位置づけに対する見解を述べている点である。例えば，大道は「もしスミスに『グラスゴー講義』の欲望論・消費論を『国富論』に於てオミットすることなく発展させたならば，恐らく消費論がかなりの体裁を備えて現れてきたことであろう。だが『国富論』に於ては消費論は裏に潜められてしまっている。『国富論』に於ては生産論が表面に出ている。かくて屡々用ひられる表現を以てすれば，『国富論』は『生産の福音書』となったのである」（大道, [1940] 1988 : 241）と述べている。高島もまた，「消費が生産の唯一の目的であるということは，『国富論』をしていわゆる厚生経済学の体系たらしめるものでなく，またいわゆる生活経済学の一見本たらしめるものでもない。

注　それはあくまでも生産の体系であり，また生産力の体系なのである」(高島，[1941] 1998：188-89)ことを強調する。さらには大河内も，「『消費』の問題は，スミスに在っては，国内消費市場の問題として，国民経済全体の視野の下に，即ち経済の再生産の視角から，理解されていたのであって，営利的な生産活動よりも『消費』の方がより同義的に高次のものであるというような意味を賦与されたものではなかったのである。この点は特にスミスの経済論を分析するに当たって必要なことであり，銘記さるべき点である」(大河内，[1943] 1969：101)との批判を展開している。

(5) スミスは，マンデヴィルの学説について，「この学説がいかに破壊的な有害な性質をもっているように見えようとも，もしそれが何らかの点において真理に近似していなかったならば，決してあれほど多数の人々を欺いたり，あるいは一層善良な行動原理に親しんでいる人々の間にあれほど一般的な驚きを起こしたりすることはできなかったであろうと思われる」(Smith, [1790] 1982=1970：652)と述べることで，そこに含まれる社会理論としての社会事象に対する有効な説明力を評価している。シュンペーターはマンデヴィルとスミスとの継受関係を指摘して，「スミスは，マンデヴィルの議論が，特殊な形で書かれてはいるものの，スミス自身の純粋な自然的自由に味方する議論にほかならないことを見逃さなかったはずである」(Shumpeter, 1954=2005-6：331-32)と述べている。W. F. キャンベルは，スミスを評して，矛盾のないマンデヴィルであるとしている(Campbell, 1967：351)。ちなみに，「放縦な学説」とは自由主義の学説についての別称であることをスミス自身が述べている(Smith, [1776] 1981=1978：166-67(3))。スミスの社会理論の構成におけるマンデヴィル的な社会科学方法論の影響については，Castiglione (1986) を参照。

(6) スミスは，この富や富裕に付随する権威にまつわる階序的な社会構造に，いわゆる滴下(トリクルダウン)型の流行を生み出す機制があることも指摘する。スミスは，「富者や権力者がいわゆる流行の源泉になったり，あるいはその嚮導者となったりすることのできるのは，われわれに富者や権力者を賛美し，したがってかれらを模倣しようとする性向があるからである」(Smith, [1790] 1982=1970：153)と論じている。スミスはまた，こうした流行が持つその負の側面についても論じる。富者や権力者の行為などは，それが悪徳的なものや愚昧なものであるような場合ですらもしばしば模倣の対象となるため，虚栄心が強く浅慮の人々の品性を損なう結果をもたらすというのである(Smith, [1790] 1982=1970：153-54)。『国富論』における富裕な商人層の濫費についての記述は，流行がもたらす悪影響を示す一例として解することができる。すなわち，「一般に大商業資本の所有者は，その国の全産業の指導者であり指揮者でもあるのだから，かれらが示してみせる生活ぶりは，いかなる階層の人々のそれよりも，はるかに大きな影響をその国の働く人々の生活習慣に与えるものなのである。……万一，雇主が放埓でだらしがなければ，かれが指図する見本通りの型を仕上げる職人たちも，自分たちの生活までも，雇主たちの生活ぶりと同じようなものにしてしまうだろう」(Smith, [1776] 1981=1978：382 (2))。こうした傾向は，その国の生産的労働を稼働させるための資本の蓄積を阻害してしまう

ため,結果的に,その国の富裕化という公益の促進に反するという弊害をもたらすこととなる。

(7) これは,消費というものが社会の安定化に寄与する場合もあれば,その変革を促す要因にもなる場合があるということを示しており,つまりは,社会におけるその他の諸要件との関係により,消費の社会的作用の方向性も確定するとの制度論的な側面をスミスの社会理論が持つことの表われであるともいえる。スミス理論体系の制度論的な性格についてはRosenberg (1960) やSong (1995),田島 (2003) を参照。

(8) 行為の外見である行動の社会的意味合いにおいても,この転換点は大きな違いを生じさせることとなる。つまり,その行為動機的には,富の顕示欲という自己の虚栄心を満足させるという同じ目的性を持つ消費行為が,饗応という他者への散財行動として表現されるときには,当該個人に大度や闊達や寛容といった美徳としての社会的評価が与えられるのに対して,自分自身のための消費財への濫費行動となる場合には,放蕩や怠惰といった悪徳としての社会的評価が冠されることとなるからである。

(9) スミスは,都市の商工業の発展が農村の改良に貢献した点として,次の3つを挙げている (Smith, [1776] 1981=1978:51-53 (2))。まず第1に,農村の生産物に対して大きな市場を提供したこと。第2に,都市の富裕層である商人が農村の土地を購入して経営にあたることで,農村の生産性が向上したこと。そして,第3が,すでに述べた,平和的秩序の確立である。

(10) ロゼンバーグは,商工業が多数の消費財を市場に供給することで生じる,社会の経済成長上の促進効果として次の3点を挙げている (Rosenberg, 1968:368)。ひとつは,消費支出の趨勢がサービスから物財へと移ること,2つめは,社会における富裕層の消費機能がその効果において拡大すること,3つめは,農業の生産性が高まることである。

(11) スミスの「富裕 (opulence)」という語は,その富が国土に帰属するものであるという点が決定的に重要であったことを水谷は指摘する (水谷, 1987:283-87)。したがって,その第一義としては,土地の改良やそれに付随する物財等の不動産を中心とする富の増大のことを指示するものであるということになる。水谷はそうした富のことを「見渡せる富」として表現している (水谷, 1987:269-305)。また,M. シャバスは,17・18世紀を通じて,「富 (wealth)」という語の基本的な語義とは,物質 (自然) 界における所有物のことであったことを指摘している (Schabas, 2005:2)。

(12) A. ブリュワーは,この点に,奢侈的消費に対してスミス社会理論体系が持つ相反的な両義性を見ている (Brewer, 1998:96-97)。すなわち,奢侈的消費が誘因となり社会に勤勉や技芸の洗練をもたらしていくとするヒューム的な議論をスミスが認めつつ,一方では,そうした奢侈的消費を,資本の蓄積過程という富裕化の観点からはそれへの障害とみなして,反消費的な節約の社会的作用を評価しているという両義性についてである。他方,ウィンチによれば,スミスによる資本蓄積論には奢侈論争に対する最終的な回答としての意味合いも含まれていたという。と

注　　いうのは，長期の観点からすれば，奢侈を誘発する気まぐれ等の一時的かつ間歇的な人間本性の中の性向（情念）よりも，節倹や貯蓄などの行為類型を導くこととなる境遇改善を望む性向のほうが，情念の性質としては穏やかであるが，持続的で強力な作用因として社会的発展の方向性に影響を与えるものであることを，スミスの資本蓄積論は論証しているからである（Winch, 1996 : 79-80）。なお，衝動としての性質は強いがその作用が一時的な諸情念間の拮抗に基づく行為の統御という考え方に代わり，衝動としての瞬間的な力としては弱いがその作用が持続的である穏やかな情念（すなわち利益）による行為の統御という考え方が優位となる思想史上の転換過程が17世紀から18世紀にかけて見出される点についてはHirschman（1977=1985）を参照。また，スミスの社会発展論には，その歴史的側面において経済生活様式の違いに基づく4段階の発展図式の定式化が顕著に見出されることがミークにより指摘されている。18世紀の思想史における社会発展の4段階論の形成過程についてはMeek（[1976] 2010）に詳述がある。

文献

相見志郎, 1951,「ニコラス・バァボンの貿易論」『経済学論叢（同志社大学）』2(5)：39-64.
天川潤次郎, 1963,「デフォーの奢侈論」『経済学論究（関西学院大学）』17(2)：73-97.
──, 1966,『デフォー研究──資本主義経済思想の一源流』未来社.
Aldridge, Alan, 2003, *Consumption*, Cambridge, Polity Press.
Andersen, Hans H, 1941, "The Paradox of Trade and Morality in Defoe," *Modern Philology* 39(1)：23-46.
Appleby, Joyce, 1976, "Ideology and Theory: the Tension between Political and Economic Liberalism in Seventeenth-Century England," *The American Historical Review* 81(3)：499-515.
──, 1994, "Consumption in Early Modern Social Thought," In *Consumption and the World of Goods*, edited by J. Brewer and R. Porter, New York, Routledge：162-73.
Barbon, Nicholas, [1685] 1966, "An Apology for the Builder," In *A Select Collection of Scarce and Valuable Economic Tracts [1859]*, edited by J. R. McChlloch, Augustus M. Kelley Publishers：3-26.
──, [1690] 1903, *A Discourse of Trade*, Baltimore, The Johns Hopkins Press（=1966, 久保芳和・田添京二・渡辺源次郎訳『バーボン交易論・ノース交易論・ダヴナント東インド貿易論（初期イギリス経済学古典選集２）』東京大学出版会）.
──, 1696, *A discourse Concerning Coining the New Money Lighter. In Answer to Mr. Lock's Considerations about the Raising the Value of Money*, Richard Chitwell.
Bauer, Stephen, 1919, "Barbon," *Dictionary of Political Economy: Vol. I A-E:*, edited by Palgrave, Macmillan and Co. Limited：119-21.
Berkeley, George, [1710] 1949, *A Treatise Concerning the Principles of Human Knowledge, Wherein the Chief Causes of Error and Difficulty in the Sciences, with the Grounds of Scepticism, Atheism, and Irreligion, are Inquired into*, In *The Works of George Berkeley, Bishop of Cloyne*, edited by A. A. Luce and T. E. Jessop, In 9 volumes：1-113(2)（=1958, 大槻春彦訳『人知原理論』岩波書店）.
──, [1713] 1955, "Happiness," *The Works of George Berkeley, Bishop of Cloyne*, edited by A. A. Luce and T. E. Jessop, In 9 volumes：214-17(7).
──, [1721] 1994, "An Essay towards Preventing the Ruin of Great Britain," In *The Works of George Berkeley, D. D. ; Formerly Bishop of Cloyne Including his Posthumous Works*, edited by A. C. Fraser, In 4 volumes, Bristol, Thoemmes Press：319-38(4).

文献

―, [1732] 1994, *Alciphron, or the Minute Philosopher in Seven Dialogues, Containing an Apology for the Christian Religion against Those Who Are Called Free-Thinkers*, In *The Works of George Berkeley, D. D.; Formerly Bishop of Cloyne Including his Posthumous Works*, edited by A. C. Fraser, In 4 volumes, Bristol, Thoemmes Press : 1-368(2).

―, 1735-7, *The Querist, Containing Several Queries, Proposed to the Consideration of the Public*, In 3 volumes, Dublin (=1971, 川村大膳・肥前栄一訳『バークリ 問いただす人(初期イギリス経済学古典選集 6)』東京大学出版会).

―, [1736] 1994, "A Discourse Addressed to Magistrates and Men in Authority Occasioned by the Enormous Licence and Irreligion of the Times," In *The Works of George Berkeley, D. D.; Formerly Bishop of Cloyne Including his Posthumous Works*, edited by A. C. Fraser, In 4 volumes, Bristol, Thoemmes Press : 477-506(4).

―, [1750] 1994, "Maxims Concerning Patriotism," In *The Works of George Berkeley, D. D.; Formerly Bishop of Cloyne Including his Posthumous Works*, edited by A. C. Fraser, In 4 volumes, Bristol, Thoemmes Press : 559-63(4).

Berg, Maxine, 1999, "New Commodities, Luxuries and their Consumers in Eighteenth-Century England," In *Consumers and Luxury*, edited by M. Berg and H. Clifford, Manchester University Press : 63-85.

Berry, Christopher J, 1994, *The Idea of Luxury: A Conceptual and Historical Investigation*, Cambridge, Cambridge University Press.

―, 2006, "Hume and the Customary Causes if Industry, Knowledge, and Humanity," *History of Political Economy* 38 (2) : 291-317.

Bianchi, Marina, 2001, "The Infinity of Human Desires and the Advantages of Trade: Nicholas Barbon and the Wants of the Mind," In *Physicians and Political Economy: Six Studies of the Work of Doctor-Economists*, edited by P. Groenewegen, London and New York, Routledge : 48-66.

Birdsall, Virginia O, 1985, *Defoe's Perpetual Seekers: A Study of the Major Fiction*, Lewisburg, Bucknell University Press.

Bleaney, Michael, 1976, *Underconsumpton Theories: A History and Critical Analysis*, New York, Internationl Publishers.

Bowley, Marian, 1973, *Studies in the History of Economic Theory before 1870*, London and Basingstoke, The Macmillan Press.

Bowman, Mary J, 1951, "The Role and Interests of the Consumer: The Consumer in the History of Economic Doctrine," *The American Enomic Review* 41 (2) : 1-18.

Brewer, Anthony, 1997, "An Eighteenth-Century View of Economic Development: Hume and Steuart," *The European Journal of the History of Economic Thought* 4 (1) : 1-22.

―, 1998, "Luxury and Economic Development: David Hume and Adam Smith," *Scottish Journal of Political Economy* 45 (1) : 78-98.

Brewer, John, 1995, "'The Most Polite Age and the Most Vicious': Attitude towards Culture as a Commodity, 1660-1800," In *The Consumption of Culture 1600-1800: Images, Objects, Text*, edited by A. Bermingham and J. Brewer, London and New York, Routledge : 341-61.

Burtt, Shelley, 1992, *Virtue Transformed: Political Argument in England 1688-1740*, Cambridge, Cambridge University Press.

Caffentzis, Constantine G, 1989, *Clipped Coins, Abused Words and Civil Government: John Locke's Philosophy of Money*, New York, Autonomedia.

―, 2000, *Exciting the Industry of Mankind: George Berkeley's Philosophy of Money*, Dordrecht, Kluwer Academic Publishers.

―, 2003, "Medical Metaphors and Monetary Strategies in the Political Economy of Locke and Berkeley," In *Oeconomies in the Age of Newton: Annual Supplement to Volume 35 History of Political Economy*, edited by M. chabas and N. De Marchi, Durham and London, Duke University Press : 204-33.

Campbell, William F, 1967, "Adam Smith's Theory of Justice, Prudence and Beneficence," *American Economic Review* 57 : 571-77.

Carey, Daniel, 2006, *Locke, Shaftesbury, and Hutcheson: Contesting Diversity in the Enlightenment and Beyond*, Cambridge, Cambridge University Press.

Castiglione, Dario, 1986, "Considering Things Minutely: Reflections on Mandeville and the Eighteenth-Century Science of Man," *History of Political Thought* 7 (3) : 463-88.

Chalk, Alfred F, 1951, "Natural Law and the Rise of Economic Individualism in England," *The Journal of Political Economy* 59 (4) : 332-47.

―, [1966] 1991, "Mandeville's *Fable of the Bees:* Reappraisal," In *Pre-Classical Economists volume 3: John Law (1671-1729) and Bernard Mandeville (1660-1733)*, edited by M. Blaug, Aldershot and Brookfield, Edward Elgar Publishing : 149-64.

Clery, E. J, 2004, *The Feminization Debate in Eighteenth-Century England: Literature, Commerce and Luxury*, Basingstoke and New York, Palgrave Macmillan.

Coats, A. W, 1958, "Changing Attitudes to Labour in the Mid-Eighteenth Century," *The Economic History Review*, New Series 11 (1) : 35-51.

Coleman, D. C, 1956, "Labour in the English Economy of the Seventeenth Century," *The Economic History Review*, New Series 8 (3) : 280-95.

Coleman, William O, 2001, "The Significance of John Locke's Medical Studies for the History of Economic Thought," In *Physicians and Political Economy: Six Studies of the Work of Doctor-Economists*, edited by P. Groenewegen, London and

文献

New York, Routledge : 26-47.
Corfield, Penelope J, 1991, "Class by Name and Number in Eighteenth-Century Britain," In *Language, History and Class*, edited by P. J. Corfield, Basil Blackwell, Oxford and Cambridge : 101-30.
Cowen, Tyler, 1986, "Nicholas Barbon and the Origins of Economic Liberalism," *Research in the History of Economic Thought and Methodology*, 4 : 67-83.
Crowley, John E, 2001, *The Invention of Comfort*, Baltimore, The Johns Hopkins University Press.
Cunningham, Andrew S, 2005, "David Hume's Account of Luxury," *Journal of the History of Economic Thought* 27 (3) : 231-50.
大道安次郎, [1940] 1988, 『スミス経済学の生成と発展』日本評論社.
Defoe, Daniel, [1697] 2002, *An Essay upon Projects*, McLean, Indy Publish.
―, [1698] 2007, "The Poor Man's Plea," In *Religious and Didactic Writings of Daniel Defoe: Volume 6*, edited by J. A. Downie, London, Pickering and Chatto : 21-37.
―, [1704-13 a] 1938, *Defoe's Review: Reproduced from the Original Edition, In 9 volumes*, edited by A.W. Secord, New York, Columbia University Press.
―, [1704-13 b] 2003-7, *Defoe's Review 1704-1731 in 9 volumes*, edited by J. MacVeagh, London, Pickering and Chatto.
―, [1720] 2007, *The Commentator*, In *Religious and Didactic Writings of Daniel Defoe: Volume 9*, edited by P. N. Furbank, London, Pickering and Chatto.
―, [1724] 2007, *The Great Laws of Subordination Consider'd*, In *Religious and Didactic Writings of Daniel Defoe: Volume 6*, edited by J. A. Downie, Pickering and Chatto, London : 39-193.
―, [1725 a] 2004, *Everybody's Business is Nobody's Business*, Whitefish, Kessinger Publishing.
―, [1725 b] 1869, "Fashion, a Cause of National Degeneracy," In *Daniel Defoe: His Life and Recently Dsicovered Writings Extending from 1716 to 1729 in 3 Volumes*, edited by William Lee, London, John Camden Hotton : 439-41 (3).
―, [1725 c] 2007, *The Complete English Tradesman*, Dodo Press.
―, 1727, "Letter 62," In *A Collection of Miscellany Letters, Selected out of Mist's Weekly Journal 1722-27 4 volume*, Eighteenth Century Collection Online, Gale Group : 234-39 (4).
―, [1728 a] 2000, *Augusta Triumphans: or, the Way to Make London the Most Flourishing City in the Universe*, In *Political and Economic Writings of Daniel Defoe: Volume 8 Social Reform*, edited by W. R. Owens, Pickering and Chatto, London : 259-87.
―, [1728 b] 2000, *A Plan of the English Commerce, Being a Compleat Prospect of*

the Trade of This Nation, as well as Home Trade as the Foreign, In *Political and Economic Writings of Daniel Defoe: Volume 7 Trade*, edited by J. MacVeagh, London, Pickering and Chatto : 115-341（=1975，山下幸夫・天川潤次郎訳『イギリス経済の構図（初期イギリス経済学古典選集5）』東京大学出版会=2010，泉谷治訳『イギリス通商案──植民地拡充の政策』法政大学出版局）.

――，1730，*A Brief State of the Inland or Home Trade of England; and of the Oppressions It Suffers, and the Dangers Which Threaten It from the Invasion of Hawkers, Pedlars, and Clandestine Traders of all Sorts*, London: Printed for Tho. Warner.

――，[1890] 2006，*The Compleat English Gentleman*, Whitefish, Kessinger Publishing.

De Marchi, Neil, 1999, "Adam Smith's accommodation of 'altogether endless' desires," In *Consumers and Luxury*, edited by M. Berg and H. Clifford, Manchester, Manchester University Press : 18-36.

Dickinson, H. T, 1975, "The Politics of Bernard Mandeville," In *Mandeville Studies: New Explorations in the Art and Thought of Dr. Bernard Mandeville (1670-1733)*, edited by I. Primer, The Hague, Martinus Njihoff : 80-97.

――，1976, "Bernard Mandeville: An Independent Whig," *Studies on Voltaire and the Eighteenth Century* 152 : 559-70.

Dijkstra, Bram, 1987, *Defoe and Economics*, New York, St. Martin's Press.

Dorfman, Joseph, 1959, *The Economic Mind in American Civilization: Volume 4 and 5 1918-1933*, New York, The Viking Press.

Dunn, John, 1972, "The Identity of the History of Ideas," In *Philosophy, Politics and Society, Fourth Series*, edited by P. Laslett, W. R. Runciman and Q. Skinner, Oxford, Basil Blackwell : 158-73.

Dykstal, Timothy, 2001, *The Luxury of Skepticism: Politics, Philosophy and Dialogue in the English Public Sphere 1660-1740*, Charlottesville and London, University Press of Virginia.

Eagly, Robert V, 1961, "Sir James Steuart and the 'Aspiration Effect,' *Economica*," New Series 28 : 53-61.

Earle, Peter, 1977, *The World of Defoe*, New York, Atheneum.

Edwards, Tim, 2000, *Contradictions of Consumption: Concepts, Practices and Politics in Consumer Society*, Buckingham, Open University Press.

Eltis, Walter, 1999, "Does Luxury Consumption Promote Growth?," In *From Classical Economics to the Theory of the Firm: Essays in Honour of D. P. O'Brien*, edited by R. E. Backhouse and J. Creedy, Cheltenham and Northampton, Edward Elgar Publishing : 87-103.

Fiaschi, Davide and Rodolfo Signorino, 2003, "Consumption Patterns, Development and Growth: Adam Smith, and David Hume and Thomas Robert Malthus," *The European Journal of the History of Economic Thought* 10 (1) : 5-24.

Finkelstein, Andrea, 2000, *Harmony and the Balance: An Intellectual History of Seventeenth-Century English Economic Thought*, Ann Arbor, The University of Michigan Press.

Flynn, Carol Houlihan, 1990, *The Body in Swift and Defoe*, Cambridge, Cambridge University Press.

Forbes, Duncan, 1975, *Hume's Philosophical Politics*, Cambridge, Cambridge University Press.

Force, Pierre, 2003, *Self-Interest Before Adam Smith: A Genealogy of Economic Science*, Cambridge, Cambridge University Press.

Furniss, Edgar S, [1920] 1965, *The Position of the Laborer in a System of Nationalism: A Study in the Labor Theories of the Later English Mercantilists*, New York, Augustus M. Kelley.

Gabriel, Yiannis and Tim Lang, 1995, *The Unmanageable Consumer: Contemporary consumption and its Fragmentations*, London, Sage Publishing.

Galbraith, John K, [1958] 1998, *The Affluent Society*, Boston, Houghton Mifflin (= 2006, 鈴木哲太郎訳『ゆたかな社会——決定版』岩波書店).

Gislain, Jean-Jacques, 1999, "James Steuart: Economy and Population," In *The Economics of James Steuart*, edited by R. Tortajada, London and New York, Routledge : 169-85.

Goldsmith, Maurice M, 1976, "Public Virtue and Private Vices: Bernard Mandeville and English Political Ideologies in the Eighteen Century," *Eighteenth-Century Studies* 9 (4) : 477-510.

――, [1985] 2001, *Private Vices, Public Benefits: Bernard Mandeville's Social and Political Thought Revised Edition*, Christchurch, Cybereditions.

――, 1987, "Liberty, Luxury and the Pursuit of Happiness," In *The Languages of Political Theory in Early-Modern Europe*, edited by A. Pagden, Cambridge, Cambridge University Press : 225-51.

Gunn, J. A. W, 1983, *Beyond Liberty and Property: The Process of Self-Recognition in Eighteenth-Century Political Thought*, Kingston and Montreal, McGill-Queen's University Press.

Haakonssen, Knud, 1981, *The Science of Legislator*, Cambridge, Cambridge University Press (= 2001, 永井義雄・鈴木信雄・市岡義章訳『立法者の科学——デイヴィド・ヒュームとアダム・スミスの自然法学』ミネルヴァ書房).

――, 1996, *Natural Law and Moral Philosophy: From Grotius to the Scottish Enlightenment*, Cambridge, Cambridge University Press.

Hamilton, David, 1973, "What Has Evolutionary Economics to Contribute to Con-

sumption Theory," *Journal of Economic Issues* 7 (2) : 197-207.
―――, 1987, "Institutional Economics and Consumption," *Journal of Economic Issues* 21 (4) : 1531-54.
Hamowy, Ronald, 1987, *The Scottish Enlightenment and the Theory of Spontaneous order*, Carbondale, Southern Illinois University Press.
Hayek, Friedrich A, [1948] 1980, *Individualism and Economic Order*, Chicago, The University of Chicago Press (= 1990, 嘉治元郎・嘉治佐代訳『個人主義と経済秩序――新装版ハイエク全集第3巻』春秋社).
―――, [1963] 1967, "The Legal and Political Philosophy of David Hume," In *Studies in Philosophy, Politics and Economics*, Chicago, The University of Chicago Press : 106-21 (= 1986, 田中真晴・田中秀夫編訳『市場・知識・自由』ミネルヴァ書房 : 134-64).
―――, 1965, "The *Non Sequitur* of the 'Dependence Effect'," In *Private Wants and Public Needs : Issues surrounding the Size and Scope of Government Expenditure*, edited with introduction by E. D. Phelps, New York, W. W. Norton (= 1974, 水谷允一訳『公共需要と私的欲求――公共経済への接近』白桃書房).
―――, [1967] 1978, "Dr Bernard Mandeville," In *New Studies in Philosophy, Politics, Economics and the History of Ideas*, Routledge and Kegan Paul (= 1986, 田中真晴・田中秀夫編訳『市場・知識・自由』ミネルヴァ書房).
Hilton, Matthew, 2004, "The Legacy of Luxury : Moralities of Consumption since the 18th Century," *Journal of Consumer Culture* 4 (1) : 101-23.
平井俊彦, 1964,『ロックにおける人間と社会』ミネルヴァ書房.
Hirschman, Albert O, 1977, *The Passions and the Interests : Political Arguments for Capitalism before Its Triumph*, New Jersey, Princeton University Press (= 1985, 佐々木毅・旦裕介訳『情念の政治経済学』法政大学出版局).
堀經夫, 1940,「ヒュームの奢侈論」『経済学雑誌(大阪商科大学)』6 (5) : 1-14.
Hont, Istvan, 2006, "The Early Enlightenment Debate on Commerce and Luxury," In *The Cambridge History of Eighteenth-Century Political Thought*, edited by M. Goldie and R. Wokler, Cambridge, Cambridge University Press : 379-418.
Horne, Thomas A, 1978, *The Social Thought of Bernard Mandeville : Virtue and Commerce in Early Eighteenth-Century England*, New York, Columbia University Press (= 1990, 山口正春訳『バーナード・マンデヴィルの社会思想――18世紀初期の英国における徳と商業』八千代出版).
Hume, David, [1739-40] 1969, *A Treatise of Human Nature*, London, Penguin Books (= 1948-52, 大槻春彦訳『デイヴィド・ヒューム 人性論 (1 - 4)』岩波書店).
―――, [1748] 1975, *An Enquiry concerning Human Understanding*, Oxford, Oxford University Press (= 2004, 斎藤繁雄・一ノ瀬正樹訳『人間知性研究 付・人間本性論摘要』法政大学出版局).

―――, [1751] 2006, *An Inquiry concerning the Principles of Morals*, New York, Cosimo.

―――, [1778] 1983, *The History of England: from the Invasion of Julius Caesar to The Revolutions in 1688*, In six volumes, Indianapolis, Liberty Fund.

―――, [1903-4] 2006, *Essays: Moral, Political and Literary*, New York, Cosimo (Part II 部分訳＝1983, 田中敏弘訳『ヒューム政治経済論集』御茶の水書房).

Hundert, E. J, 1991, "The Achievement Motive in Hume's Political Economy," In *Hume as Philosopher of Society, Politics and History*, edited by D. Livingston and M. Martin, New York, University of Rochester Press : 40-44.

―――, 1994, *The Enlightenment's Fable: Bernard Mandeville and the Discovery of Society*, Cambridge, Cambridge University Press.

―――, 2003, "Mandeville, Rousseau and the Political Economy of Fantasy," In *Luxury in the Eighteenth Century: Debates, Desires and Delectable Goods*, edited by M. Berg and E. Eger, Palgrave Macmillan : 28-40.

Hunt, Alan, 1996, *Governance of the Consuming Passions: A History of Sumptuary Law*, Hampshire and London, Macmillan Press.

―――, 1999, *Governing Morals: A Social History of Moral Regulation*, Cambridge, Cambridge University Press.

Hurtado-Prieto, Jimena, 2004, "Bernard Mandeville's Heir: Adam Smith or Jean Jacques Rousseau on the Possibility of Economic Analysis," *The European Journal of the History of Economic Thought* 11(1) : 1-31.

―――, 2006, "The Mercantilist Foundations of 'Dr Mandeville's Licentious System: Adam Smith on Bernard Mandeville," In *New Voices on Adam Smith*, edited by L. Montes and E. Schliesser, London and New York, Routledge : 221-46.

Hutchison, Trence W, [1953] 1989, "Berkeley's *Querist* and its Place in the Economic Thought of the Eighteen Century," In *Money, Obedience, and Affection: Essays on Berkeley's Moral and Political Thought*, edited by S. R. L. Clark, New York, Garland Publishing : 40-65.

―――, 1988, Before Adam Smith: The Emergence of Political Economy 1662-1776, Oxford and New York, Basil Blackwell.

Hutt, William H, [1936] 1990, *Economists and the Public: A Study of Competition and Opinion*, New Brunswick and London, Transaction Publishers.

Jack, Malcolm, 1989, *Corruption and Progress: The Eighteenth-Century Debate*, New York, AMS Press.

Johnson, Edgar A. J, 1933, "The Mercantilist Concept of 'Art' and 'Ingenious Labour'," In *Economic History: A Supplement to the Economic Journal, Volume 2*, edited by J. M. Keynes and D. H. Macgregor, London, Macmillan and Co. : 234-53.

―――, [1937] 1960, *Predecessors of Adam Smith: the Growth of British Economic Thought*, New York, Augustus M. Kelley.

Johnston, Joseph, 1970, *Bishop Berkeley's Querist in Historical Perspective*, Dundalk, Dundalgan Press.

戒田郁夫, 1968,「経済思想家としてのジョージ・バークリィ（1）」『経済論集（関西大学）』18（3）: 61-84.

Kaye, F. B, [1924 a] 1988, "Introduction," In *The Fable of the Bees: or, Private Vices, Publick Benefits*, edited by F. B. Kaye: Indianapolis, Liberty Fund : xvii-cxlvi.

―――, [1924 b] 1988, "A List, Chronologically Arranged, of References to Mandeville's Work," In *The Fable of the Bees: or, Private Vices, Publick Benefits, Part II* edited by F. B. Kaye, Indianapolis, Liberty Fund : 418-53.

川北稔, 1983,『工業化の歴史的前提――帝国とジェントルマン』岩波書店.

―――, [1986] 1993,『洒落者たちのイギリス史――騎士の国から紳士の国へ』平凡社.

Kelly, Patrick H, 1991, "General Introduction: Locke on Money," In *Locke on Money*, edited in two vols., together with Ancillary Manuscripts, an Introduction, Critical Apparatus and Notes by P. H. Kelly, Oxford, Clarendon Press : 1-109 (1).

Keynes, John M, [1936] 1971, *The Collected Writings of John Maynard Keynes: The General Theory of Employment, Interest and Money, Volume VII*, The Macmillan Press（= 1983, 塩野谷裕一訳『雇用・利子および貨幣の一般理論（ケインズ全集第7巻）』東洋経済新報社）.

Klein, Lawrence E, 1994, *Shaftesbury and the Culture of Politeness: Moral Discourse and Cultural Politics in Early Eighteenth-Century England*, Cambridge, Cambridge University Press.

―――, 1995 a, "Politeness for Plebes: Consumption and Social Identity in Early Eighteenth-Century England," In *The Consumption of Culture 1600-1800: Images, Objects, Text*, edited by A. Bermingham and J. Brewer, London and New York, Routledge : 362-82.

―――, 1995 b, "Property and Politeness in the Early Eighteenth-Century Whig Moralists: The Case of the *Spectator*," In *Early Modern Conception of Property*, edited by J. Brewer and S. Staves, London and New York, Routledge : 221-33.

小林昇, [1973] 1976,「国富論体系の成立――アダム・スミスとジェイムズ・ステュアート」『小林昇経済学史著作集Ⅰ――国富論研究（1）』未来社: 141-331.

―――, 1977,『小林昇経済学史著作集Ⅴ――J・ステュアート研究』未来社.

―――, 1988,『小林昇経済学史著作集Ⅹ――J・ステュアート新研究』未来社.

―――, 1994,『最初の経済学体系』名古屋大学出版会.

Kramnick, Isaac, 1968, *Bolingbroke and His Circle: The Politics of Nostalgia in the Age of Walpole*, Ithaca and London, Cornell University Press.

久保芳和, 1950,「ニコラス・バアボンの価値論」『経済学雑誌（大阪市立大学）』23 (1):

文献

95-108.

Kyrk, Hazel, 1923, *A Theory of Consumption*, Boston and New York, Houghton Mifflin.

Landa, Louis A, [1943] 1980, "Swift's Economic Views and Mercantilism," In *Essays in Eighteenth-Century English Literature*, Princeton, Princeton University Press : 13-38.

Langford, Paul, 2002, "The Uses of Eighteenth-Century Politeness," *Transactions of the RHS* 12 : 311-31.

Lee, William, 1869, *Daniel Defoe : His Life and Recently Discovered Writings Extending from 1716 to 1729 in 3 Volumes*, London, John Camden Hotten.

Letwin, William, [1963] 1965, *The Origins of Scientific Economics*, New York, Anchor Books.

Livingston, Donald W, 1990, "Hume's Historical Conception of Liberty," In *Liberty in Hume's History of England* edited by N. Capaldi and D. W. Livingston, Dordrecht, Kluwer Academic Publishers : 105-53.

――, 1998, *Philosophical Melancholy and Delirium : Hume's Pathology of Philosophy*, Chicago and London, The University of Chicago Press.

Locke, John, [1689] 1963, *John Locke : A Letter Concerning Toleration ― Latin and English Texts*, revised and edited with variants and introduction by M. Montuori, M. Nijhoff. (= 1980, 生松敬三訳「寛容についての書簡」『中公バックス　世界の名著32　ロック・ヒューム』中央公論社 : 347-402).

――, [1690 a] 1965, *An Essay Concerning Human Understanding*, edited with an introduction by J. W. Yolton, 2 volumes, Everyman's Library (= 1972, 大槻春彦訳『人間知性論（1-4）』岩波書店).

――, [1690 b] 1698, *Two Treatises of Government : in the Former, the False Principles and Foundation of sir Robert Filmer, and his Followers, are Detected and Overthrown. True Original, Extent, and End of Civil-Government*, London (= 1997, 伊藤宏之訳『全訳　統治論』柏書房).

――, 1692, *Some Considerations of the Lowering of Interestm and Raising the Value of Money*, London (= 1978, 田中正司・竹本洋訳『ロック　利子・貨幣論（初期イギリス経済学古典選集4）』東京大学出版会 : 1-188).

――, [1706] 1993, *Of the Conduct of the Understanding*, with a new introduction by J. Yolton, Thoemmes Press. (= 1999, 下川潔訳『知性の正しい導き方』御茶の水書房).

――, [1884] 1972, "Thus I Think," In *The Life and Letters of John Locke : with Extracts from His Journals and Common-Place Books by Lord King*, New York, Burt Franklin : 306-07.

Lovejoy, Arthur O, 1961, *Reflections on Human* Nature, Baltimore, The Johns Hopkins Press (=1998, 鈴木信雄・市岡義章・佐々木光俊訳『人間本性考』名古屋大学出版会).

――, [1922] 1988, "Personal Letter to F. B. Kaye," In *The Fable of the Bees: or, Private Vices, Publick Benefits, Part II*, edited by F. B. Kaye, Indianapolis, Liberty Fund : 452.

Lyon, Robert, 1991, "Notes on Hume's Philosophy of Political Economy," In *Hume as Philosopher of Society, Politics and History*, edited by D. Livingston and M. Martin, New York, University of Rochester Press : 35-39.

Macpherson, Crawford B, 1962, *The Political Theory of Possessive Individualism: Hobbes to Locke*, Oxford, Oxford University Press (=1980, 藤野渉・将積茂・瀬沼長一郎訳『所有的個人主義の政治理論』合同出版).

Magnusson, Lars, 1994, *Mercantilism: the Shaping of an Economic Language*, London and New York, Routledge.

Magri, Tito, 2000, "Locke, Suspension of Desire and the Remote Good," *British Journal for the History of Philosophy*, 8(1) : 55-77.

Mandeville, Bernard, [1709-10] 1999, *By a Society of Ladies: Essays in The Female Tatler*, edited by M. M. Goldsmith, Bristol, Thoemmes Press.

――, [1711] 1976, *A Treatise of the Hypochondriack and Hysterick Passions*, New York, Arno Press.

――, [1714] 1988, *The Fable of the Bees: or, Private Vices, Publick Benefits*, edited by F. B. Kaye, Indianapolis, Liberty Fund (=1985, 泉谷治訳『蜂の寓話――私悪すなわち公益』法政大学出版会).

――, [1729] 1988, *The Fable of the Bees: or, Private Vices, Publick Benefits, Part II*, edited by F. B. Kaye, Indianapolis, Liberty Fund (=1993, 泉谷治訳『続・蜂の寓話』法政大学出版会).

――, [1732a] 2007, *An Enquiry into the Origin of Honour and the Usefulness of Christianity in War*, Charleston, Biblio Bazaar.

――, [1732b] 1953, *A Letter to Dion, Occasion'd by his Book Call'd Alciphron, or the Minute Philosopher*, Los Angeles, Augustan Reprint Society.

Marshall, G. M, 2000, "Luxury, Economic Development and Work Motivation: David Hume, Adam Smith and J. R. McCulloch," *History of Political Economy* 32(3): 631-48.

Marx, Karl, [1859] 1934, *Zur Kritik der Politischen Ökonomie*. Moskau: Erstes Heft, Volksausgabe, Besorgt von Marx-Engels-Lenin-Institut (=1956, 武田隆夫・遠藤湘吉・大内力・加藤俊彦訳『マルクス 経済学批判』岩波書店).

Mason, Roger, 1998, *The Economics of Conspicuous Consumption: Theory and Thought since 1700*, Cheltenham, Edward Elgar (=2000, 鈴木信雄・高哲男・橋本努訳『顕示的消費の経済学』名古屋大学出版会).

Mayer, Robert, 1997, *History and the Early English Novel: Matters of Fact from Bacon to Defoe*, Cambridge, Cambridge University Press.

McKendrick, Neil and J. Brewer and J. H. Plumb, [1982] 1985, *The Birth of a Consumer Society, The Commercialization of Eighteenth-Century England*, Bloomington, Indiana University Press.

McVeagh, John, 1974, "Rochester and Defoe: A Study in Influence," *Studies in English Literature 1500-1900* 14(3): 327-41.

Meek, Ronald L, 1967, *Economics and Ideology and Other Essays: Studies in the Development of Economic Thought*, London, Chapman and Hall.

——, [1976] 2010, *Social Science and the Ignoble Savage*, Cambridge, Cambridge University Press.

Meier, Thomas K, 1987, *Defoe and the Defense of Commerce*, English Literary Studies, University of Victoria.

Mill, John S, [1844] 2006, *Essays on Some Unsettled Questions of Political Economy*, In *Collected Works of John Stuart Mill: Essays on Economics and Society 1824-1845 volume 4*, edited by J. M. Robson, Indianapolis, Liberty Fund : 229-339.

Minchinton, Walter E, 1969, "Introduction," In *Mercantilism: System or Expediency?*, edited by W. E. Minchinton, Lexington, Raytheon Education Company : vii-xiii.

Mises, Ludwig, [1962] 1978, *The Ultimate Foundation of Economic Science: an Essay on Method*, Kansas City, Sheed Andrews and McMeel (= 2002, 村田稔雄訳『経済科学の根底』日本経済評論社).

Mitchell, Annie, 2003, "Character of an Independent Whig : 'Cato' and Bernard Mandeville," *History of European Ideas* 29 : 291-311.

Mitchell, Wesley C, [1912] 1950, "The Backward Art of Spending Money," In *The Backward Art of Spending Money and Other Essays*, New York, Augustus M. Kelley : 3-19.

水谷三公, 1987,『英国貴族と近代——持続する統治 1640 – 1880』東京大学出版会.

Monro, Hector, 1975, *The Ambivalence of Bernard Mandeville*, Oxford, Clarendon Press.

Moore, John R, 1958, *Daniel Defoe: Citizen of the Modern World*, Chicago, The University of Chicago Press.

——, 1975, "Mandeville and Defoe," In *Mandeville Studies: New Explorations in the Art and Thought of Dr. Bernard Mandeville (1670-1733)*, edited by I. Primer, The Hague, Martinus Njihoff : 119-25.

森茂也, 1958,「ニコラス・バァボンの価値論」『アカデミア——社会科学篇(南山大学)』20 : 21-47.

中野聡子, 1999,「マンデヴィル評価の問題点——経済自由主義と重商主義の狭間で」『経済研究(明治学院大学)』114 : 1-13.

Nicholson, Colin, 1994, *Writing and the Rise of Finance: Capital Satires of the Early Eighteenth Century*, Cambridge, Cambridge University Press.
西山徹, 2004,『ジョナサン・スウィフトと重商主義』岡山商科大学.
Novak, Maximillian E, 1963, *Defoe and the Nature of Man*, London, Oxford University Press.
生越利明, 1991,『ジョン・ロックの経済思想』晃洋書房.
大河内一男, [1943] 1969,『大河内一男著作集(第三巻)——スミスとリスト』青林書院新社.
大森郁夫, 1996,『ステュアートとスミス——「巧妙な手」と「見えざる手」の経済理論』ミネルヴァ書房.
太田可夫, [1953] 1985,『ロック道徳哲学の形成——力について』新評論.
Paglin, Morton, 1961, *Malthus and Lauderdale: The Anti-Richardian Tradition*, New York, Augustus M. Kelley.
Patten, Simon N, [1904] 2004, *The Development of English Thought: A Study in the Economic Interpretation of History*, Honolulu, University Press of Pacific.
——, [1889] 1991, *The Consumption of Wealth*, Boston, Ginn and Co..
Peltonen, Markku, 2003, *The Duel in Early Modern England: Civility, Politeness and Honour*, Cambridge, Cambridge University Press.
Petrella, Frank, 1966, "George Berkeley's Theory of Economic Policy and Classical Economic Liberalism," *Southern Economic Journal* 32(3): 275-84.
Perotta, Cosimo, 1997, "The Preclassical Theory of Development: Increased Consumption Raises Productivity," *History of Political Economy* 29(2): 295-326.
Phillipson, Nicholas, 1987, "Politics, Politeness and the Anglicisation of Early Eighteenth-Century Scottish Culture," In *Scotland and English: 1286-1815*, edited by R. A. Mason, Edinburgh, John Donald Publishers: 226-46.
Picchio, Antonella, 2003, "Need and Passions of Human Subsistence in the Moral Economy of the Early 18th Century: Defoe and Mandeville," *History of Economic Ideas* 11(2): 7-29.
Pocock, John G. A, 1975, *The Machiavellian Moment: Florentine Political Thought and the Atlantic Republican Tradition*, Princeton and Oxford, Princeton University Press.
——, 1983, "Cambridge Paradigms and Scotch Philosophers: A Study of the Relations between the Civic Humanist and the Civil Jurisprudential Interpretation of Eighteenth-Century Social Thought," In *Wealth and Virtue: The Shaping of Political Economy in the Scottish Enlightenment*, edited by I. Hont and M. Ignatieff, Cambridge, Cambridge University Press: 137-78.
——, 1985, *Virtue, Commerce and History: Essays on Political Thought and History, Chiefly in the Eighteenth Century*, Cambridge, Cambridge Univ. Press (=

1993, 田中秀夫訳『徳・商業・歴史』みすず書房).

Poovey, Mary, 1998, *A History of the Modern Fact: Problems of Knowledge in the Sciences of Wealth and Society*, Chicago, The University of Chicago Press.

Porter, Roy, 1996, Material Pleasures in the Consumer Society, In *Pleasure in the Eighteenth Century*, edited by R. Porter and M. M. Roberts, Hampshire and London, Macmillan Press : 19-35.

———, [2000] 2001, *The Creation of the Modern World: the Untold Story of the British Enlightenment*, New York and London, W. W. Norton and Company.

———, 2003, *Flesh in the Age of Reason*, forwarded by S. Shama, New York and London, W. W. Norton and Company.

Rashid, Salim, 1985, "Mandeville's *Fable*: Laisez-Faire or Libertinism?," *Eighteenth-Century Studies* 18 (3) : 313-30.

———, 1988, "The Irish School of Economic Development," *The Manchester School of Economic and Social Studies* 56 (4) : 345-69.

Robertson, John, 1983 (a), "The Scottish Enlightenment at the Limits of the Civic Tradition," In *Wealth and Virtue: The Shaping of Political Economy in the Scottish Enlightenment*, edited by I. Hont and M. Ignatieff, Cambridge, Cambridge University Press : 137-78.

———, 1983 (b), "Scottish Political Economy beyond the Civic Tradition: Government and Economic Development in the *Wealth of Nations*," *History of Political Thought* 4 (3) : 451-82.

———, 2005, *The Case for the Enlightenment: Scotland and Naples 1680-1760*, Cambridge, Cambridge Univ. Press.

Robinson, Joan, 1962, *Economic Philosophy*, C. A. Watts and Co. Ltd. (= 1966, 宮崎義一訳『経済学の考え方』岩波書店).

Rogers, A. K, 1925, "The Ethics of Mandeville," *International Journal of Ethics* 36 (1) : 1-17.

Romanell, Patrick, 1984, *John Locke and Medicine: A New Key to Locke*, New York, Prometheus Books.

Rosenberg, Nathan, 1960, "Some Institutional Aspects of the *Wealth of Nations*," *The Journal of Political Economy* 58 (6) : 557-70.

———, 1963, "Mandeville and Laissez-Faire," *Journal of the History of Ideas* 24 (2) : 183-96.

———, 1968, "Adam Smith, Consumer Tastes and Economic Growth," *The Journal of Political Economy* 76 (3) : 361-74.

Rousseau, G. S, 1975, "Mandeville and Europe: Medicine and Philosophy," In *Mandeville Studies: New Explorations in the Art and Thought of Dr. Bernard Mandeville (1670-1733)*, edited by I. Primer, The Hague, Martinus Njihoff : 11-21.

佐々木武, 1972-3,「『スコットランド学派』における『文明社会』論の構成（1－4）」『国家学会雑誌』85（7・8）：1-66；85（9・10）：73-95；85（11・12）：43-83；86（1・2）：1-53.
──, 1976,「『スコットランド啓蒙』における『文明社会史』の成立」経済学史学会編『『国富論』の成立』岩波書店：51-76.
佐々木毅, 1987,「ヒュームと公共精神の問題」『思想』760：4-23.
坂本達哉, 1995,『ヒュームの文明社会──勤労・知識・自由』創文社.
──, 2011,『ヒューム　希望の懐疑主義──ある社会科学の誕生』慶應義塾大学出版会.
Schabas, Margaret, 2005, *The Natural Origins of Economics*, Chicago and London, The University of Chicago Press.
Schonhorn, Manuel, 1991, *Defoe's Politics : Parliament, Power, Kingship and Robinson Crusoe*, Cambridge, Cambridge University Press.
Schneider, Louis, 1970, "Mandeville as Forerunner of Modern Sociology," *Journal of History of the Behavioral Sciences* 6 (3) : 219-30.
Schumpeter, Joseph A, 1954, *History of Economic Analysis*, edited from Manuscript by E. B. Schumpeter, New York, Oxford University Press（＝2005-6, 東畑精一・福岡正夫訳『経済分析の歴史（全3冊）』岩波書店）.
Seigel, Jerrold, 2005, *The Idea of the Self : Thought and Experience in Western Europe since the Seventeenth Century*, Cambridge, Cambridge University Press.
Sekora, John, 1977, *Luxury : The Concept in Western Thought, Eden to Smollett*, Baltimore and London, The Johns Hopkins University Press.
Sen, Samar R, 1957, *The Economics of Sir James Steuart*, London, G. Bell and Sons.
下川潔, 2000,『ジョン・ロックの自由主義政治哲学』名古屋大学出版会.
Shinagel, Michael, 1968, *Daniel Defoe and Middle-Class Gentility*, Cambridge, Harvard University Press.
Skinner, Andrew S, [1962] 1991, "Sir James Steuart : Economics and Politics," In *David Hume (1711-1776) and James Steuart (1712-1780)*, edited by M. Blaug, Hants, Edward Elgar Publishing : 127-47.
Skinner, Quentin, [1969] 1988, "Meaning and Understanding in the History of Ideas," In *Meaning and Context : Quentin Skinner and his Critics*, edited and Introduced by J. Tully, Cambridge, Polity Press : 29-67.
──, [1972a] 1988, "Motives, Intentions and the Interpretation of Texts," In *Meaning and Context : Quentin Skinner and his Critics*, edited and Introduced by J. Tully, Cambridge, Polity Press : 68-78.
──, [1972b]1988, "'Social Meaning' and the Explanation of Social Action," In *Meaning and Context : Quentin Skinner and his Critics*, edited and Introduced by J. Tully, Cambridge, Polity Press : 79-96.
Shovlin, John, 2006, The Political Economy of Virtue: Luxury, Patriotism and the

文献

Origins of the French Revolution, Ithaca and London, Cornell University Press.

――, 2008, "Hume's *Political Discourses* and the French Luxury Debate," In *David Hume's Political Economy*, edited by C. Wennerlind and M. Schabas, London and New York, Routledge : 203-22.

Smith, Adam, [lectures given in 1763] 1982, *Lectures on* Jurisprudence, In *The Glasgow Edition of the Works and Correspondence of Adam Smith 6 volumes*, Indianapolis, Liberty Fund（＝2005, 水田洋訳『法学講義』岩波書店).

――, [1776] 1981, *An Inquiry into the Nature and Causes of the Wealth of Nations*. In *The Glasgow Edition of the Works and Correspondence of Adam Smith 6 volumes*, Indianapolis, Liberty Fund（＝1978, 大河内一男監訳『国富論（1-3）』中央公論新社).

――, [1790] 1982, *The Theory of Moral Sentiments*, In *The Glasgow Edition of the Works and Correspondence of Adam Smith 6 volumes*, Indianapolis, Liberty Fund（＝1970, 米林富男訳『道徳情操論（上・下)』未来社).

――, [1795] 1982, *Essays on Philosophical Subjects*, In *The Glasgow Edition of the Works and Correspondence of Adam Smith 6 volumes*, Indianapolis, Liberty Fund（＝1994, 佐々木健訳『哲学・技術・想像力――哲学論文集』勁草書房).

Smith, Woodruff D, 2002, *Consumption and the Making of Respectability, 1600-1800*, London and New York, Routledge.

Solkin, David, 1995, "Rewrighting Shaftesbury: The *Air Pump* and the Limits of Commercial Humanism," In *Early Modern Conception of Property*, edited by J. Brewer and S. Staves, London and New York, Routledge : 234-53.

Song, Hyu-Ho, 1995, "Adam Smith as an Early Pioneer of Institutional Individualism," *History of Political Economy* 27(3) : 425-48.

Soule, Edward, 2000, "Hume on Economic Policy and Human Nature," *Hume Studies* 36(1) : 143-57.

Speck, W. A, 1978, "Bernard Mandeville and the Middlesex Grand Jury," *Eighteenth-Century Studies*, 11(3) : 362-74.

――, 1975, "Mandeville and the Eutopia Seated in the Brain," In *Mandeville Studies: New Explorations in the Art and Thought of Dr. Bernard Mandeville (1670-1733)*, edited by I. Primer, The Hague, Martinus Njihoff : 66-79.

Starr, George A, 1965, *Defoe and Spiritual Autobiography*, Princeton, Princeton University Press.

――, 1971, *Defoe and Casuistry*, Princeton, Princeton University Press.

Steuart, Sir James, [1767] 1967, *An Inquiry into the Principles of Political Oeconomy: Being an Essay on the Science of Domestic Policy in Free Nations, In Which are Particulary Considered Population, Agriculture, Trade, Industry, Money, Coin, Interest, Circulation, Banks, Exchange, Public Credit, and Taxes*, in

2 volumes: London, In *The Works, Political, Metaphisical, and Chronological, of the late Sir James Steuart of Coltness*, reprinted by A. M. Kelley, In 6 volumes: London (= 1998, 小林昇監訳・竹本洋他訳『経済の原理——第1・第2編』名古屋大学出版会).

杉山忠平, 1963,『イギリス信用思想史研究』未来社.

壽里竜, 2000,「ヒュームにおける『奢侈』と文明社会」『経済学史学会年報』38:98-110.

鈴木信雄, 1992,『アダム・スミスの知識=社会哲学』名古屋大学出版会.

田島慶吾, 2003,『アダム・スミスの制度主義経済学』ミネルヴァ書房.

高島善哉, [1941] 1998,『高島善哉著作集（第二巻）——経済社会学の根本問題』こぶし書房.

竹本洋, 1988,「商業社会と統治——A. フレッチャー, D. ヒューム, J. ステュアート」田中正司編著『スコットランド啓蒙思想研究——スミス経済学の視界』北樹出版: 59-82.

——, 1993,「訳者解説」小林昇監訳・竹本洋他訳『経済の原理——第3・第4・第5編』名古屋大学出版会: 845-71.

——, 1995,『経済学体系の創成——ジェイムズ・ステュアート研究』名古屋大学出版会.

——, 2005,『『国富論』を読む——ヴィジョンと現実』名古屋大学出版会.

田中秀夫, 1998,『共和主義かと啓蒙——思想史の視野から』ミネルヴァ書房.

——, 2002,『社会の学問の革新——自然法思想から社会科学へ』ナカニシヤ出版.

——, 2008,「啓蒙の遺産——解法としての経済学」田中秀夫編著『啓蒙のエピステーメーと経済学の生誕』京都大学学術出版会: 1-35.

田中正司, [1968] 2005,『新増補 ジョン・ロック研究』御茶の水書房.

——, 1979,『市民社会理論の原型』御茶の水書房.

田中敏弘, 1966,『マンデヴィルの社会・経済思想』有斐閣.

——, 1971,『社会科学者としてのヒューム』未来社.

——, 2001,「マンデヴィル, ヒューム, ステュアート, スミス 再訪——市場と為政者の視点を中心に」『経済学論究（関西学院大学）』54 (3): 1-19.

田添京二, 1990,『サー・ジェイムズ・ステュアートの経済学』八朔社.

Thirsk, Joan, 1978, *Economic Policy and Projects: The Development of a Consumer Society in Early Modern England*, Oxford, Oxford University Press (= 1984, 三好洋子訳『消費社会の誕生——近世イギリスの新企業』東京大学出版会).

Trenchard, John and T. Gordon, [1720-23] 1995, *Cato's Letters: Essays on Liberty, Civil and Religious and Other Important Subjects 2 Volumes*, edited by R. Hamowy, Indianapolis, Liberty Fund.

Trentmann, Frank, 2006 a, "Knowing Consumers—History, Identities, Practices: An Introduction," In *The Making of the Consumer: Knowledge, Power and Identity in the Modern World*, edited by F. Trentmann, Oxford, Berg: 1-27.

——, 2006 b, "The Modern Genealogy of the Consumer: Meanings, Identities and Political Synapses," In *Consuming Cultures, Global Perspectives: Historical Trajectories, Transnational Exchanges*, edited by J. Brewer and F. Trentmann, Oxford and New York, Berg : 19-69.

上田辰之助, [1950] 1987, 『上田辰之助著作集 4 ―― 蜂の寓話　自由主義経済の根底にあるもの』みすず書房.

Ullmer, James H, 2007, "The Macroeconomic Thought of Nicholas Barbon," *Journal of the History of Economic Thought* 29 (1) : 101-16.

Urquhart, Robert, 1996, "The Trade Wind, the Statesman and the System of Commerce; Sir James Steuart's Vision of Political Economy," *The European Journal of the History of Economic Thought* 3 (3) : 379-410.

Vaughn, Karen I, 1980, *John Locke, Economist and Social Scientist*, Chicago, The University of Chicago Press.

Veblen, Thorstein, [1899] 1998, *The Theory of the Leisure Class*, New York, Prometheus Books (=1998, 高哲男訳『有閑階級の理論』筑摩書房).

Vichert, Gordon, 1971, "The Theory of Conspicuous Consumption in the 18th Century," In *The Varied Pattern: Studies in the 18th Century*, edited by P. Hughes and D. Williams, Toronto, A. M. Hakkert : 253-67.

Vickers, Ilse, 1996, *Defoe and the New Sciences*, Cambridge, Cambridge University Press.

Vickers, Douglas, [1959] 1968, *Studies in the Theory of Money 1690-1776*, New York, Augustus M. Kelly.

Viner, Jacob, [1927] 1991, "Adam Smith and Laissez Faire," In *Essays on the Intellectual History of Economics*, edited by D. A. Irwin, Princeton, Princeton University Press : 85-113.

——, 1930, "English Theories of Foreign Trade before Adam Smith," The Journal of Political Economy 38 (3) : 249-301.

——, [1960] 1991, "The Intellectual History of Laissez Faire," In *Essays on the Intellectual History of Economics*, edited by D. A. Irwin, Princeton, Princeton University Press : 200-25.

Ward, D. S. Ian, 1959, "George Berkeley: Precursor of Keynes or Moral Economist on Underdevelopment?," *The Journal of Political Economy* 67 (1) : 31-40.

Watt, Ian, [1957] 2001, *The Rise of the Novel: Studies in Defoe, Richardson and Fielding*, with an Afterword by W. B. Carnochan, Berkeley and Los Angeles, University of California Press.

Wennerlind, Carl, 2002, "David Hume's Political Philosophy: A Theory of Commercial Modernization," *Hume Studies* 28 (2) : 247-70.

Wiles, Richard C, 1968, "The Theory of Wages in *Later English Mercantilism*," *The

Economic History Review, New Series 21 (1) : 113-26.

Williams, Elgin, 1944, "Nicholas Barbon: an Early Economic Realist," *Southern Economic Journal* 11 (1) : 45-55.

Wilson, Kathleen, [1995] 1998, *The Sense of the People: Politics, Culture and Imperialism in England, 1715-1785*, Cambridge, Cambridge University Press.

Winch, Donald, 1996, *Riches and Poverty: an Intellectual History of Political Economy in Britain, 1750-1834*, Cambridge University Press, Cambridge.

――, 2006, "The Problematic Status of the Consumer in Orthodox Economic Thought," In *The Making of the Consumer: Knowledge, Power and Identity in the Modern World*, edited by F. Trentmann, Oxford, Berg : 31-51.

Wright, John P, 1983, *The Sceptical Realism of David Hume*, Manchester, Manchester University Press.

Xenos, Nicholas, 1989, *Scarcity and modernity*, London and New York, Routledge (= 1995, 北村和夫・北村三子訳『稀少性と欲望の近代――豊かさのパラドックス』新曜社).

山下幸夫, 1968, 『近代イギリスの経済思想――ダニエル・デフォウの経済論とその背景』岩波書店.

柳田芳伸, [1998] 2005, 『[増補版] マルサス勤労階級論の展開――近代イングランドの社会・経済の分析を通して』昭和堂.

Yang, Hong-Seok, 1994, *The Political Economy of Trade and Growth: An Analytical Interpretation of Sir James Steuart's Inquiry*, Hants, Edward Elgar Publishing.

Yolton, John W, 2004, *The Two Intellectual Worlds of John Locke*, Ithaca and London, Cornell University Press.

米田昇平, 2005, 『欲求と秩序――18世紀フランス経済学の展開』昭和堂.

あとがき

　本書は2008年10月，早稲田大学大学院社会科学研究科において博士学位論文として受理された「18世紀イギリス経済思想の展開における消費者概念の形成——ロックからスミスまで」をもとにしたものである。公刊にあたり若干の加筆修正を施しているが，論旨それ自体に関する変更は一切ない。学位論文を審査する労をとって頂いた東條隆進先生，古賀勝次郎先生，中野忠先生，間々田孝夫先生，周藤真也先生からは有益かつ的確なご指摘を多々頂戴した。拙い研究成果を今のかたちで公刊できるのは諸先生方からのご指導のおかげである。ここに改めてお礼申し上げたい。なお，本書の内容には，すでに論文として公表された成果をもとにしている部分が含まれる。各論文投稿の際には匿名査読者の先生方から懇切かつ詳細なコメントを頂戴した。合せて謝意を付したい。以下にその初出を示す。

「B. マンデヴィルの消費論——『蜂の寓話』を中心に」(『社学研論集』5巻)
「N. バーボンの消費論」(『経済社会学会年報』27巻)
「G. バークリの消費論」(『社学研論集』9巻)
「J. ロックの経済思想に関する消費論的考察」(『社学研論集』10巻)
「J. ステュアートの経済学体系と消費者概念」(『ソシオサイエンス』14巻)
「D. デフォーの奢侈論——ジェントルマン論からの再考」(『経済学史研究』52巻2号)

　本書が成立する過程では多くの方にお世話になった。とりわけ大学院の指導教官である恩師，東條先生に心よりの感謝を申し上げたい。ときに厳しく接することもあるが，基本的には学生1人ひとりの関心や問題設定の方向性を最大限に尊重しつつ，それぞれの研究の構想が学生本人の心の中で明確に成形される段階になるまで忍耐強く，何度でも議論に付き合うというスタイルが先生のご指導の特徴であり，筆者からすれば最大の魅力でもある。突飛な着想や飛躍を含む論理の展開など，ゼミでの報告における筆者からの様々な「無茶」に対して，先生がそれらを最初から全面的に批判されることはほとんどなく，先行研究との接合可能性を示唆されたり，あるいはより整合的な推論の道筋を提示されたりというかたちで，その場の議論を導いて下さった。本書の構想についても当初の未熟な段階から長期にわたり，研究上の意義の潜在性を最大限に引き出すための論理展開を共に模索して頂いた。大胆（無鉄砲）かつ奔放な発想

であっても自由に開陳することが許容され，終始明るい雰囲気の中で行なわれる「東條ゼミ」という議論の空間がなければ，おそらく本書が書かれることはなかったであろう。筆者の議論にお付き合い頂いたゼミの諸先輩方や後輩の方々にも感謝したい。と同時に，本書では不十分にしか扱えなかった論点や見落としていた問題などについても，ゼミでのこれまでの議論の中で，多くの課題をご示唆頂いたと思っている。引き続き研究の進展を示すことが年来の学恩に報いることと信じて，弛まずに研鑽を積んでいきたい。

　続いてもう1人の恩師，栖原学先生にこの場を借りて特に感謝を申し上げたい。先生からは語句の選択や外国語文献の読解に至るまで，手取り足取りで基礎から論文執筆のための手解きを賜った。先生との出会いがなければ今日，研究者としての筆者はなかったであろうことを考えるとき，いくら感謝しても足りない思いである。またたんなる学恩以上のものを現在に至るまで，先生からは頂戴し続けている。それは学究としての姿勢についてである。先生とお会いし，議論をさせて頂くたびに想起されるのが，知的な誠実さという言葉である。知らないことを知らないと認め，知っていることは自家薬籠中のものとして自信を持って提示する。その上で研究の独自性を地道に追求していく。一見するとこうしたことは，知と向き合う際に研究者が取るべき姿勢として当然のもののように見える。しかし，実践するとなると非常に困難であることは，なにより筆者自身が日々痛感するところである。それゆえに，知的な誠実さを自然に体現されている先生との対話の機会は，筆者にとって貴重であり，かつ快い時間であり続けている。ときどき研究室にふいに押し掛けるなどいろいろとご迷惑をお掛けしている。筆者の横暴が先生のご寛恕の範囲内に収まっていることを願うばかりである。

　次いで社会哲学研究会の島内明文さん，吉田修馬さん，和田慈さん，安藤裕介さん，萬屋博喜さん，今村健一郎さん，相澤伸依さん，佐々木昌子さんに感謝を申し上げたい。同研究会においては，分野を超えて集まる同世代の研究者の方々と一緒に学ばせて頂く中でつねに新たな知的刺激を頂いている。本書の内容の一部を報告したときにも多様な観点から有益なコメントを数多く頂戴した。本書が多少とも広い視野を持ち得ているとすれば，皆さんのご教示のおかげである。

　加えて，本書が社会評論社から出版されることを大変嬉しく思う。筆者からの単行本化の依頼に対して，同社の松田健二社長はまさに二つ返事で出版をお引き受け下さった。学術出版をめぐる昨今の厳しい状況の中でご快諾頂いたことに衷心よりお礼申し上げる。そして筆者を松田社長にお引き合わせ頂いたのは，同僚の清家竜介さんである。お二人とのご縁がなければ，本書がこのよう

あとがき

なかたちで世に出ることはなかった。深甚の謝意を表したい。
　最後に，本書を妻 真菜に捧げる。これまで共に歩んできた時間の中で本書の言葉は紡がれた。言葉がその必然において共有物としての側面を有するかぎり，本書の言葉の幾分かは確かに彼女のものである。

2012年10月

鈴木康治

人名索引

アーカート　Urquhart, R.　179
アール　Earle, P.　71
アスギル　Asgill, J.　164
アップルビー　Appleby, J.　15, 62
アディソン　Addison, J.　16-17, 113-14, 171, 178
アンダーセン　Andersen, H. H.　70
イーグリ　Eagly, R. V.　180
ウィリアムズ　Williams, E.　163
ウィルソン　Wilson, K.　172
ウィンチ　Winch, D.　157, 183
ウェズリ　Wesley, J.　16
ウッドワード　Woodward, J.　170-71
ウルマー　Ullmer, J. H.　163
エルティス　Eltis, W.　159, 169, 177
カーク　Kyrk, H.　155
カフェンツィス　Caffentzis, C. G.　173
ガルブレイス　Galbraith, J. K.　159
キャンベル　Campbell, W. F.　182
キング　King, C.　180
ギボン　Gibbon, E.　16
ギレン　Gislain, J. -J.　130
クセノス　Xenos, N.　176
クライン　Klein, L. E.　113-14
クレリー　Clery, E. J.　166
ケアリ　Cary, J.　158
ケアリ　Carey, D.　161
ケイ　Kaye, F. B.　66, 102, 166
ケインズ　Keynes, J. M.　64, 117, 155, 169
ケリー　Kelly, P. H.　160
コーク　Coke, R.　16, 20, 175
コーツ　Coats, A. W.　158
コーフィールド　Corfield, P. J.　86
コールマン　Coleman, D. C.　158
コールマン　Coleman, W. O.　161
ゴードン　Gordon, T.　165
ゴールドスミス　Goldsmith, O.　16
ゴールドスミス　Goldsmith, M. M.　166
サースク　Thirsk, J.　168
サッシェバレル　Sacheverelle, H.　170
シーゲル　Seigel, J.　169, 174
シャバス　Schabas, M.　183
シャフツベリ　Shaftesbury
　（アシュリー＝クーパー　Ashley-Cooper, A.）
　96, 113-14, 178
シュナイダー　Schneider, L.　169
シュンペーター　Schumpeter, J. A.　158, 182
ジェヴォンズ　W. S.　155
ジャック　Jack, M.　166
ジョンソン　Johnson, S.　16
ジョンソン　Johnson, E. A. J.　15-16, 23
スウィフト　Swift, J.　16-17, 170-71, 173
スキナー　Skinner, A. S.　12
スター　Starr, G. A.　171
スティール　Steele, R.　16-17, 113, 171, 178
スティリングフリート　Stillingfleet, E.　170
ステュアート　Steuart, J.　8-9, 11-13, 16, 18, 21, 23, 25, 29, 32-33, 44, 63, 90, 105, 117-32, 152-55, 169, 172-73, 178
スピノザ　Spinoza, B.　72, 170
スペック　Speck, W. A.　165
スミス　Smith, A.　7-14, 16-18, 20-21, 23, 29-30, 44, 47, 61, 63, 90, 105, 117, 132-50, 152, 154-55, 158, 160, 163, 167, 169, 175-76, 181-84
スモレット　Smollet, T. G.　16
セコラ　Sekora, J.　16-17
セン　Sen, S. R.　117, 155, 179
ソルキン　Solkin, D.　113
タッカー　Tucker, J.　134, 180
ダイクストラ　Dijkstra, B.　72
ダイクストル　Dykstal, T.　169-70
ダヴナント　Davenant, C.　17
チェイン　Cheyne, G.　171
チョーク　chalk, A. F.　9, 166
テンプル　Temple, W.　16, 175
ディキンソン　Dickinson, H. T.　165
デニス　Dennis, J.　17
デフォー　Defoe, D.　7, 16, 18, 20, 22, 25-27, 69-87, 96, 119, 134, 152-53, 158, 170, 180
ドマーキ　De Marchi, N.　147
トレンチャード　Trenchard, J.　165
トレントマン　Trentmann, F.　159
ニコルソン　Nicholson, C.　178
ニュートン　Newton, I.　171
ノース　North, D.　16, 20, 23, 158, 166, 169, 175, 177
ノヴァク　Novak, M. E.　71-72
ハイエク　Hayek, F. A.　26, 57, 102, 132-33, 159, 165-

207

人名索引

66, 173
ハチソン　Hutcheson, F.　20
ハチソン　Hutchison, T. W.　173
ハット　Hutt, W. H.　159
ハリス　Harris, J.　180
ハント　Hunt, A.　175
バーグ　Berg, M.　167
バークリ　Berkeley, G.　7, 18, 20, 23, 25, 27-28, 32, 44, 89-101, 152-53, 158, 172
バート　Burtt, S.　63, 170
バードソル　Birdsall, V.　72
バーボン　Barbon, N.　7-9, 16-18, 20-21, 25-26, 44-53, 89-90, 108, 134, 152-53, 155, 158, 160, 162-64, 166, 169, 173, 175, 177
バウアー　Bauer, S.　163
パッテン　Patten, S. N.　102, 155
ヒューム　Hume, D.　8, 14, 16-18, 20, 22-23, 27-29, 44, 63, 90, 101-16, 119, 134, 137, 144, 152-53, 157-58, 165, 172-178
ピッキオ　Picchio, A.　168
ファーガソン　Ferguson, A.　16
ファーニス　Furniss, E. S.　23, 164
フィールディング　Fielding, H.　16-17
フィリプソン　Phillipson, N.　114, 178
フィンケルシュタイン　Finkelstein, A.　46
フォース　Force, P.　178
フリン　Flynn, C. H.　171
フレッチャー　Fletcher, A.　17
フンデルト　Hundert, E. J.　63, 168, 174, 176
ブラウン　Brown, J.　17
ブラドン　Bladen, M.　158
ブリュワー　Brewer, A.　112, 183
ヘイル　Hale, M.　158
ベリー　Berry, C. J.　17, 109, 162
ベーコン　Bacon, F.　171
ペティ　Petty, W.　16, 173-74
ペルトネン　Peltonen, M.　178
ホーコンセン　Haakonssen, K.　181
ホッブズ　Hobbes, T.　17, 46, 71-72, 137, 163, 171
ボーン　Vaughn, K. I.　160
ボイル　Boyle, R.　171
ボウマン　Bowman, M.　159
ボウリ　Bowley, M.　160
ボリングブルック　Blingbroke
（セントジョン　St John, H.）　16-17

ポーコック　Pocock, J. G. A.　10, 178
ポーター　Porter, R.　47, 167
ポープ　Pope, A.　16
ポスルスウェイト　Postlethwayt, M.　16, 158, 175
ポレクスフェン　Pollexfen, J.　177
マーシャル　Marshall, A.　155, 167
マクファーソン　Macpherson, C. B.　160
マクヴィー　McVeagh, J.　170-71
マグヌソン　Magnusson, L.　32
マッケンドリック　McKendrick, N.　60
マルクス　Marx, K.　117, 168
マルサス　Malthus, T. R.　117, 155, 181
マン　Mun, T.　17, 32
マンデヴィル　Mandeville, B.　7-8, 16-18, 20-21, 25-28, 44-45, 53, 55-72, 89-92, 96-97, 101-05, 107-10, 116, 118, 134-40, 152-53, 155, 165-76, 178, 182
ミーア　Meier, T. K.　84
ミーク　Meek, R. L.　12, 184
ミーゼス　Mises, L.　158
ミセルデン　Misselden, E.　32
ミッチェル　Mitchell, W. C.　155
ミル　Mill, J. S.　154, 167
ムーア　Moore, J. R.　69, 71
メイソン　Mason, R.　61, 68, 135
メイヤー　Mayer, R.　171
ヤン　Yang, H.-S.　128, 181
ヨルトン　Yolton, J.　161
ライアン　Lyon, R.　176
ライト　Wright, J. P.　174
ラシド　Rashid, S.　169, 173
ラヴジョイ　Lovejoy, A. O.　66, 102, 134, 181
リスト　List, F.　117
リヴィングストン　Livingston, D. W.　113, 177
レトウィン　Letwin, W.　163
ロー　Law, W.　17
ロジャーズ　Rogers, A. K.　166
ローゼンバーグ　Rosenberg, N.　166, 183
ロチェスター　Rochester
（ウィルモット　Wilmot, J.）　72, 170-71
ロック　Locke, J.　7-11, 13-14, 18, 20, 24-25, 31-44, 72, 146, 152-53, 159-63, 171
ロバートソン　Robertson, J.　157, 174
ロビンソン　Robinson, J.　64
ロマネル　Romanell, P.　161
ワイルズ　Wiles, R. C.　158

208

ワット　Watt, I.　171	坂本達也　Sakamoto, T.　174
ワード　Ward, I. D. S.　173	佐々木毅　Sasaki, T.　106
ヴァンダーリント　Vanderlint, J.　25, 32, 96-97, 134, 158, 180	下川潔　Shimokawa, K.　160
	壽里竜　Susato, R.　175
ヴィッカーズ　Vickers, D.　52, 160, 180	大道安次郎　Daido Y.　181
ヴィッカーズ　Vickers, I.　171	高島善哉　Takashima, Z.　181
ヴェブレン　Veblen, T.　14, 66, 134, 155	竹本洋　Takemoto, H.　117-18, 123-24, 129, 139, 179
	田中正司　Tanaka, S.　162
相見志郎　Aimi, S.　164	田中敏弘　Tanaka, T.　57, 172
天川潤次郎　Amakawa, J.　71	田中秀夫　Tanaka, H.　157
上田辰之助　Ueda, T.　165	田添京二　Tazoe, K.　179-80
大河内一男　Okochi K.　182	平井俊彦　Hirai, T.　31, 162
太田可夫　Ota, Y.　162	堀經雄　Hori, T.　175
大森郁夫　Omori, I.　12	水谷三公　Mizutani, M.　183
川北稔　Kawakita, M.　86	柳田芳伸　Yanagita, Y.　181
小林昇　Kobayashi, N.　117, 126-27, 180	山下幸夫　Yamashita, Y.　71

鈴木康治（すずき こうじ）
1974年　東京都に生まれる
2005年　早稲田大学大学院社会科学研究科博士後期課程満期退学
博士（学術）早稲田大学
現在　早稲田大学社会科学総合学術院助教
　　　早稲田大学国際言語文化研究所招聘研究員

消費の自由と社会秩序
18世紀イギリス経済思想の展開における消費者概念の形成

2012年11月21日　初版第1刷発行

著　者——鈴木康治
装　幀——桑谷速人
発行人——松田健二
発行所——株式会社 社会評論社
　　　　　東京都文京区本郷2-3-10
　　　　　電話：03-3814-3861　Fax：03-3818-2808
　　　　　http://www.shahyo.com

組　版——ACT・AIN
印刷・製本——倉敷印刷

Printed in Japan